Enzyklopädie

Raumgestaltung

Enzyklopädie Raumgestaltung

Adrienne Chinn

FLEURUS IDEE

Fleurus Idee
is an imprint of
Fleurus Verlag

Übersetzung aus dem Englischen:
Tanja Ohlsen, Emden;
Anke Wellner-Kempf, Jetzendorf

Satz der deutschen Ausgabe:
Roman Bold & Black, Köln

Umschlaggestaltung:
MWK, Köln

Fotos Umschlag:
Vorderseite o. l. S. 181, o. r. S. 17,
u. l. S. 59, u. r. S. 153, Rückseite S. 59

ISBN 978-3-89717-530-3

Printed in China

10 9 8 7 6 5 4 3 2 1

Farbtreue

Wenn man Farben in einem Buch druckt, muss man aufgrund der begrenzten Druckfarben stets Einschränkungen hinnehmen. Obwohl in diesem Buch viel Mühe auf die Farbtreue verwendet wurde, sollte man bedenken, dass die eigentliche Farbe dennoch leicht von der hier dargestellten abweichen kann. Außerdem muss man beachten, dass eine Farbe auf unterschiedlichen Stoffen und Bodenbelägen anders aussehen kann, je nachdem, auf welche Weise das jeweilige Material das Licht absorbiert oder reflektiert. Der Vorteil dabei ist, dass Ihr Interieur letztlich wesentlich lebendiger aussehen wird als die blassen Farben auf diesen Seiten.

Inhalt

Eine ausklappbare Tafel zur Erklärung der Schemata finden Sie am Ende der Quellenangaben.

Einleitung

Gerade haben Sie die Tür zu Ihrer nagelneuen Wohnung aufgeschlossen und sind über den Terrakottafußboden des Flurs durch das Wohnzimmer mit Eichendielen in die Küche geschritten, wo Sie eine Kiste mit Geschirr auf dem Fliesenboden in Kalksteinoptik absetzen. Ihr neues Zuhause ist durchgehend in jungfräulichem Weiß gestrichen und in allen Zimmern liegt ein Wollteppich mit Sisaleffekt. Die Badezimmer sind geschmackvoll und neutral, mit weißen Armaturen und Kunststofffliesen mit Stein-Design. Gratulation! Sie haben eine weiße Leinwand, der Sie Ihren persönlichen Stempel aufdrücken können. Aber wo sollen Sie anfangen?

Oder Sie haben gerade ein altes Haus gekauft. Die Eingangshalle hat einen diagonal verlegten, schwarz-weiß gemusterten Fußboden, im Wohnzimmer liegt ein mintgrüner Teppich. In der Küche setzt ein hellblauer Kunststofffußboden einen anderen Farbakzent. In den oberen Zimmern spiegelt sich der Geschmack der früheren Bewohner wieder – im Schlafzimmer der 10-jährigen Lisa liegt ein rosa Flokati, beim sportlichen Teenager Matthew walnussbrauner Laminatboden und bei der

Fliesen mit einer Kieselstruktur machen sich gut als traditioneller Badezimmerfußboden.

Ein Eichenfußboden verleiht einem modernen Interieur Wärme und Struktur.

16-jährigen Sarah fliederfarbener Veloursteppich. Alle Böden neu zu machen ist keine Option, da die Hypothek für das Haus bezahlt werden muss, aber Sie sind sich einfach nicht sicher, wie Sie das neue Haus nach Ihrem Geschmack einrichten können. Was sollen Sie tun?
Dieses Buch bietet Ihnen eine Anleitung, die Ihnen bei der manchmal schwierigen Aufgabe, Ihr Zuhause einzurichten, helfen soll. Ob Sie in einer Neubauwohnung, einem Bungalow aus den 1950er-Jahren oder einer Gründerzeitvilla wohnen, den Ausgangspunkt bildet meist der Fußboden. In diesem Buch finden Sie über 180 Einrichtungsschemata mit Wandfarben und Stoffen in neutralen, kühlen, warmen und lebendigen Tönen. Die Muster gehen von einer Reihe von Fußböden aus, von Naturmaterialien wie Stein, Holz, Linoleum oder Sisal- und Wollteppichen bis zu farbenfrohen Kunstprodukten wie Kautschuk, Kunststoff, gegossenem Beton oder Harz. Ob Sie zeitgenössisch neutrale Farben oder Farben im Landhausstil bevorzugen, hier finden Sie ein Schema, das zu Ihnen, Ihrer Familie und Ihrem Zuhause passt.

Gebleichte Bodendielen und ein weißer, langfloriger Flauschteppich bilden einen neutralen Hintergrund für ein lebendiges Limonengrün.

Linoleum ist die „grüne" Wahl für den Fußboden und in vielen Farben erhältlich.

Farbe und Struktur

Farben können die Atmosphäre eines Zimmers nachhaltig verändern. Auch die Struktur unterschiedlicher Oberflächen hat großen Einfluss auf den Raum.

Farbe ist mächtig und hat direkten Einfluss auf unser Wohlbefinden. Grün ist die Farbe der Natur und vermittelt das Gefühl von Behaglichkeit und Wohlgefühl. Es ist kein Zufall, dass Schauspieler vor einem Auftritt in einem „Grünen Raum" warten. Die Farbe ist bekannt für ihre beruhigende Wirkung. Rot ist im Gegensatz dazu eine kraftvolle Farbe, die mit Vitalität in Verbindung gebracht wird. Rot stimuliert das Herz und den Kreislauf. Es ist aufregend, attraktiv und heiß. Haben Sie sich je gefragt, warum die Tassen in einer Kaffeewerbung meistens rot sind? Das liegt daran, dass wir dann glauben, dass der Kaffee darin heiß, belebend und köstlich ist.

Streifen und Blumenmuster in den Komplementärfarben Rot und Grün verbinden sich zu einer entspannten Landhausatmosphäre.

In den 1990er-Jahren wurden Interieurs gerne taupefarben, altweiß und beige eingerichtet. Das war neu für Inneneinrichtungen und entstand unter dem aufkommenden Interesse an einem ruhigen, östlichen Einrichtungsstil. In einer hektischen und anspruchsvollen Welt ist das kaum überraschend. Man verstand das Zuhause als Zufluchtsort vor der Außenwelt. Der Erfolg neutraler Schemata hängt von der Struktur der verwendeten Stoffe ab, damit optische Reize gesetzt werden. Das ist wichtig, denn ein Raum, der einzig in glatten, beigen Stoffen und Fußböden gehalten ist, wirkt leblos und eintönig.

Ein Nachteil der allseits beliebten, neutralen Schemata ist, dass viele Menschen sich nicht mehr trauen, Farbe in ihre vier Wände zu bringen. Farben haben eine so emotionale Wirkung, dass die Furcht, die falsche Farbe gewählt zu haben, die Inneneinrichtung zu einer schwierigen Aufgabe anstatt zu einem Vergnügen machen kann. Doch hier gibt es Hilfe. Mit einem Grundwissen in Farbenlehre können Sie Ihre Farben sicher auswählen und das Interieur Ihrer Träume schaffen.

Taupe, Grau und Altweiß werden durch kontrastierende Strukturen und dezente Muster belebt.

In diesem lebendigen Wohnzimmer wurden großzügig kräftige Blumenmuster verwendet.

Der Farbkreis

Der Farbkreis zeigt die Beziehung der Farben untereinander in leicht verständlicher Weise. Professionelle Inneneinrichter verlassen sich auf ihre Kenntnisse des Farbkreises, um Muster für ihre Kunden zu entwerfen.

Farben bestehen offensichtlich seit Anbeginn der Zeit, doch erst als Sir Isaac Newton 1666 das Farbspektrum entdeckte, als er in seinem Schlafzimmer mit Glasprismen herumspielte, erkannte er, wie Farbe entsteht. Bei der Betrachtung des durch das Glas gebrochenen Lichts sah er die sieben Farben des Regenbogens: Rot, Orange, Gelb, Grün, Hellblau, Dunkelblau und Violett. Dies war der Anfang der Farbenlehre.

Der Ausgangspunkt des Farbkreises sind die Primärfarben Rot, Blau und Gelb, die an den Ecken eines gleichschenkligen Dreiecks liegen. Es sind die einzigen Farben, die nicht aus

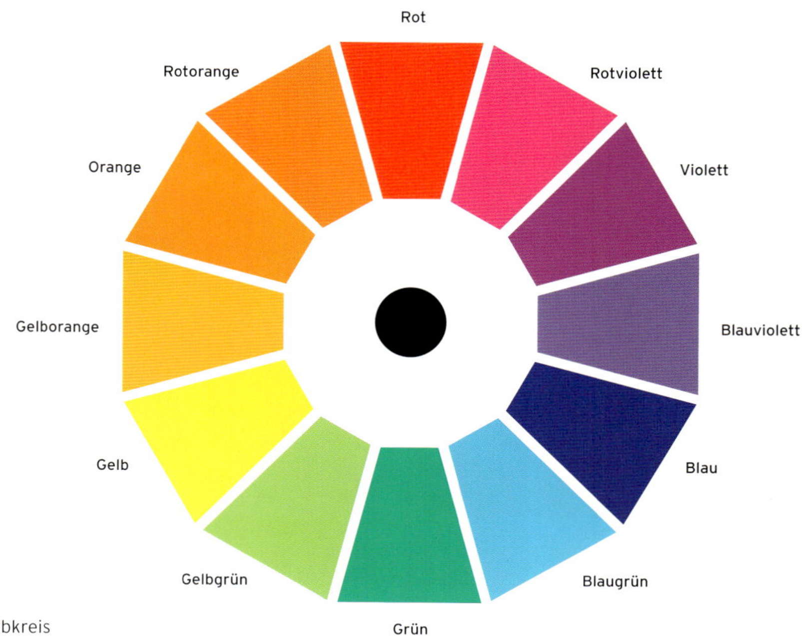

Der Farbkreis

einer Mischung von anderen Farben entstehen. Zwischen den Primärfarben sitzen die Sekundärfarben – Grün (eine Mischung aus Gelb und Blau), Orange (aus Rot und Gelb) und Violett (aus Blau und Rot). Zwischen Primär- und Sekundärfarben wiederum liegen die Tertiärfarben Rotorange, Gelborange, Gelbgrün, Blaugrün, Blauviolett und Rotviolett. Das Gute am Farbkreis ist, dass man auf den ersten Blick die Beziehung der einzelnen Farben zueinander erkennt. In Künstlerbedarfsläden sind professionelle Farbkreise erhältlich, Sie können aber auch dieses Buch mitnehmen, wenn sie Farben, Stoffe oder Fußböden aussuchen.

Bunte Stühle bilden einen farbenfrohen Akzent in einer herrlich zuckerwatterosafarbenen Küche mit einem tiefblauen Gummifußboden.

Harmonische Schemata

Harmonische Farbschemata entstehen durch die Wahl von Farben, die auf dem Farbkreis nebeneinanderliegen, zum Beispiel Gelb, Grün und Blau. Ein Schema aus Farbharmonien ist nie falsch, da die Farben eng miteinander verwandt sind.

Blumenmuster und Streifen in Gelb, Orange und Rot wirken einladend.

Komplementäre oder kontrastierende Schemata

Schwieriger, aber sehr erfrischend, wenn sie gut gewählt werden, sind komplementäre oder kontrastierende Farbschemata. Sie verwenden Farben, die sich auf dem Farbkreis gegenüberliegen – Rot und Grün, Blau und Orange, Violett und Gelb. Diese Farben grenzen sich stark voneinander ab. Doch ein wenig Komplementärfarbe (zum Beispiel ein dunkelrosa Sessel in einem hellgrünen Zimmer) kann wundervoll aussehen. Komplementärfarben werden besonders gerne als Akzente in einem Schema verwendet.

Ein blauer Fußboden bildet einen ruhigen Kontrast zum gestreiften Vorhang.

Geteilte komplementäre Schemata

Ein geteiltes komplementäres Schema ist eine kompliziertere Art der Verwendung von Komplementärfarben. Anstatt Farben zu verwenden, die einander auf dem Farbkreis gegenüberliegen, wird eine der Farben mit den beiden Farben rechts und links davon ausgetauscht. Dadurch kommt es zu einer Dreifarbigkeit – zum Beispiel Rot, Limonengrün (ein Gelbgrün) und Türkis (ein Blaugrün).

Magenta ist ein lebendiger Kontrast zu Orange und Limonengrün.

Monochrome Schemata

Zimmer, die in verschiedenen Schattierungen ein und derselben Farbe eingerichtet sind, nennt man monochrom. Verschiedene Stoffe (Leinen, Baumwolle, Seide, Wolle) und unterschiedliche Farbabstufungen sind der Schlüssel zum Erfolg, wenn man ein Zimmer monochrom einrichten will.

Ein Schlafzimmer in schönen Blau-in-blau-Tönen ist ein Ort der Ruhe.

Akzentfarben

Mit Akzentfarben kann man hervorragend monochrome, harmonische oder neutrale Raumschemata auflockern. Man kann mit Kissen, Teppichen, Kunst und Accessoires Akzente setzen, aber man darf es nicht übertreiben. Bedenken Sie, dass ein Akzent nur ein Farbtupfer ist. Eine Vase mit orangefarbenen Tulpen reicht aus, um einem blauen Zimmer solch einen Akzent zu verleihen.

Mit einem orangefarbenen Sessel erhält eine neutrale Farbpalette einen Akzent.

Neutrale Schemata

Neutrale Farben sind die Arbeitstiere in den Interieurschemata, aber im Farbkreis fehlen sie. Zu den neutralen Farben zählen Schwarz, Weiß, Grau, Braun, Beige, Taupe und Altweiß. In der Palette eines Inneneinrichters sind sie unverzichtbar, denn sie stellen die ruhigen Elemente dar, die in jedem Schema wichtig sind. Braun, Beige, Taupe und Altweiß kommen in vielen neutralen Schemata vor, doch man sollte Grau nicht vergessen. Es ist die neutralste aller Farben, da sie zwischen Schwarz und Weiß liegt und die umliegenden Farben weder betont noch in den Hintergrund drängt. Es ist „die" Farbe für jedes Schema.

Verschiedene Muster und Textilien machen ein neutrales Schema interessant.

Kühle Schemata

Kühle Farben liegen im Farbkreis um Blau herum. Violett, Blauviolett, Blau, Blaugrün und Grün gehören dazu. Kühle Farben treten optisch in den Hintergrund, deshalb ist die Wahl einer hellen, kühlen Wandfarbe die klassische Option, einen kleinen Raum größer erscheinen zu lassen. Kühle Farben machen sich in den Räumen der nördlichen Hemisphäre gut in Zimmern, die nach Süden und Westen liegen, auf der südlichen Hemisphäre in Zimmern nach Norden und Osten, da sie den warmen, sonnigen Räumen eine ruhige Note verleihen.

Ein kühles Wohnzimmer in den Blau-, Altweiß- und Weißtönen skandinavischer Interieurs.

Warme Schemata

Warme Farben gruppieren sich im Farbkreis um Orange. Dazu gehören Rot, Rotorange, Orange, Gelborange und Gelb. Auch Rotviolett und Gelbgrün können gut zu warmen Farbschemata passen. Bei der Verwendung warmer Farben muss man beachten, dass sie optisch hervortreten. Eine tiefrote Wand lässt diese näher erscheinen (vorteilhaft bei einem langen, schmalen Raum). Auch in Räumen, die auf der nördlichen Halbkugel nach Norden und Osten hin liegen, oder nach Süden und Westen auf der Südhalbkugel, sind warme Farben angebracht, wo das Tageslicht indirekt ist und es viel Schatten gibt.

Die reiche Textur von zerknitterten Samtvorhängen wirkt in einem Wohnzimmer mit warmen Farben sehr elegant.

Lebendige Schemata

Lebendige Farben sind die klarsten Farben im Farbkreis. Sie sind weder durch das Hinzufügen von Weiß verblasst noch durch Schwarz verdunkelt worden. Lebendige Farben sprühen vor Energie und sollten aufgrund ihrer Kraft und Vitalität nur sparsam eingesetzt werden. Etwas Limonengrün kann ein Schema angenehm auffrischen, aber ein Schlafzimmer in Limonengrün birgt so viel Energie, dass man kaum still sitzen kann, geschweige denn einschlafen.

Giftgrün und saftiges Magenta bringen Schwung in ein lebendiges Schema.

Struktur und Muster

Farbe ist nur ein Teil des Erfolgs bei der Inneneinrichtung. Zwei weitere wichtige Elemente sind Strukturen und Muster. Ein Zimmer mit taupefarbenen Wänden, Eichenboden und altweißen Polstern kann mit Leinenvorhängen, Chenillepolstern, ledergesäumten Sisalteppichen, wollenen Überwürfen und Seidenkissen lebendig gestaltet werden. Wie diese Materialien das Licht absorbieren oder reflektieren, macht bei dieser Art von Raumschema den subtilen, aber wichtigen Reiz aus.

Die Muster und Strukturen in diesem Wohnzimmer passen durch die gemäßigte Palette von Rot- und Grüntönen vor neutralen Wänden gut zusammen.

Zarte Ton-in-Ton-Kissen lockern ein neutrales Schema auf.

Wir sind zwar gewohnt, in unserer Umgebung unterschiedliche Materialien zu verwenden, doch bei Mustern sind wir unsicher. Aber die Zeiten haben sich geändert und Muster spielen bei der Inneneinrichtung wieder eine Rolle, sei es klassischer Chintz, rustikales Karo oder ein funkiger Retro-Druck. Vorhänge und Kissen sind nicht das Einzige, wo Sie Muster verwenden können. Warum machen Sie nicht Ihr Sofa mit einem großen Blumenmuster zum Mittelpunkt? In den Interieurs des 21. Jahrhunderts herrscht eine lockere, entspannte und lustige Atmosphäre.

Der Schlüssel zur Wahl des richtigen Musters liegt darin, einen Stoff auszusuchen und sich um diesen Angelpunkt herum mit der Farbpalette die anderen Stoffe im Raum auszuwählen. Doch man sollte darauf achten, dass dieses zentrale Muster gut mit dem Fußboden harmoniert. Meist wirkt es gut, die Wände im gleichen Farbton wie die Hintergrundfarbe des Gardinenmusters zu streichen. Dadurch wird das Muster in den Raum integriert.

Hier sind verschiedene Oberflächen kombiniert: Bettüberwurf aus Fellimitat, Lampen aus Chrom und Glas, glänzender Holzstuhl, Baumwollvorhänge in funkigem Retro-Druck.

Ein rustikales Interieur, aufgelockert durch ein Komplementärschema aus Rot und Grün auf einer fröhlichen Stoffsammlung.

Teil 1: Naturfarben

Natürliche Fußböden, von Holz und Kalkstein bis zu Schiefer und Sisal, sind eine schöne Grundlage, auf der man sein Raumschema entwickeln kann.

Weiße Fußböden

Oben: Polierter Kautschuk sieht gut aus und ist ein pflegeleichter Boden für eine Küche.

Mit weißen Fußböden verleihen Sie Ihrem Interieur eine ruhige Atmosphäre.

Im Uhrzeigersinn von oben: Nahtloser Gießharzboden bringt einen Hauch von Tradition ins 21. Jahrhundert. Gebleichte Bodendielen mit einem weißen Strukturteppich sind der perfekte Untergrund für ein kühles blaues Raumschema. Gegossener Beton, auf Hochglanz poliert, passt zu einem modernen Wohnstil.

Neutral

Crème Deluxe

Altweiß, Weiß und warmes Taupe stehen für ruhige Eleganz.

Schöner elfenbeinweißer Kalkstein liegt diesem subtilen Schema zugrunde. Bei einem Ton-in-Ton-Schema kommt es darauf an, mit den Materialien zu spielen. Die Fossilien im Kalkstein machen den Fußboden lebendig und durchscheinende Vorhänge lassen das Licht spielen.

FARBPALETTE
Ein warmes Altweiß (1) an Wänden und Gardinen bildet eine einladende Grundlage. Reinweiß (2) wird an Holz und für ein Leinensofa verwendet. Als Akzentfarben in Accessoires werden ein warmes Taupe (3) und weiches Jadegrün (4) eingesetzt.

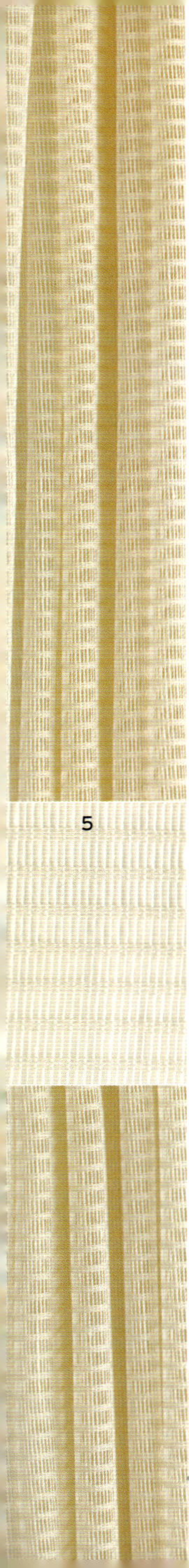

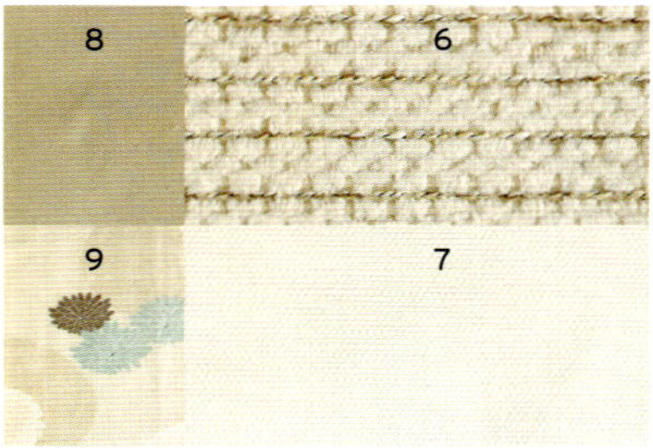

11

STOFFE
Altweiße Gardinen (5) passen zum Chenillebezug (6) eines Sessels in Altweiß und Taupe. Ein Sofa wird mit frischem, weißem Leinen bezogen (7), während verstreute Kissen aus warmer, taupefarbener Seide (8) und mit Blumenmuster (9) das Ganze optisch zusammenhalten.

12

FUSSBODEN
Ein schön veredelter, elfenbeinfarbener Kalksteinboden (10) ist der Ausgangspunkt, der die Wahl der Altweiß- und Weißtöne in den Stoffen und Wandfarben bestimmt. Keramikfliesen mit Leder-Effekt (11) sind eine Alternative. >>

Neutral

Kreisbewegung

Kreismotive geben dem neutralen Retro-Look einen Touch von Fun.

Elfenbeinfarbener Kalksteinboden in einem neutralen Schema mit einem Hauch von Retro. Kreise auf dem Vorhangstoff und auf den Streukissen verbreiten eine 1960er-Jahre-Stimmung, während weiches Altweiß und Grau auf Möbeln und Kissen das Schema fest im 21. Jahrhundert verankern.

FARBPALETTE
Rehbraun (1) an den Wänden kontrastiert mit dem Ton der Vorhänge und der Kissen mit den Kreismotiven. Porzellanweiß (2) wird bei Holz und Sesseln verwendet. Taupe (3) und Taubengrau (4) sind die Akzentfarben in Kissen und Accessoires.

13

14

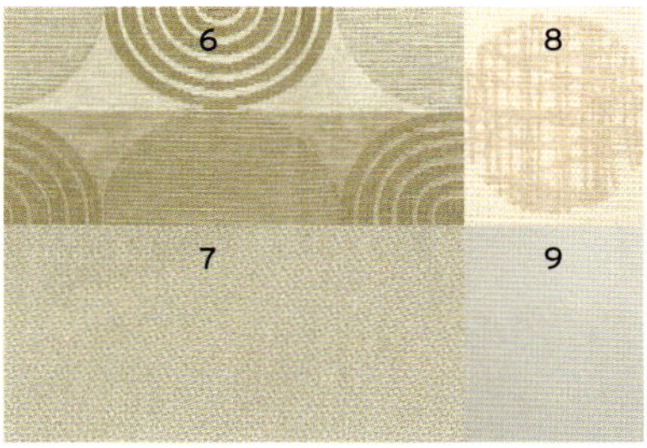

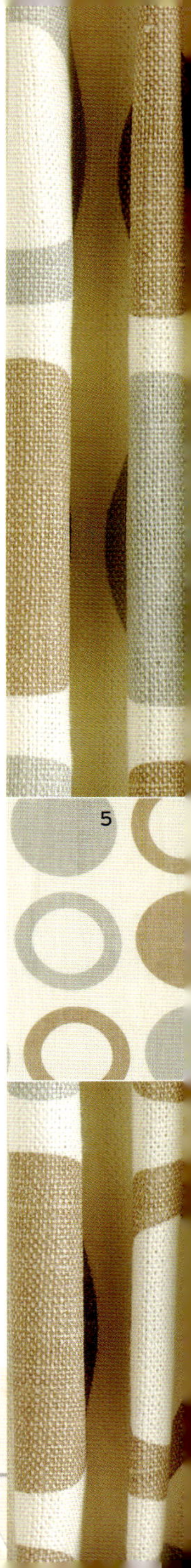

›› Etwas weicher wirken weißer, langfloriger Teppichboden (12) oder heller Sisal (13). Auch elfenbeinfarbenes Kunststofflaminat in Ahornoptik (14) passt in dieses Schema.

STOFFE
Kreismotive der Vorhänge (5) finden sich in Kissen (6) und Sofa mit gebürstetem Leinenbezug in Taupe (7) wieder. Strukturierte Kreismotive in den Sesseln (8) führen das Retro-Thema weiter, graue Wollsatin-Kissen (9) nehmen das Grau der Kreise auf den Vorhängen wieder auf.

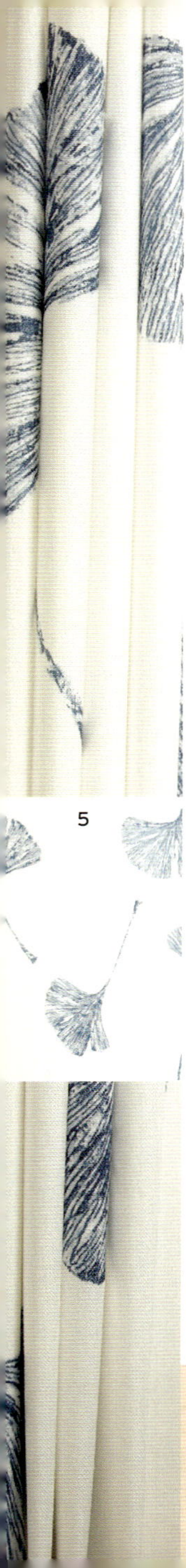

Kühl

Blaue Stunde

Jeans und Taubenblau mit Rehbraun und Weiß bringen frische Stimmung.

Dieses kühle Schema geht von gebleichten Holzdielen aus. Blau und Weiß ist eine klassische Kombination, hier mit einem ausgefallenen Blumenmuster und weichen, rehbraunen Akzenten. Das Sofa verankert das Schema und macht es zu einem perfekten Hintergrund für die lebhaften Vorhänge.

FARBPALETTE
Das warme Weiß (1) des Vorhanghintergrunds findet sich an den Wänden, auf dem Boden und im Sofa wieder. Das Jeansblau (2) der Sessel nimmt das tiefe Blau der Vorhänge wieder auf. Taubenblau (3) und Rehbraun (4) setzen weiche Akzente.

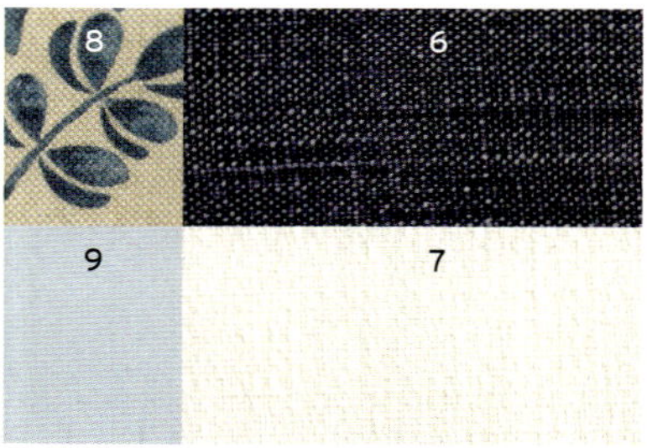

STOFFE
Das Blumenmuster (5) der Vorhänge bestimmt die Farbpalette. Jeansstoff (6) und grob gewebtes Leinen oder Baumwolle (7) machen die Polster interessant. Die Kissen mit den Blumen auf rehbraunem Leinen oder auf Baumwolle (8) sind gewagt, taubenblaue Seidenkissen (9) beruhigen.

11

12

FUSSBODEN
Gebleichtes Holz (10) beschwört Bilder von Skandinavien und dem Meer herauf. Es verlangt geradezu danach, mit bloßen Füßen betreten zu werden. Dieses entspannte Gefühl findet sich in den beiden Schemata wieder. »

Kühl

Scandyland

Eine Mischung aus Blau und Weiß schafft einen skandinavischen Look.

Schemata aus Blau und Weiß haben etwas Erhebendes. Kombinieren Sie moderne bedruckte Vorhänge mit altmodischem Karo und fügen Sie in den Streukissen etwas Rehbraun hinzu. Das kräftige Blau und Weiß der Polster lässt den Raum schlicht und einladend wirken.

FARBPALETTE
Die Wände werden in frischem Weiß gestrichen (1). Taubenblau (2) und Enzianblau (3) in den Stoffen und den Polstern tragen zum fröhlichen blauen Thema bei, während helles Rehbraun (4) eine warme und dennoch neutrale Akzentfarbe ist.

13

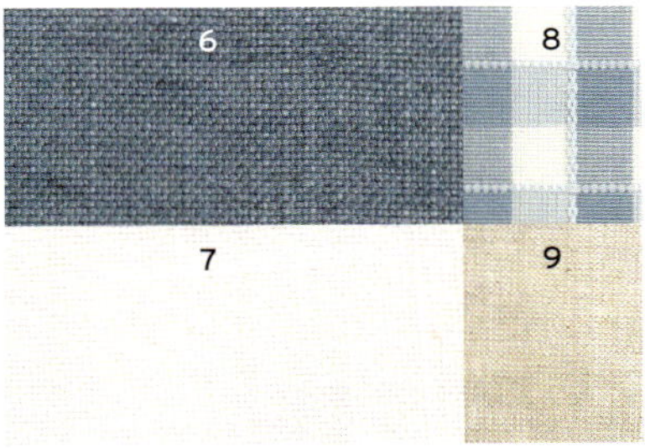

14

>> Zu den weichen Alternativen gehören ein Schlingenteppich aus Wolle (11), ein Teppichboden aus einer Mischung von Wolle und Sisal (12) oder strukturiertes Laminat (13), das sich für Küchen und Spielzimmer eignet. Weißer Kalkstein (14) ist eine weitere Alternative für einen harten Fußboden.

STOFFE
Frisches, bedrucktes Leinen mit einem großen stilisierten Blattmotiv (5) ist eine moderne Variante skandinavischen Designs. Die blau-weißen Überwürfe aus Leinen oder Baumwolle (6/7) für die Polster sind schlicht gehalten. Die Kissen sind blau-weiß kariert (8) oder aus Naturleinen (9).

Warm

Crème Caramel

Reiche Karamell- und Cognac-Töne bilden einen warmen Zufluchtsort.

Wunderschöner, hochwertiger Ahornfußboden ist der Ausgangspunkt für dieses volle, warme, monochrome Schema. Karamellschattierungen und verschiedene Strukturen erscheinen auf Vorhängen, Kissen und Polstern. Für ein modernes Wohnzimmer ist dies ein schönes Schema.

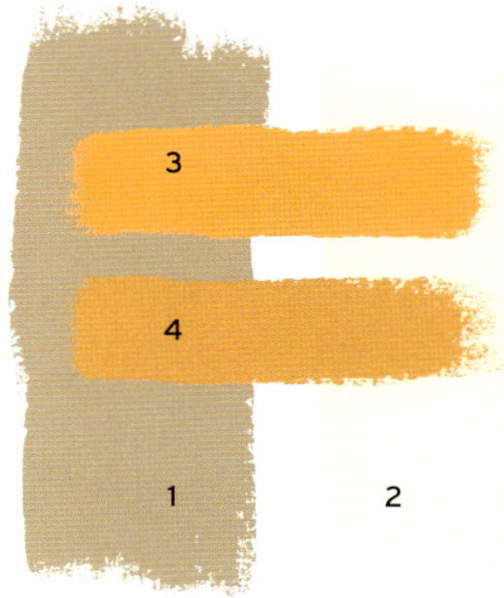

FARBPALETTE
Die rehbraunen Wände (1) erfüllen den Raum mit wohltuender Wärme. Holz in warmem Altweiß (2) bildet einen frischen Akzent, während Cognac- (3) und Honigtöne (4) in den Stoffen dieses Thema sehr geschmackvoll machen.

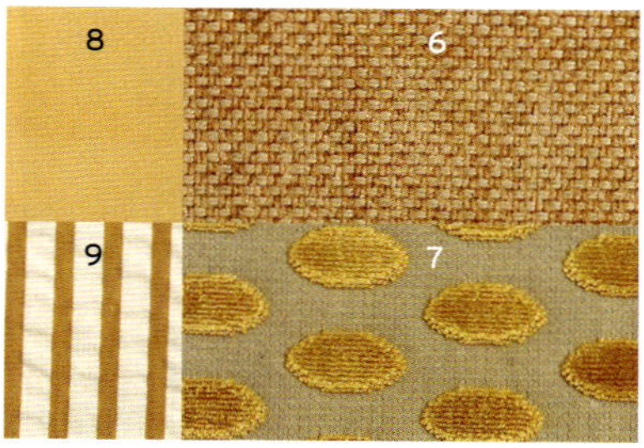

STOFFE
Durchsichtige Leinenvorhänge in Honigtönen (5) werden von weicher, honigfarbener Chenille (6) auf dem Sofa ergänzt. Ein Leinen- und Chenille-Stoff mit ovalem Muster (7) peppt einen Stuhl auf. Die Kissen sind aus toffeefarbener Seide sowie in honigfarbenem und altweißem Seersucker.

11

12

FUSSBODEN
Rustikale breite Dielen aus Ahorn (10) bestimmen dieses Schema. Die helle Farbe des Fußbodens lässt den Raum besonders groß erscheinen. »

Warm

Honig & Zitrone

Die sanfte Bewegung von Schlingen und Wellen belebt dieses hübsche Schema.

Honig, Zitrone und brauner Zucker dienten als Inspiration für dieses Schema, dessen Reiz ungewöhnliche Muster ausmachen, angefangen von den Wellenlinien auf dem Sessel bis zu den stilisierten Blumen auf den Streukissen.

FARBPALETTE

Weizenfarbene Wände (1) mit weißem Holz bilden einen warmen Hintergrund. Toffeebraun (2) in den Vorhängen und den Polstern erhöhen den Einsatz. Honig (3) gibt dem Thema Tiefe, etwas brauner Zucker (4) verleiht ihm Schwung.

13

14

>> Als Alternativen kommen klassischer Kalkstein (11) oder weiße Keramikfliesen mit Schieferstruktur (12) infrage. Weicher sind Schlingen- und Florware (13) oder ein natürlicher Bodenbelag aus Wolle und Jute (14).

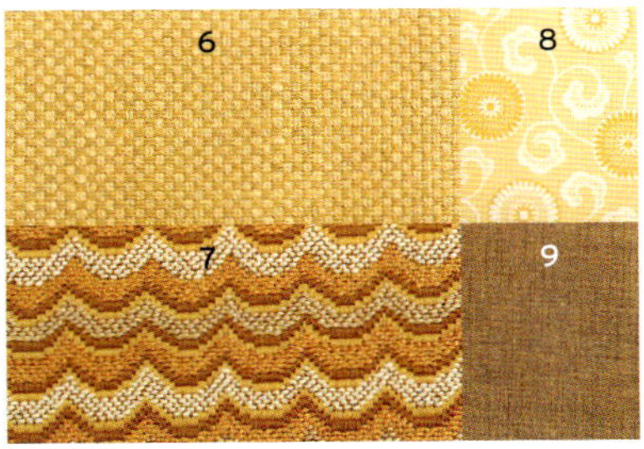

STOFFE

Seidenvorhänge (5) und glänzend gewebte Sofapolster (6) wirken elegant. Webstoffe mit Wellenmuster (7) auf einem Stuhl mit Kissen mit Blumenmuster (8) sind ein Blickfang. Kissen in honigfarbenem Polyester oder Viskose (9) vervollständigen das Ambiente.

Lebendig

Frisch und grün

Frisches Grün, Altweiß und Weiß fängt die Atmosphäre eines Frühlingstags ein.

Lebhaftes Frühlingsgrün liegt diesem frischen Schema zugrunde. Limone, Apfel und Spargel sind die Farben vor einem neutralen reinweißen und weichen altweißen Hintergrund. Die wirbelnden Blumenmuster und Zweige des Vorhangstoffes kontrastieren mit den soliden Streifen der Polster.

FARBPALETTE
Porzellanweiße Wände (1) und frisches weißes Holz (2) bilden den Hintergrund dieses Schemas. Frühlingsgrün in Limone (3) und Apfelgrün (4) bringt würzige Akzente, die von Vorhängen, Stuhlpolstern und Streukissen aufgenommen werden.

11

12

STOFFE
Leinen mit einem weißen Rankenmuster (5) führen das Thema ein. Sessel mit grünen Samtstreifen auf rehbraunem Leinenuntergrund (6) werden sachte von den weißen Webstreifen des Sofas (7) aufgenommen. Die Kissen sind aus grüner, gewebter Baumwolle (8) und grün-weiß kariert (9).

FUSSBODEN
Dreistreifiges Ahornparkett ist der Ausgangspunkt für dieses frische grüne Schema (10). Subtile Körnung und die gleichmäßige Färbung machen es ideal für moderne Räume. >>

Lebendig

Pflanzenleben

Blätter und Ranken bringen den Garten in ein Familienzimmer.

Ein würziges Schema wie dieses eignet sich gut für ein Familienzimmer oder ein lockeres Wohnzimmer. Die kräftigen Grüntöne stimulieren die Sinne und tragen zu einer fröhlichen Atmosphäre bei. Weiches Weiß und Altweiß bieten einen Ausgleich, während Blassblau einen Kontrast dazu bildet.

FARBPALETTE

Frische weiße Wände (1) und weißes Holz schaffen eine frische, reine Palette für dieses Blattschema. Erhebendes Kiwigrün (2) setzt Akzente, Enzianblau (3) fügt eine kühle Note hinzu. Das Grasgrün im Blattmuster des Vorhangstoffs (4) verleiht Tiefe.

13

14

>> Wenn Sie Teppich bevorzugen, dann sollte es ein dichtgewebter Wollteppich (11) oder spezielle Schlingenware sein (12). Wenn Sie Stein bevorzugen, ist Limeira-Kalkstein (13) die richtige Wahl oder als kostengünstige Alternative Keramikfliesen mit Kalksteineffekt (14).

STOFFE

Den Mittelpunkt bildet das Blattmuster der Vorhänge (5). Altweißes Leinen oder Baumwolle (6) auf dem Sofa beruhigt. Ein Sessel mit einem ovalen Muster (7) bildet ein Gegengewicht zu den Vorhängen. Enzianblaue Kissen (8) und ein grünes Kettenmotiv (9) lenken den Blick auf das Sofa.

Altweiße & beige Fußböden

Oben: Ein wollener Strukturteppich mit Sisaloptik passt gut in ein modernes Schlafzimmer.

Altweiße und beige Böden bieten eine ausgezeichnete neutrale Grundlage.

Im Uhrzeigersinn von links: Ein ungewöhnliches Motiv verleiht einem luxuriösen Wohnzimmerteppich eine elegante Note. Stilvolles Ahorn-Laminat passt gut in ein Wohnzimmer. Ein altweißer Teppichboden wirkt elegant und bildet einen neutralen Hintergrund für farbenfrohe Vorhänge und Kissen als Akzente.

Neutral

Rokoko-Garten

Frei gestaltete Ranken und Kringel verbreiten das Flair des 18. Jahrhunderts.

Ein neutrales Schema profitiert meist davon, dass ein starkes Motiv es zusammenhält. Die romantischen Kringel im Rokoko-Stil beleben die sehr ruhigen Farben. Die unterschiedlichen Muster harmonieren, weil sie in Form und Farbe aufeinander abgestimmt sind.

FARBPALETTE
Die Wände werden in mattem Ekrü (1) gestrichen, kombiniert mit Elfenbeinweiß (2) auf Holz, in Nischen und an der Decke. Warme Sandtöne (3) sorgen für eine zeitgenössische Atmosphäre, während dezentes Vanille (4) den Polstern Wärme verleiht.

STOFFE
Rokokoranken prägen die elfenbeinweißen Leinenvorhänge (5). Blattmuster auf Sand und Altweiß (6, 7) verleihen den Polstern Struktur. Das Rokoko-Thema wird in den sandfarbenen und altweißen Leinen- oder Chenillekissen (8) und einem Satinüberwurf aus sandfarbener Wolle (9) aufgegriffen.

FUSSBODEN
Fein geschliffener Sandstein mit Einsprengseln in dezentem Vanille (10) ergänzt dieses Thema perfekt. Der Kalkstein kann auch durch kostengünstigere Keramikfliesen ersetzt werden (11). »

Neutral

Japanischer Traum

Ein ruhiges Schema im japanischen Stil.

Auch hier wird ein neutrales Schema durch ein starkes Motiv zusammengehalten, in diesem Fall basierend auf einem Stoff mit Blumenmuster im japanischen Stil. Eine Farbpalette aus weichen Sandtönen macht den Raum modern und ruhig. Türkis und Schokolade sind lebendige Farbtupfer.

FARBPALETTE

Perlmutt (1) und Goldsand (2) bieten eine starke neutrale Grundlage. Blumenmuster in Türkis (3) und Schokolade (4) machen das Thema lebendig. Diese Akzentfarben sollten sich in Accessoires wie Glas und Kunst wiederfinden.

13

14

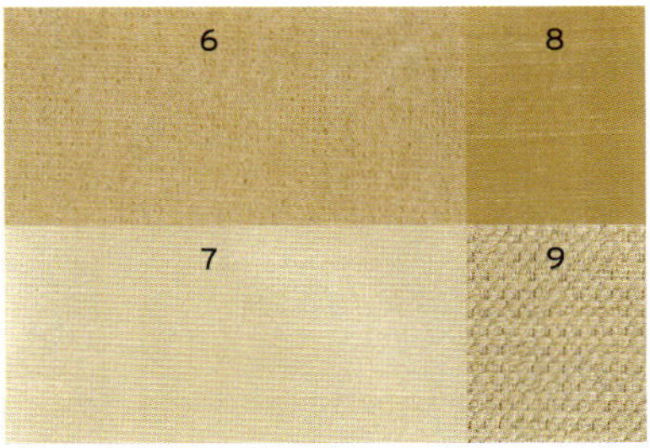

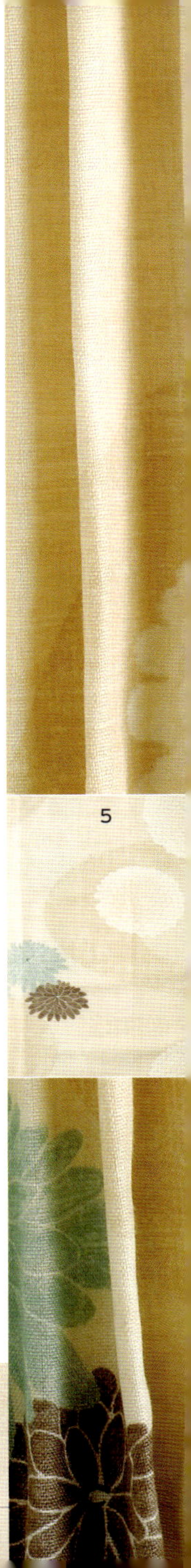

›› Die Altweißtöne matt lackierten Nordic Eschenbodens (12) bieten eine attraktive Alternative in Holz. Ein dichter Veloursteppich (13) fühlt sich behaglich an, Linoleum in Steinoptik (14) hingegen ist praktisch.

STOFFE

Die Vorhangstoffe mit Blumenmuster (5) bilden unwillkürlich einen Blickfang. Die Strukturstoffe in Sandtönen schaffen eine moderne Atmosphäre. Ein Sofa aus weichem Samt (6) erhält weiße Seidenkissen (7, 8), ein Sessel aus neutraler Chenille (9) bildet einen weiteren Gegenpol.

Neutral

Ruhige Klassiker

Ein klassisches Schema aus ruhigen Naturfarben.

Damit neutrale Schemata nicht langweilig wirken, sollte man eine starke neutrale Farbe mit dazunehmen. Die Mischung der Stoffe ist der Schlüssel zum Erfolg. Taupe Leinen passt gut zu dunkler Chenille und Wildlederimitat in Schokolade sowie honigfarbenes Leinen fügen weitere Strukturen hinzu.

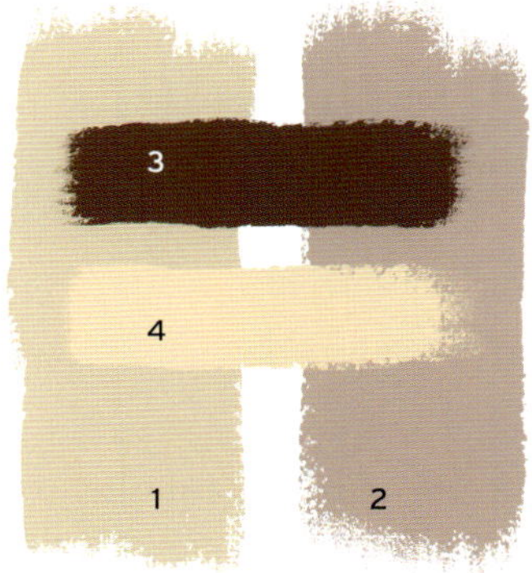

FARBPALETTE
Gipsweiß (1) für die Wände, Vorhänge und den Fußboden schaffen eine ruhige Grundlage. Bimssteingrau (2) im Holz und am Sofa schafft Tiefe und Akzente in dunklem Schokoladenbraun (3) und sattem Perlweiß (4) beleben das Schema.

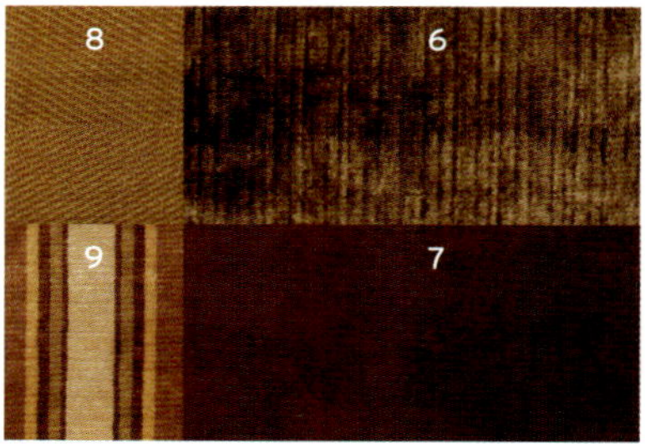

STOFFE
Perlweiß bedruckte Vorhänge (5) machen die Fenster interessant. Bimssteingraue Chenille (6) wirkt auf einem großen Sofa einladend, Akzente setzen Stühle mit Wildlederimitat in dunklem Schokoladenbraun (7). Kissen aus perlweißem Leinen (8) mit Samtstreifen (9) halten alles zusammen.

11

12

FUSSBODEN
Naturboden ist für natürliche und erdige Schemata ideal, da er eine einladende Struktur hat. Helles Ahorn (10) oder Kalkstein (11) sehen fantastisch aus. >>

Neutral

Warm und einladend

Erdige Farben laden zu entspannter Geselligkeit ein.

Ein erdiges Farbschema eignet sich gut für Gesellschaftsräume wie Küchen und Familienzimmer. Würziges Gelbbraun verleiht den hellen, altweißen Wänden und dem hellen Naturfußboden Wärme, weiche grüne Akzente frischen den Look auf.

FARBPALETTE
Taupe (1) liegt der erdigen Palette zugrunde, Sahneweiß (2) an den Wänden bildet den frischen, neutralen Hintergrund für das Schema. Ein kräftiges Kaki (3) und ein schön kontrastierendes, mildes Grün (4) setzen Akzente.

13

14

>> Strukturierte Keramikfliesen (12) sind in Küchen eine kostengünstige Alternative, während Sisal (13) und Wolle mit Jute (14) ein Familienzimmer mit Wärme erfüllen.

STOFFE
Zimtfarbene Wolle (5) verkleidet die Fenster. Chenille in Rohrzuckerbraun und Khaki (6) oder auch eine hübsche Wolldecke (7), die alle Farben der Palette vereint, sind eine strapazierfähige Wahl für ein Sofa. Streukissen in weichem grünem (8) und kakifarbenem (9) Leinen setzen Akzente.

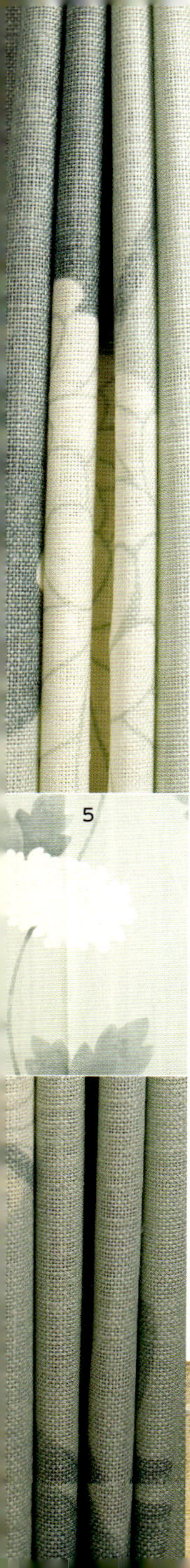

Kühl

Symphonie in Blaugrün

Hier finden sich harmonische Töne in Blaugrün.

Mit Mischfarben wie Blaugrün kann man gut leben und sie bilden einen idealen Hintergrund für das tägliche Leben. Diese Mischfarben sind weicher als die Primärfarben Rot, Blau und Gelb und wirken am besten in kühler Umgebung mit gedämpftem Licht.

FARBPALETTE

Weiches Jadegrün (1) und Meerblau (2) erzeugen dieses zarte Schema. Sattes Perlweiß (3) als Akzentfarbe bringt Tiefe und Warmweiß (4) erhellt das Thema.

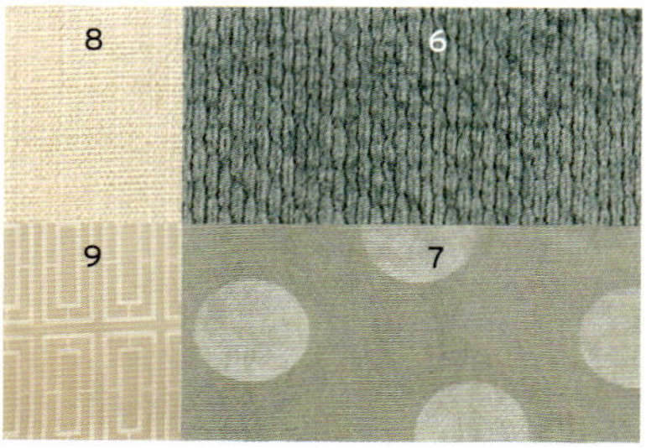

STOFFE

Die Leinenvorhänge sind mit japanischen Chrysanthemen verziert (5). Meerblaue Töne werden vom Chenille-Sofa (6) aufgenommen. Die Kissen sind in weichem Jadegrün (7) gehalten. Perlweißes Leinen (8) auf Stühlen und Kissen mit orientalischem Muster (9) runden das Ganze ab.

11

12

FUSSBODEN

Weicher, goldfarbener Kalksteinboden mit antikem Glanz (10) vervollständigt dieses harmonische Schema. Eine interessante Alternative sind Fliesen mit Lederoptik (11). >>

10

Kühl

Wildblumen

Blumenmuster strahlen in diesem kühlen, aber lebhaften Schema Energie aus.

Wie ein ungezogenes Kind muss dieser ausgelassene Blumenvorhang in seine Schranken gewiesen werden. Die ideale Bühne dafür bilden große Flächen cremefarbener, neutraler Böden. Ausgeglichenheit ist wichtig, daher sollten auch die Wände neutral gehalten werden.

FARBPALETTE
Kühle Farbtöne wie Altgold (1) und Wasserblau (2) bringen Ruhe in das Schema, während etwas Asternrot (3) eine optische Verbindung zu den violetten Blüten des Vorhangs herstellt. Das Ekrü (4) der Wände nimmt die Grundfarbe des Vorhangs auf.

13

14

>> Ein dichter, altweißer Teppichboden mit Schlingen und Flor (12) ist angenehm weich unter den Füßen, während ein Wollteppich im Naturlook (13) dem Zimmer ein rustikales Aussehen verleiht. Die umweltfreundliche Alternative ist Linoleum in Steinoptik (14).

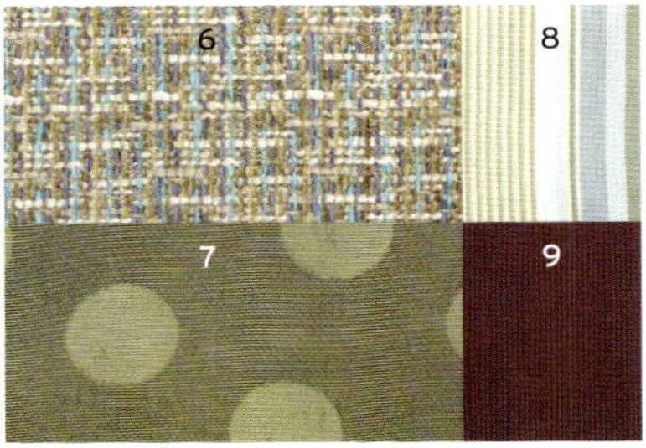

STOFFE
Den blumigen Vorhängen (5) steht beim Sofa ein Chenille-Webstoff in Türkis, Wasserblau und Altgold (6) gegenüber. Die Kissen haben grüne Punkte (7) oder Streifen in Wasserblau und Altgold (8). Asternrot im Polster der Ottomane greift das Violett wieder auf.

Kühl

Wiesenrosen

Pastellgrün ist ein sanfter Hintergrund für dieses hübsche, feminine Schema.

Dieses Schema eignet sich ausgezeichnet für Schlaf- oder Wohnzimmer, da seine weichen Farbtöne eine einladende Atmosphäre schaffen.

FARBPALETTE

Die Farbe von Wasserlilien (1) liegt diesem Schema zugrunde. Tiefere Grüntöne wie Blattgrün (2) in den Polstern sind von den Vorhängen angeregt. Cremeweiße Wände (3) und Holz passen zum Fußboden. Sattes Rosé (4) auf den Kissen ist wirkungsvoll.

STOFFE

Rosen und Blätter sind über den Vorhang verteilt (5). Blaugrüne Chenille mit Fischgrätmuster (6) auf dem Sofa und Sessel mit Streifen in harmonischem Blattgrün, Rosé und Honiggelb (7) laden zum Sitzen ein. Blassgrünes Gittermuster (8) und sattes Rosé (9) zieren die Seidenkissen.

11

12

FUSSBODEN

Dielen aus gebleichter Buche mit einer matten Politur (10) passen ideal zu diesem floralen Schema. Ein Wollteppich mit großen Schlingen (11) oder dichtem Flor (12) ist eine Alternative in weichem Stoff. >>

Kühl

Weinranken

Das Motiv rankender Blüten belebt dieses Schema auf elegante Weise.

Die Wellenbewegung von Weinranken bringt Bewegung in den Stoff der Vorhänge und Polster. Die ruhige Ausstrahlung macht es ideal für Gäste- oder Schlafzimmer.

FARBPALETTE
Sahneweiß (1) an Wänden, Holz und im Bettüberwurf sorgen mit dem Fußboden für einen frischen Hintergrund. Die weichen Blaugrün-Töne eines Bergsees (2) in den Vorhängen schaffen ein Refugium. Rosé (3) und Rosa-Töne (4) setzen weiche Akzente.

13

14

>> Ein Fußboden aus hellem Kork fühlt sich warm an (13), während Kalkstein (14) eine elegante Variante darstellt.

STOFFE
Der graziöse Schwung der Ranken auf dem Vorhang (5) sorgt für eine friedliche Stimmung, die sich in dem altweißen Bettüberwurf widerspiegelt (6). Durch blau-grüne Chenille (7) wird eine Chaiselonge unwiderstehlich. Seidenkissen in Rosé (8) und Rosa (9) werden auf dem Bett verteilt.

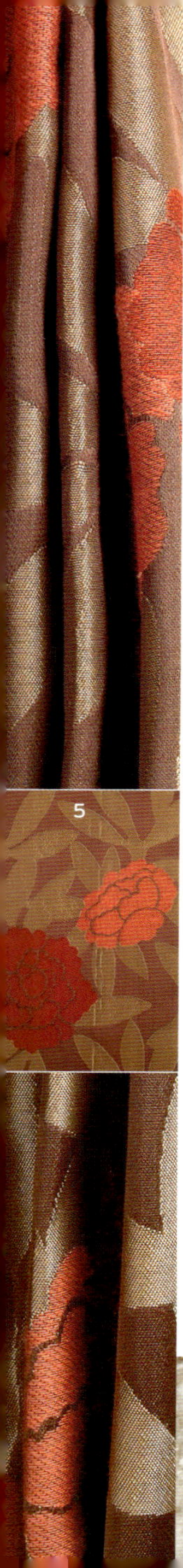

Warm

Exotisches Aubergine

Auberginentöne vermitteln das Gefühl von Luxus.

Tiefes Auberginerot und Taupe erzeugen in diesem sehr erwachsenen Schema das Gefühl gehobenen Reichtums. Lebhaftes Fuchsiarot verleiht ihm Schwung. Dies ist ein starkes, glanzvolles Schema für ein Wohn- oder Esszimmer – und nichts für Zaghafte.

FARBPALETTE
Aubergine (1) ist die Grundfarbe in Vorhängen und Polstern, ausgeglichen durch warmes Taupe (2) an den Wänden und im Blattmotiv der Vorhänge. Satte karmesinrote (3) Rosen hellen das Aubergine auf, fuchsiafarbene (4) Kissen setzen Akzente.

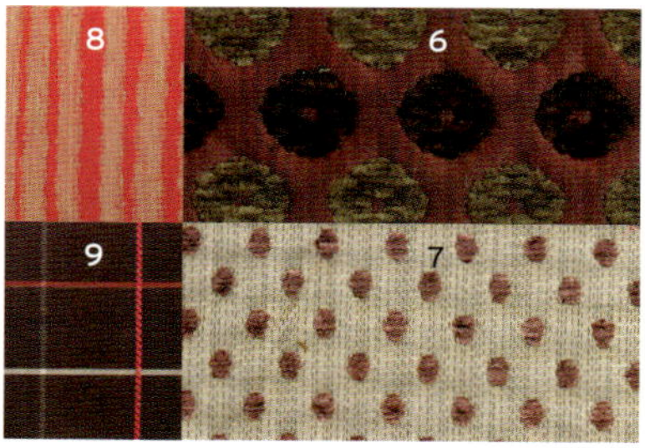

11

12

STOFFE
Stilisierte Blätter schmücken die Vorhänge (5). Ein Sessel mit Chenillebezug mit Kreisen in Aubergine und Taupe (6) wird von einem Sofa in Taupe mit auberginefarbenen Punkten beruhigt (7). Die Kissen haben Streifen in Fuchsiarot und Taupe (8) oder Karos in Aubergine und Fuchsiarot (9).

FUSSBODEN
Besonders schön wirkt bei diesem Schema ein praktisch unverwüstlicher Travertin-Marmorfußboden (10). Jerusalem-Grey-Kalkstein mit Goldglanz (11) oder Keramikfliesen in Travertinoptik (12) sind glanzvolle Alternativen. >>

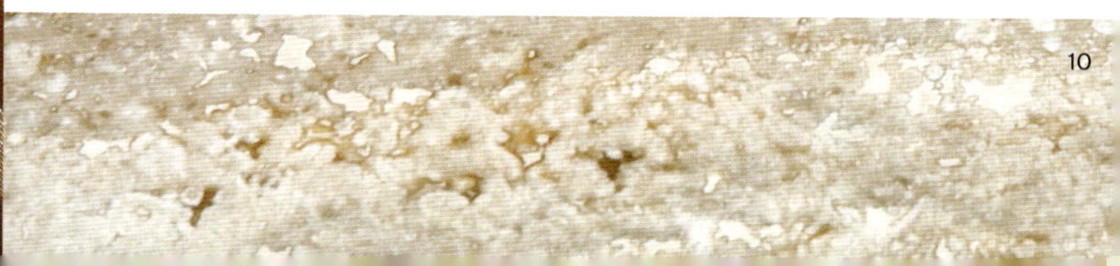

Warm

Leidenschaft in Pink und Purpur

Violett und Pink sind Bonbons für die Sinne.

Ein starker grafischer Druck auf den Vorhängen bildet bei diesem Schema den Mittelpunkt. Tiefes Aubergine gleicht die rosa Vorhänge aus, während taupefarbener Samt auf dem Sofa einen Hintergrund für die Kissen in tiefem Aubergine und Fuchsiarot bildet.

FARBPALETTE
Knalliges Pink (1) im Seidenvorhang bildet einen provokanten Blickfang in diesem Wohnzimmer. Tiefes Aubergine (2) und Pflaumenblau (3) schaffen einen Ausgleich. Die Wände hingegen sollten warm und hell in Taupe (4) gestrichen werden.

13

14

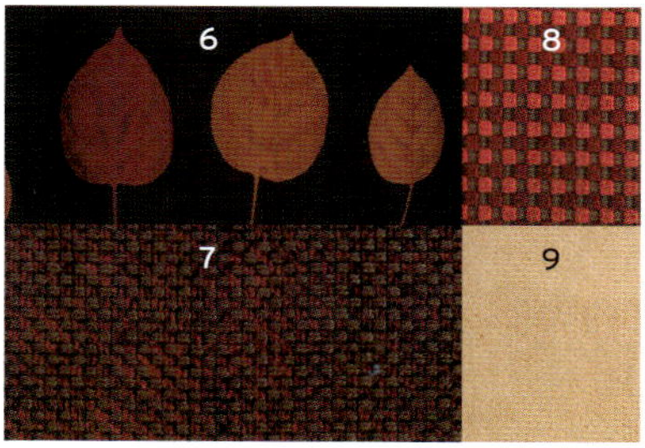

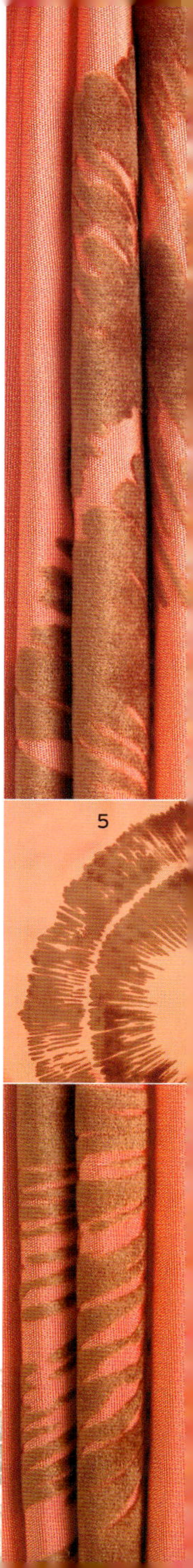

» Dicht gewebter altweißer Teppich (13) trägt zur Wärme bei, während gutes Laminat in Kalksteinoptik (14) den Anschein von Stein mit der Wärme eines Teppichs kombiniert.

STOFFE
Kostbare, schwere Seidenvorhänge (5) und Kissen mit Blattmuster (6) machen dieses Schema so glanzvoll. Weiche Chenille-Stühle (7) und Sofakissen (8) laden zum Verweilen ein. Das wundervolle, samtbezogene Sofa (9) wirkt anziehend.

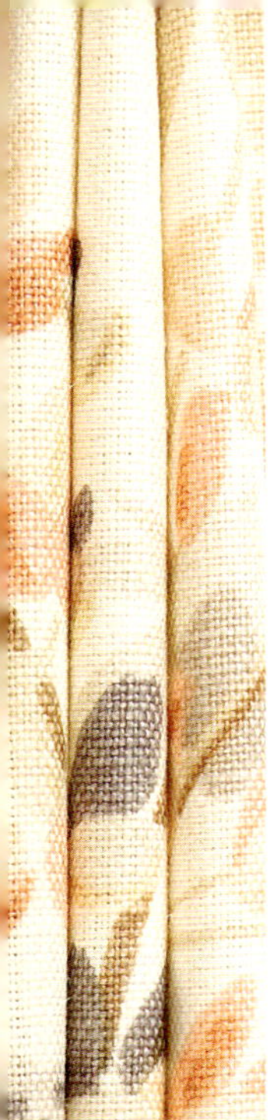

Warm

Liebliche Lupinen

Dieses Pastellschema weckt Frühlingsgefühle.

Zarte Lupinensträuße auf den Vorhängen bringen den Frühling in dieses fröhliche Schema für ein Schlafzimmer. Ruhige Lavendel-, Pfirsich-, Hellgelb- und Kaffeetöne sorgen dafür, dass das Ganze nicht unruhig wirkt.

FARBPALETTE

Weiche Pfirsich- (1) und Lavendeltöne (2) kontrastieren in diesem reizvollen Schema. Hellgelb (3) in den Kissen nimmt die Farbe der Vorhänge auf. Warmes Taupe (4) fügt eine erdige Note hinzu. Wände und Holz sollten in hellem Beige gehalten werden.

11

12

STOFFE

Lupinen und Pfingstrosen auf Leinenvorhängen (5) bilden den Hintergrund. Aus gebürsteter lavendelfarbener Baumwolle ist der Bettüberwurf (6), die Kissen sind aus hellgelbem Leinen (7) und pfirsichfarbene Chenille (8). Das Baumwollgewebe des Sesselpolsters sollte in Taupe sein (9).

FUSSBODEN

Ein Teppichboden mit Rautenmuster in Taupe und Altweiß (10) wirkt warm und einladend. Ebenso schön ist ein Teppich mit Gittermuster(11), ein Wollteppich in Naturoptik (12) wirkt natürlicher. »

10

Warm

Altrosa Traum

Saftige Blumen in Grau, Honig und Altrosa verbreiten Jugendstilatmosphäre.

Sattes, warmes Grau ist eine wunderbare neutrale Farbe, der häufig Taupe vorgezogen wird. Von Grafit bis Taubengrau findet sich stets ein Grau, das zu jeder anderen Farbe passt. Hier bildet es den Hintergrund für warmes Honiggelb, Mineralrot und Graurosa.

FARBPALETTE

Diese Palette geht auf den Jugendstil mit seinen gedämpften Farbtönen in warmem Taupe (1), Honig (2), Schiefergrau (3) und Mineralrot (4) zurück. Räume mit wenig Tageslicht profitieren von den warmen Farben.

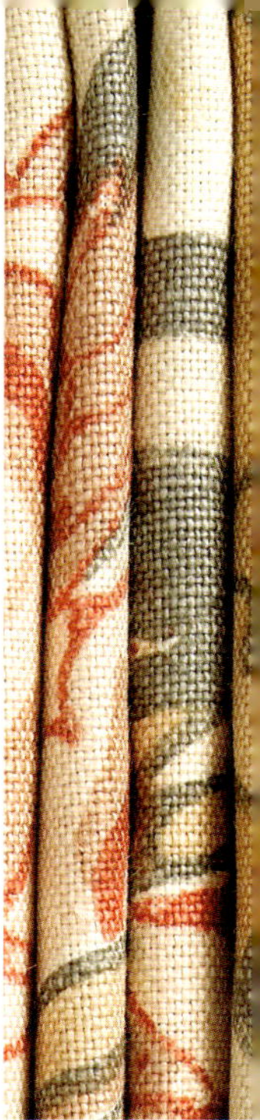

13

14

>> Nordische Esche ist ein schöner Fußbodenbelag (13). Antiker Kalkstein mit Perlglanz (14) würde in diesen Räumen ebenfalls wundervoll wirken.

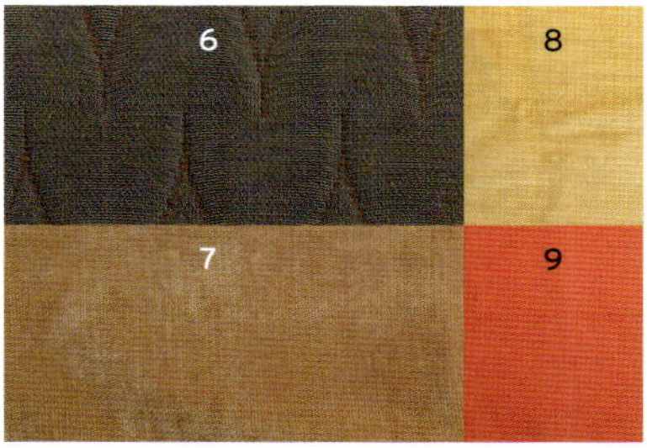

STOFFE

Blumen zieren die Leinenvorhänge (5). Schiefergraues Patchwork aus Baumwolle/Viskose mit Art-Deco-Muster verkleidet die Stühle (6) und das Sofa ist mit gebürsteter Baumwolle in Taupe (7) bezogen. Die Kissen sind aus honiggelbem Baumwollsamt (8) und mineralrotem Seidentaft (9).

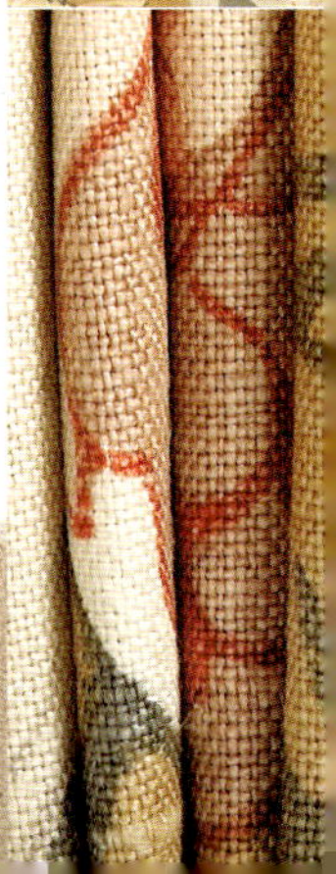

Lebendig

Passionsblumen

Das natürliche Schema lebt von sattem Violett und lebendigem Magenta.

Die gipsweißen Leinenvorhänge bekommen elektrisierende Farbspritzer in Pink. Kühles Violett wirkt als Gegenpol, während neutrale graue Polster dem Schema Festigkeit verleihen. Dazu gipsweiße Wände, die zu den Vorhängen passen und Holz in gebrochenem Weiß.

FARBPALETTE
Ausgangspunkt für dieses Schema sind neutrales Gipsweiß (1) und Bimssteingrau (2). Lebendige Spritzer von Magenta (3) verleihen Schwung. Kühles Violett (4) nimmt die Akzente der Vorhänge auf und bildet einen Gegenpol zu dem starken Pink.

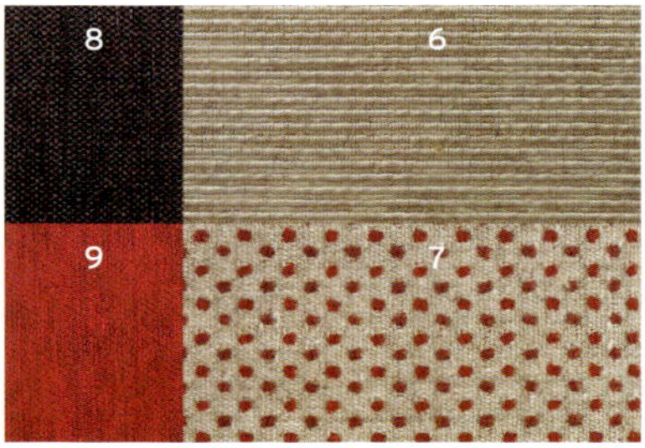

STOFFE
Magentafarbene Blüten machen die Leinenvorhänge lebendig (5). Eine bimssteingraue Ottomane (6) und bimssteingraue Polster (Baumwolle/Leinen) mit Chenillepunkten (7) schaffen einen Ausgleich. Die Chenillekissen sind violett (8) und magentafarben (9).

11

12

FUSSBODEN
In diesen Schemata wirkt dichter Wollveloursteppich (10) warm und einladend. Auch Fliesen in Travertinoptik (11) passen ausgezeichnet dazu, Keramikfliesen mit Wellenmuster (12) wirken dagegen interessant. »

Lebendig

Magentafieber

Lebhafte, große Muster sind unwiderstehlich üppig.

Um es mit Frasier Cranes Worten zu sagen: „Wenn weniger mehr ist, dann bedenken Sie, wie viel mehr mehr sein muss.“ Die opulenten Seidenvorhänge mit überdimensionalen stilisierten Blättern und Blumen in kräftigem Pink sind ideale Beispiele für diese Ansicht. Das nennt man einen Knalleffekt!

FARBPALETTE
Eine weiche Palette mit warmem Taupe (1), Perlweiß (2) und Khaki (3) bestimmen den Hintergrund für das glanzvolle Schema. Perlweiß wird für Wände und Holz verwendet. Lebhaftes Magenta (4) bringt Farbe ins Spiel.

13

14

>> Die Kalkstein-Mosaikfliesen sind mal etwas anderes (13). Warm und praktisch ist Laminat in Kalksteinoptik (14).

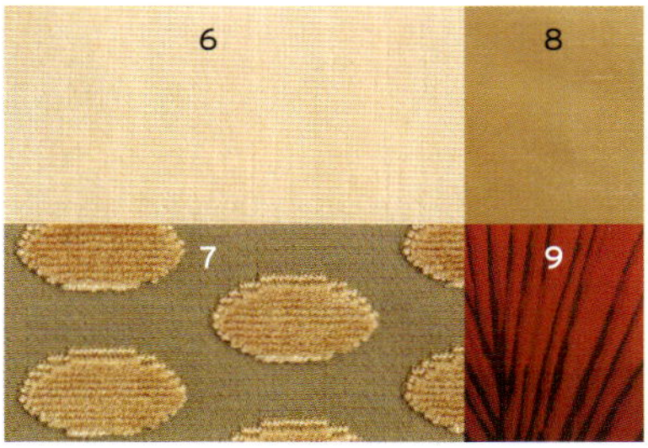

STOFFE
Verschwenderische Seidenvorhänge (5) bestimmen den Ton. Ein Sofa aus perlweißem Baumwollsamt (6) passt zum Fußboden, während der Chenillesessel ein ovales Muster in Kaki (7) hat. Provokativ liegen Seidenkissen in Perlweiß (8) und Magenta mit einem Palmenmotiv (9) auf dem Sofa.

Lebendig

Rhapsody in Blue

... mit einer limonengrünen Kopfnote.

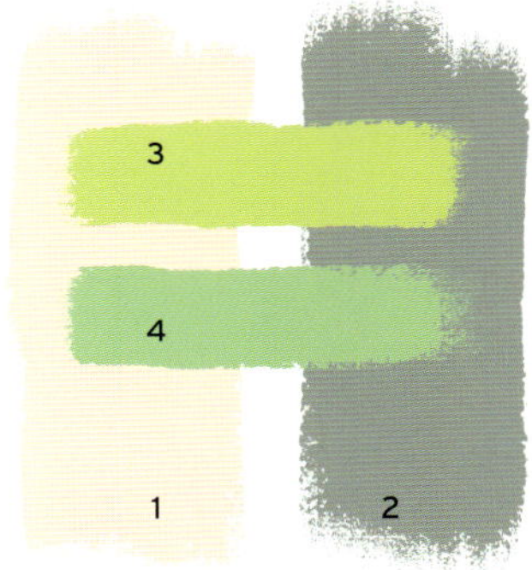

Der Leinenstoff des Vorhangs gefällt durch sein blaues Blättermotiv. Mit einer altweißen Grundnote wird dieses Schema durch lebhaftes Limonengrün belebt. Ein ausgezeichnetes Schema für ein Gästezimmer oder ein Schlafzimmer. Weißes Bettzeug erzeugt eine frische Stimmung.

FARBPALETTE

Ein weicher Hintergrund in Ekrü (1) an den Wänden und auf dem Boden ist hier der Ausgangspunkt. Tiefblaugrüne Wolle mit Fischgrätmuster (2) nimmt das warme Blau der Vorhänge auf. Akzente in Limonengrün (3) und Apfelgrün (4) beleben das frische Frühlingsschema.

11

12

STOFFE

Entzückende Leinenvorhänge mit blauen Blättern und grünen Rosen (5) rahmen die Fenster. Ein Stuhl wird mit blaugrüner Wolle im Fischgrätmuster (6) gepolstert und eine Chaiselonge mit apfelgrüner Chenille (7). Dazu kommen Streukissen mit Baumwollkaro (8) und gewebtem Baumwollsatin (9).

FUSSBODEN

Grundlage für dieses üppige Schema ist ein luxuriöser, elfenbeinfarbener Wollsamtteppich (10). Moderner wirkt ein altweißer Langflorteppich (11). >>

Lebendig

Kräftige Streifen

Küstenfarben schaffen sommerliches Flair.

Frische Streifen wecken die Vorstellung von Liegestühlen und Sommersonnensegeln. Durch die lebhaften Blau- und Grüntöne auf unverwüstlicher Baumwolle eignet sich dieses Schema ausgezeichnet für einen aktiven Familienraum.

FARBPALETTE
Die Wände erhalten einen Anstrich in hellem Zartblau (1), um dem lebhaften Schema eine harmonische Grundlage zu bieten. Helles Rehbraun (2) schwächt das lebhafte Altgold (3) ab, während Meerblau (4) für Urlaubsstimmung sorgt.

13

14

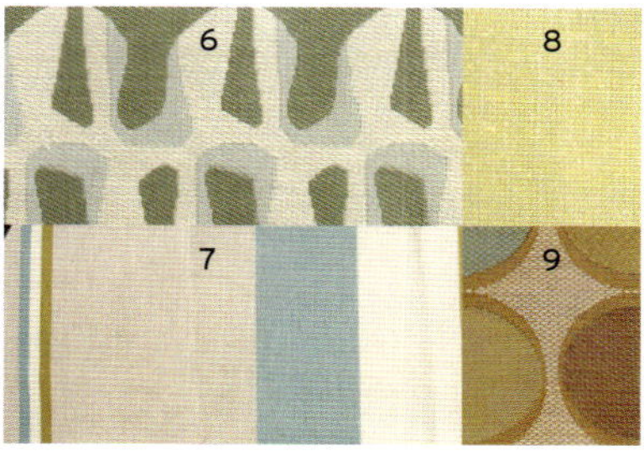

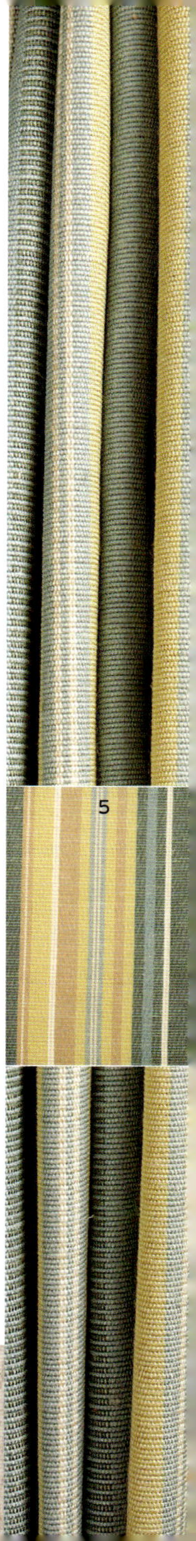

>> Beiger, veredelter Kalksteinboden (12) passt ausgezeichnet zum Schema, etwas ganz anderes ist das große Kalksteinmosaik (13). Elfenbeinfarbenes Ahornlaminat (14) fühlt sich warm an und kann auch im angrenzenden Bad verlegt werden.

STOFFE
Fröhliche Streifen in Limonengrün, Rehbraun und Meerblau finden sich auf den Baumwollvorhängen (5). Der Stuhl hat ein funkiges Webmuster (6), das Sofa einen gestreiften Baumwollbezug (7). Die Kissen sind aus altgoldenem Leinen (8) und haben ein Kreismuster aus Rayon/Polyester (9).

Ockerfarbene Fußböden

Oben: Unterschiedlich große Steinfliesen verleihen einem modernen Esszimmer eine interessante Struktur.

Fußböden in warmem Ocker machen jedes Zimmer im Haus anziehend.

Im Uhrzeigersinn von oben links: Versiegelter und polierter Kork ist praktisch für das Büro zu Hause. Laminatboden, der realistisch Holz imitiert, macht einen Flur einladend. Korkfliesen in dekorativem Muster verleihen einem Badezimmer einen Hauch von Landhausstil.

Neutral

Schokoladentoffee

Verwöhnen Sie sich mit Braun und Karamell.

Wenn man ein Farbschema für einen ockerfarbigen Fußboden sucht, sollte man die goldenen Farbtöne als neutral betrachten und ein Schema zusammenstellen, das die warmen Töne ergänzt. Schokoladenbraun und Altweiß bilden einen schönen Kontrast zum Fußboden.

FARBPALETTE
Kakaobraun (1) und Toffeebraun (2) eignen sich ausgezeichnet für kinderfreundliche Polster. Cognacbraun (3) in den Vorhangstreifen und auf den Kissen passt zum Fußboden. Wände und Holz in warmem Weiß (4) sorgen für Frische.

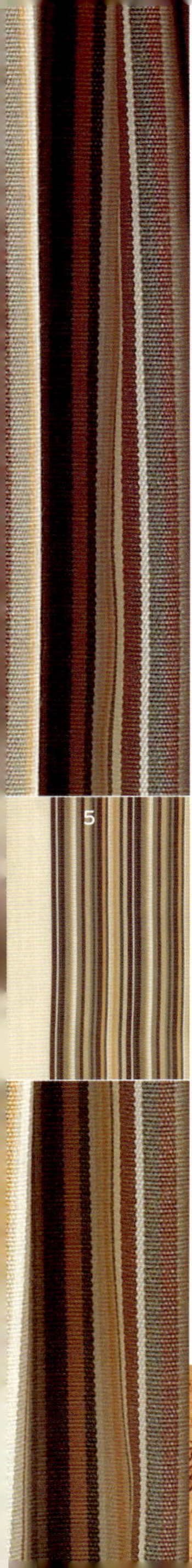

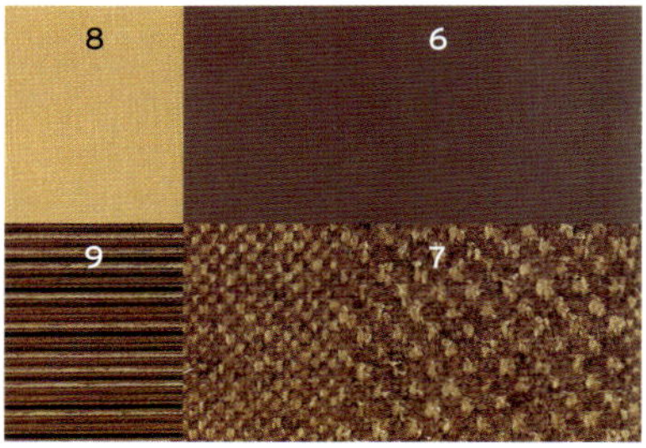

11

12

STOFFE
Gestreifte Baumwolle in Kakao, Toffeebraun, Warmweiß und Cognacbraun (5) verkleidet die Fenster. Polster in robustem Lederimitat (6) mit weichem Toffeebraun und Chenille in Cognacbraun (7). Akzente setzen cognacbraune Leinenkissen (8) und eine Ottomane in Kakao und Toffeebraun (9).

FUSSBODEN
Für ein Familienzimmer eignet sich robuster Korkfußboden (10). Hübsch sind auch Eichendielen (11). Linoleum (12) ist praktisch, robust und warm. >>

Neutral

Verspielte Rosetten

Ein lustiger Rosetten-Druck für ein Familienzimmer.

Noch ein schönes Schema in Schokoladenbraun und Cognacbraun, ausgehend von einem fröhlichen Rosettenmuster an den Vorhängen, das sich für ein Familienzimmer eignet. Muster sorgen in einem neutralen Schema für Schwung.

FARBPALETTE
Warme Brauntöne wie Schokoladenbraun (1) und Bitterschokoladenbraun (2) auf Vorhängen und Polstern sind die Ausgangsfarben. Leinenkissen in Cognacbraun (3) passen zum Fußboden. Die Wände werden in warmem Sandton (4) gestrichen.

13

14

>> Alternativen sind ein dicht gewebter Wollteppich (13) oder schön geäderter, widerstandsfähiger Marmor (14).

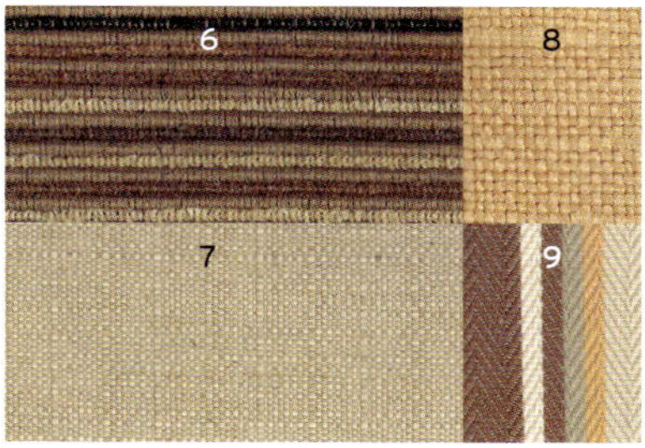

STOFFE
Bestimmend ist der lebhafte Rosettendruck auf den Leinen-Vorhängen (5). Die Stühle werden in Kakaobraun, Toffeebraun und Warmweiß (6) gepolstert, das Sofa in Beige (Baumwolle/Leinen) (7). Akzente setzen Kissen aus cognacbraunem Leinen (8) und gestreifter Baumwolle (9).

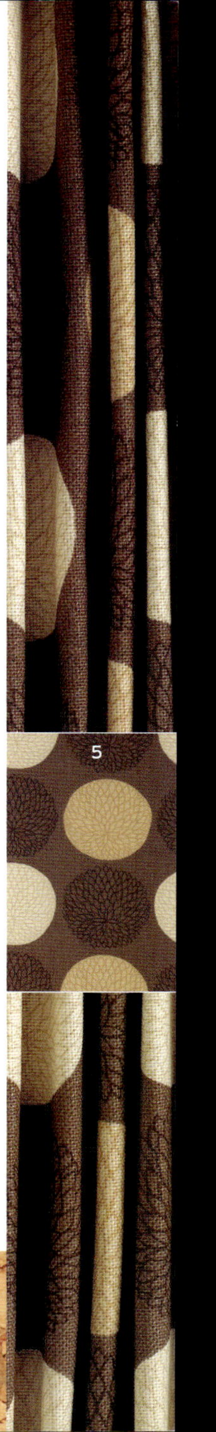

Kühl

Sonne und Tau

Sonniges Gold und Regenblau sind leicht und luftig.

Blau und Gelb sind eine klassische Kombination, während Zwischentöne wie Honig und Meerblau die sanfteren Farben in diesem anziehenden Schema darstellen. Man sollte sie in Wohnzimmern mit wenig Tageslicht verwenden. Das Meerblau passt zum grauen Licht, Honig erhellt den Raum.

FARBPALETTE
Warmes Honiggelb (1) und Mattgold (2) in den Vorhängen passen zu den Ockertönen des Fußbodens. Meerblau (3) mäßigt die satten Goldschattierungen und verleiht dem Thema so mehr Tiefe. Eine schöne neutrale Basis bieten Wände und Holz in Ekrü (4).

STOFFE
Leinenvorhänge mit indischem Blumenmuster (5) werden durch meerblaue Chenille auf dem Sofa (6) betont. Gleichfarbige Sessel und eine honigfarbene Ottomane (7) ergänzen die Strukturen. Kissen aus meerblauem Wollsatin (8) und blauer und altweißer Seide (9) wirken frisch.

FUSSBODEN
Veredelter graugoldener Kalksteinboden im Antik-Look (10) ist ein glanzvoller Bodenbelag. Die goldenen Töne von Esche (11) oder einem Wollteppich mit einem Rautenmotiv in Honig und Altweiß (12) passen ebenfalls ausgezeichnet zu beiden Schemata. ››

Kühl

Bukett in Grau

Kühles Grau unterstreicht die Anmut verblichener Eleganz.

Weiches Grau ist ein richtiger Glückstreffer in Interieurs, denn es bringt die meisten anderen Farben schön zur Geltung. In diesem Fall entwickelt es seinen Zauber in einem Schema mit klassischem Blau und Gold. Grau verbindet sich genauso gerne mit warmen wie mit kalten Farbtönen.

FARBPALETTE
Grundlage des Schemas ist blasses Gletschergrau (1), dem eine satte Honigfarbe (2) Wärme verleiht. Die kühlen Blaugrün-Töne von Bergseeblau (3) und Seegrün (4) bringen Frische. Als Wandfarbe könnte Honig, Ekrü oder Gletschergrau dienen.

13

14

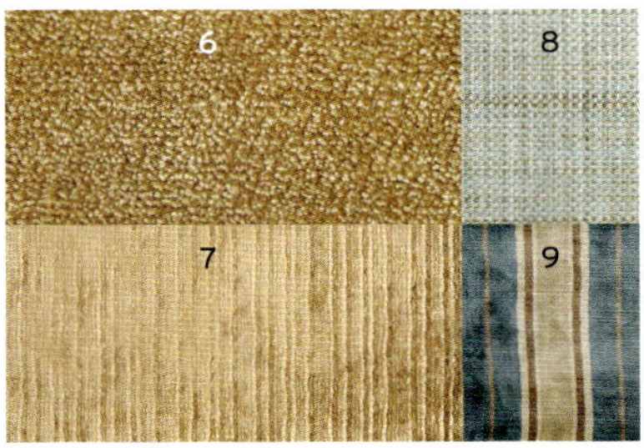

>> Eine rustikalere Alternative ist in diesem Fall ein Naturbodenbelag in Taupe, Ekrü und Honig (13). Praktisch und attraktiv ist Laminat in Sandsteinoptik (14).

STOFFE
Die honigfarbene Chenille des Sofas (6) lässt die Leinenvorhänge mit einem Blumenmuster in Blau, Grau und Gold (5) wärmer erscheinen. Kissen aus honigfarbenem Samt (7) und Baumwollgewebe in Bergseeblau und Honig (8) sind sehr stilvoll, Kissen in gestreiftem Samt (9) bringen Schwung.

Warm

Blütenschauer

Hübscher Blütenregen bringt das Flair eines Frühsommertages ins Zimmer.

Schmetterlinge und Blumen flattern über den Vorhangstoff und schaffen eine leichte, luftige Umgebung. Der Stoff eignet sich für Schlaf- und Wohnzimmer gleichermaßen. Die sanften Farben des Vorhangstoffes sollten Inspiration für die Polster, Kissen, Teppiche und Überwürfe sein.

FARBPALETTE
Erdbeerrosa (1) und Cognacbraun (2) vertreten in diesem Schema die warmen Farben. In sonnigeren Räumen kann man die Wände daher etwas kühler in Enzianblau (3) streichen. Kaki (4) im Sofa steht für das Sommergras.

11

12

STOFFE
Der Leinenstoff des Vorhangs (5) bestimmt die weiteren Farben. Die Stühle sind aus graublau (6) und das Sofa ist aus kakifarbenem Baumwollwebstoff (7). Weitere Struktur bringt eine bunte Ottomane (8); die cognacbraunen Kissen aus Chenille (9) lassen den Sommer herein.

FUSSBODEN
Lebhaftes Linoleum in Ocker (10) ist ein Naturprodukt und daher umweltfreundlich – ideal, wenn man kleine Kinder oder Haustiere hat. Es fühlt sich warm an und ist pflegeleicht. Auch Korkfliesen (11) sind sehr familienfreundlich. >>

10

Warm

Hans und die Bohnenranke

Eine märchenhafte Fantasie in wirbelnden Ranken.

Wenn in dem englischen Märchen Hans' Bohnenranke so schön war wie dieser Vorhangstoff, dann ist es kein Wunder, dass er daran hinaufklettern wollte. Blühende Weinranken ziehen sich über das Webleinen und bringen einen Hauch von Magie und Illusion mit sich.

FARBPALETTE
Erdige Terrakottatöne (1) sorgen für Wärme, unterstützt werden sie von sonnigem Honiggelb (2). Kühlere Akzente in Altgold (3) und Wasserblau (4) sorgen für Frische. Die Wände sollten in neutralem Taupe gehalten werden.

13

14

›› Ungewöhnlich ist Bambus (12). Schön gestreifter, getufteter Wollteppich (13) bringt eine weitere Struktur und ein neues Muster ein. Zeitgenössisch modern wirkt auf jeden Fall ein langfloriger Flauschteppich aus Wolle (14).

STOFFE
Ein Leinendruck mit Blumen in weichen Pastellfarben (5) bildet den Ausgangspunkt. Leicht wirkt ein Sessel mit honiggelber gebürsteter Baumwolle (6). Ein Sofa mit einem terrakottafarbenem Chenillebezug (7) verleiht Festigkeit. Dazu gehören Leinenkissen in Wasserblau (8) und Altgold (9).

Lebendig

Orangen-blüten

Pudrige Blumensträuße verbreiten Freude.

Dieses flotte orangefarbene Schema eignet sich ausgezeichnet für ein Mädchenzimmer. Die stilisierten Blumen auf dem Vorhang sind hübsch und Mandarin, Gelb und sattes Rot wirken lebendig.

FARBPALETTE

Kräftiges Mandarin (1) im Druck des Vorhangs und auf einem Stuhl leiten das Thema ein. Goldsand (2) und Rosarot (3) in unterschiedlichen Abstufungen harmonieren damit. Wände und Bettzeug in warmem Elfenbein (4) wirken hingegen neutral.

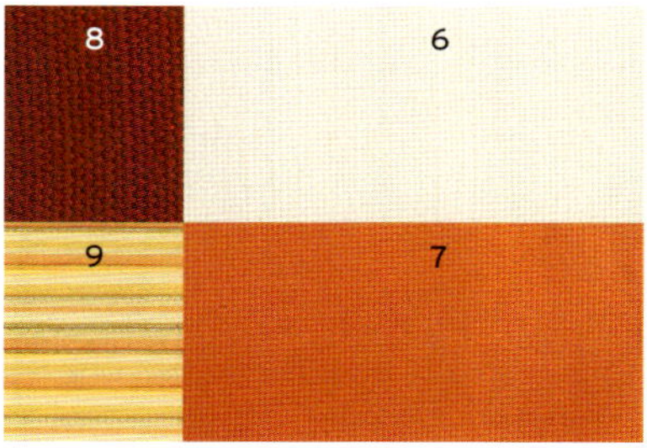

11

12

STOFFE

Sonniger Leinenstoff (5) für Vorhänge und Bettvolants. Bettzeug aus elfenbeinfarbenem Leinen (6) wirkt leicht. Ein Stuhl wird mit glatter Baumwolle in Mandarin (7) bezogen. Auf dem Bett liegen Kissen aus rosarotem Leinen (8) und mit Streifen in Goldsand und Mandarin (9).

FUSSBODEN

Ein Wollteppich in einem warmen Ockerton (10) ist für dieses Schema am besten. Doch auch ein naturbelassener Sisalboden (11) ist eine gute Alternative. Eichenholzparkett (12) wirkt grafisch. »

Lebendig

Mandarinenträume

Goldenes Sonnenlicht sorgt für Wärme.

Durchscheinende, gestreifte Leinenvorhänge in verschiedenen Orangetönen verkleiden eine Schiebetür, die ins Freie führt. Das fruchtige Schema eignet sich für einen Wintergarten oder ein Wohnzimmer, das direkt an den Garten angrenzt.

FARBPALETTE
Grundlage des Schemas ist Orange (1). Pfirsichrot (2) und Buttergelb (3) sind weicher. Goldsand (4) auf Polstern und Holz tragen zu einer ruhigen Atmosphäre bei. Die Wände dazu könnten eierschalenfarben gestrichen werden.

13

14

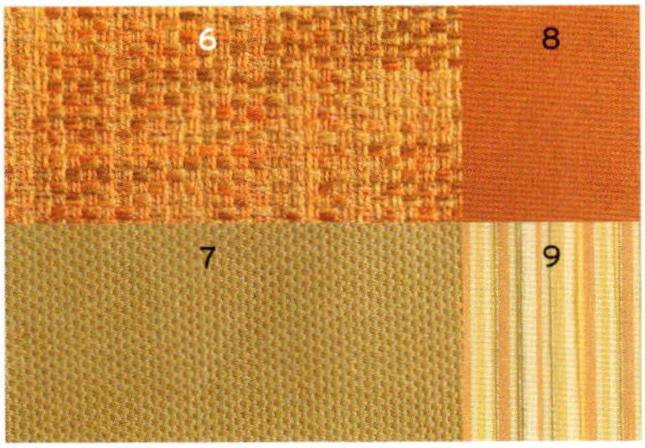

>> Praktisch in einem Kinderzimmer ist Linoleum in warmen Farben (13). Für den Eingangsbereich eignet sich hingegen Kalkstein (14).

STOFFE
Sonnig wirken durchscheinende, gestreifte Leinenvorhänge (5) und Stühle in orangefarbenem und gelbem Baumwollwebstoff (6). Das Sofa wird mit Baumwolle in Goldsand bezogen (7). Dazu passen Kissenbezüge aus orangefarbenem Wildlederimitat (8) oder mit sonnigen Streifen (9).

Terrakottaböden

Oben: Klassisch sind Terrakottafliesen in einem traditionellen Hausflur.

Rustikales Terrakotta macht ein Haus gemütlich.

Im Uhrzeigersinn von oben links: Raue, wiederverwendete Ziegel machen den rustikalen Charme dieses Schlafzimmers aus. Terrakottafliesen in einem Schlafzimmer im Erdgeschoss erinnern an einen Landhausgarten. Versiegelte, aber unpolierte Terrakottafliesen wirken in einem Wintergarten am besten.

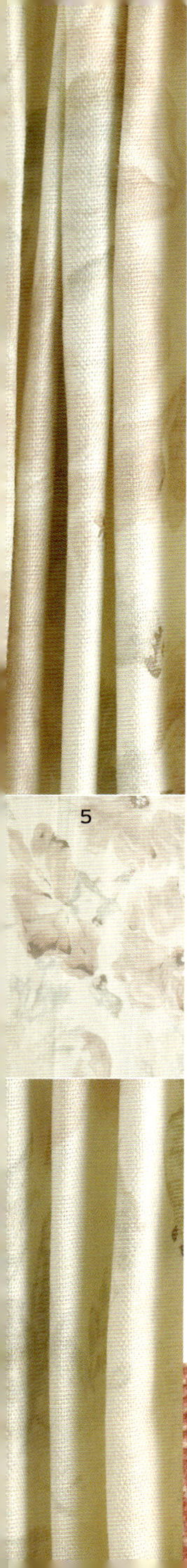

Neutral

Verblichene Eleganz

Zarte Pastellblumen vermitteln weiblichen Charme.

Die zarten Farben machen sich gut in einem eleganten Wohnzimmer oder einem Schlafzimmer. Weiche, ausgewaschene Pastellfarben schaffen eine Atmosphäre von Finesse und Anmut. Wenn man den Vorhangstoff auch für die Streukissen nutzt, wird die entspannte Stimmung noch verstärkt.

FARBPALETTE
Perlmutt- (1) und Muschelfarben (2) rufen zur Entspannung auf. Akzente in Sturmblau (3) bringen Tiefe. Warmweiße Polster (4) und Wände lassen große Oberflächen elegant wirken.

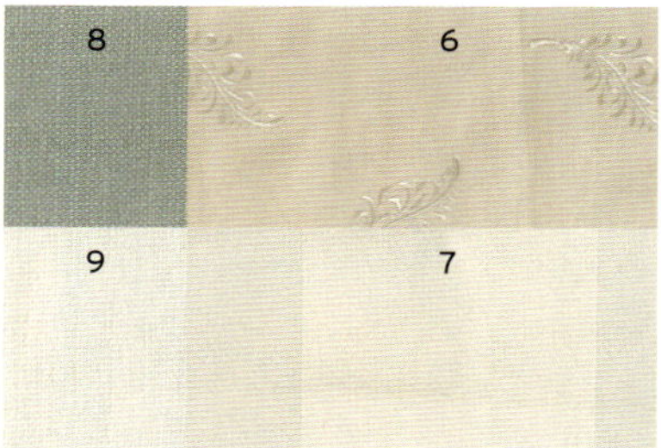

STOFFE
Bestimmend sind die blassen Blumen auf den Leinenvorhängen (5). Bestickte Baumwolle in weichen Muschelfarben (6) eignet sich für den Bettüberwurf. Eine Chaiselonge wirkt durch gestreiften Baumwollsatin (7) elegant. Kissen in Sturmblau und Warmweiß (8, 9) passen zum gemusterten Leinen.

FUSSBODEN
Unerwartet, doch einladend ist ein auffälliger, flach gewebter Teppich mit Streifen (10). Ein weiterer weicher Bodenbelag ist ein Veloursteppich in hellem Terrakotta (11). >>

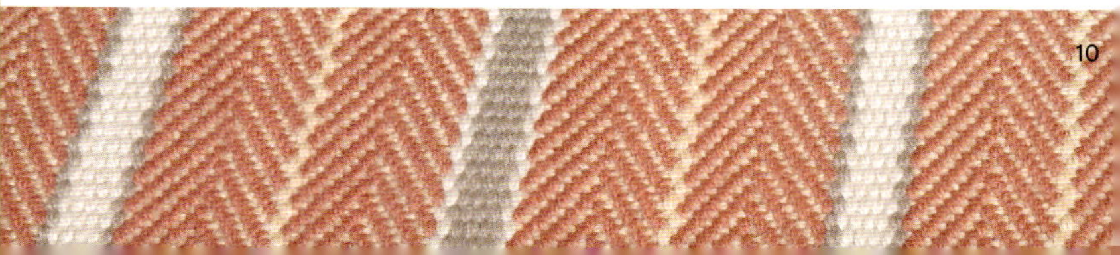

Neutral

Milchkaffee und Erdbeeren

Kräftiger Cappuccino mit einem Hauch von Erdbeere.

Feine Kaffee- und Sahnefarben bilden einen ruhigen Kontrast zu einem satten Terrakottaboden. Mit gedämpftem Erdbeerrot in Pastell setzt man hübsche Akzente und schafft eine optische Verbindung zum Fußboden.

FARBPALETTE
Grundlage für dieses Schema sind Schattierungen von Rehbraun (1), Taupe (2) und Ekrü (3). Mit Ekrü an den Wänden und auf Holz bleibt das Schema fein und elegant. Akzente in Erdbeerrot (4) auf Sofapolstern und Kissen frischen das Ganze auf.

13

14

» Antike Keramikfliesen (12) und Fliesen aus Turinstein (13) vermitteln toskanisches Wohngefühl. Ein Linoleumboden mit Terrakotta-Effekt (14) ist sowohl schön als auch praktisch.

STOFFE
Die durchsichtigen Fenstervorhänge sind aus transparenter Baumwolle (5). Wählen Sie für ein großes Sofa eine attraktive Farbe (6) und verteilen Sie Kissen in rehbraunem Taft (7) und Leinen in Erdbeerrot (8). Ein gestreifter Baumwollstoff in Kaffeetönen (9) ergibt schöne Sesselüberwürfe.

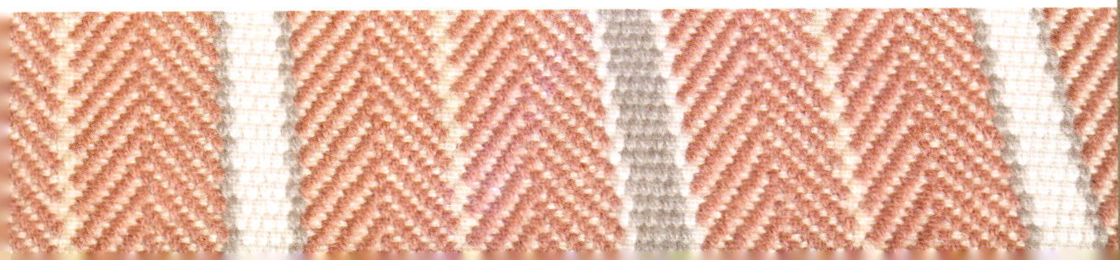

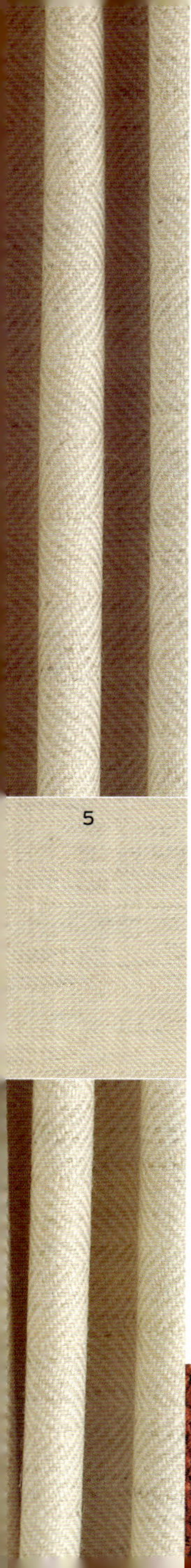

Neutral

Charmantes Korallenrot

Weiche Korallentöne wirken belebend.

Bevorzugt man zu einem Terrakottaboden ein neutrales Schema, so sollte man warme Farben wie Korallenrot und Lachsrosa verwenden, um eine Verbindung mit dem Bodenbelag zu schaffen. Sonst dominiert dessen satte Farbe den Raum und lässt helle neutrale Farben verblassen.

FARBPALETTE

Warme neutrale Farben wie Ekrü (1) und Sand (2) bilden die Grundlage dieses Schemas. Pfirsich- (3) und Ziegelrot (4) für Kissen und Polster sorgen dafür, dass in diesem vorwiegend neutralen Schema der Terrakottaboden gut zur Geltung kommt.

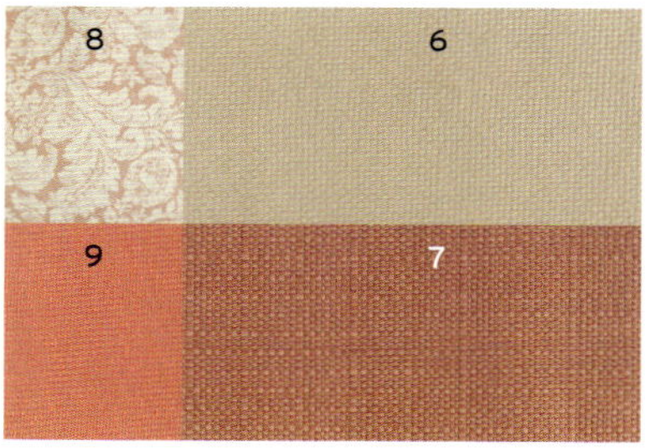

11

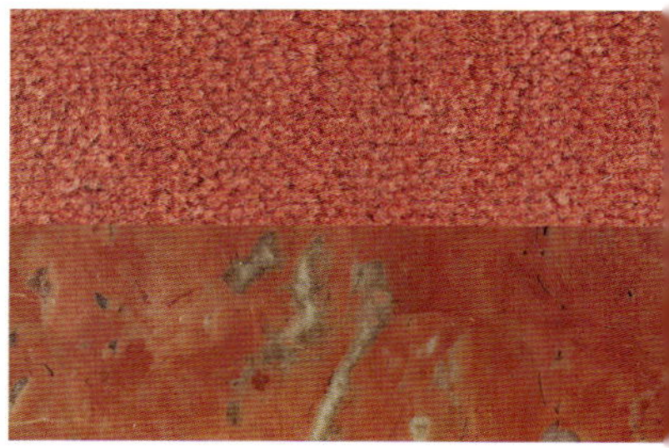

12

STOFFE

Wollvorhänge mit Fischgrätmuster in Ekrü (5) passen zu einem Sofa mit sandfarbenem Bezug aus einem Baumwoll-Leinen-Gemisch (6). Ein Farbtupfer: der Sessel in Pfirsichrot (7). Leinenkissen zeigen Blumen in blassem Ziegelrot (8); pfirsichrot sind die Kissen aus Seidenimitat (9).

FUSSBODEN

Ein getufteter Wollteppich in sattem Ziegelrot (10) wirkt warm und einladend. Mit einem helleren Teppich in Pfirsichrot (11) erzielt man eine etwas feinere Wirkung. Ein tiefes Rot, veredelt mit Marmorierungen in neutralen Tönen (12), wirkt brillant. >>

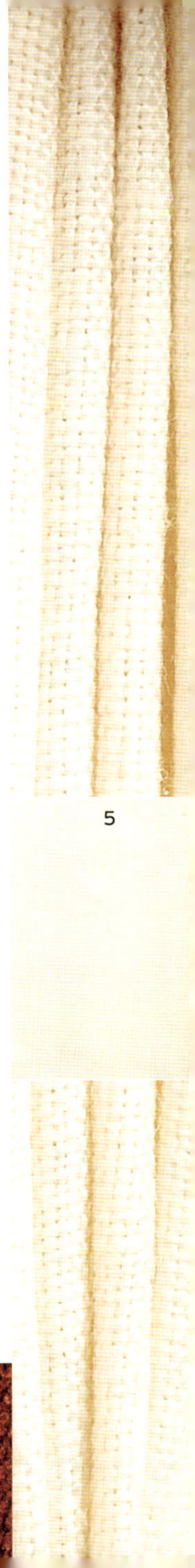

Neutral

Terrakotta-Toile

Highlight ist ein neutraler Toile-Stoff mit lebendigem Vogelmuster.

Ein neutrales Schema muss nicht immer schlicht sein. Dieses hier wird durch ein hübsches terrakottafarbenes Baumwolltoile belebt. Nur ein einziger Sessel reicht aus, um einem ansonsten zurückhaltend modernen Schema fröhliche Energie zu verleihen.

FARBPALETTE

Für Lebendigkeit und Wärme sorgen sattes Terrakotta (1) und Lachsrot (2). Perlweiß (3) in den Polstern wirkt natürlich und modern. Sahneweiß (4) an Vorhängen, Wänden und Holz bringt Frische.

13

14

>> Wenn man sich für einen Holzfußboden entscheidet, dann könnte es geölte kirschrote Buche sein (13). Den Eindruck von richtigem Terrakotta erzielt man auch mit glasierten umbrischen Terrakottafliesen (14).

STOFFE

Sanft fallen die cremefarbenen Vorhänge aus weichem Leinen (5). Star der Show ist das Baumwolltoile auf dem Sessel (6). Neutrales Leinen oder Baumwolle eignet sich für das Sofapolster (7). Die Kissen aus geripter Baumwolle/Viskose zeigen korallenrote Pünktchen (8) oder Holzmaserung (9).

Kühl

Herbsteis

Eisiges Blau bildet den kühlen Hintergrund für lebhaftes Terrakotta.

Blau und Orange bringen sich gegenseitig zum Schwingen oder kontrastieren stark miteinander, daher beruhigen kühle blaue Akzente dieses Schema in vorwiegend warmen Terrakottafarben und lassen es weich wirken.

FARBPALETTE
Durchsetzungsfähiges Rostrot (1) verlangt Aufmerksamkeit. Um für einen Ausgleich zu sorgen, verwendet man Rehbraun (2) für Wände und große Möbelstücke wie Sofas. Enzianblau (3) und Meerblau (4) setzen beruhigende Akzente.

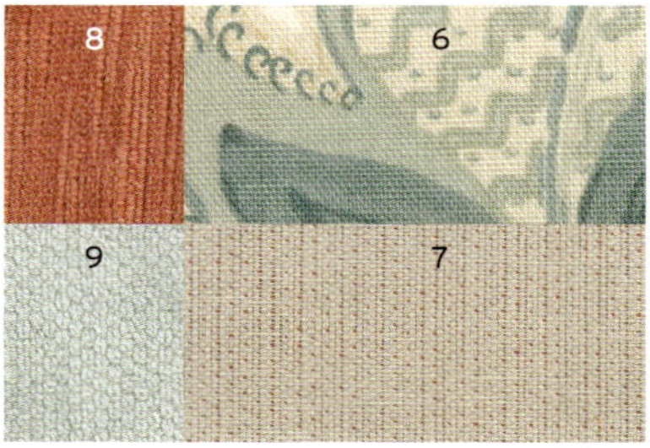

11

12

STOFFE
Der Leinenvorhang (5) wird in den blauweißen Kissen mit indischem Blumendruck (6) wieder aufgenommen. Ein rehbraunes Sofa aus Baumwoll-Leinen-Gemisch (7) wird mit rostroten Baumwollsamtkissen (8) geschmückt. Sessel in enzianblauer Chenille (9) sorgen für Entspannung.

FUSSBODEN
Terrakottafliesen im Antiklook (10) sind die rustikale Grundlage für dieses Schema. Eine ähnliche Wirkung entfalten rote Kunststofffliesen in Marmoroptik (11). Kirschrote Buchendielen sind eine schöne Alternative in Holz (12). >>

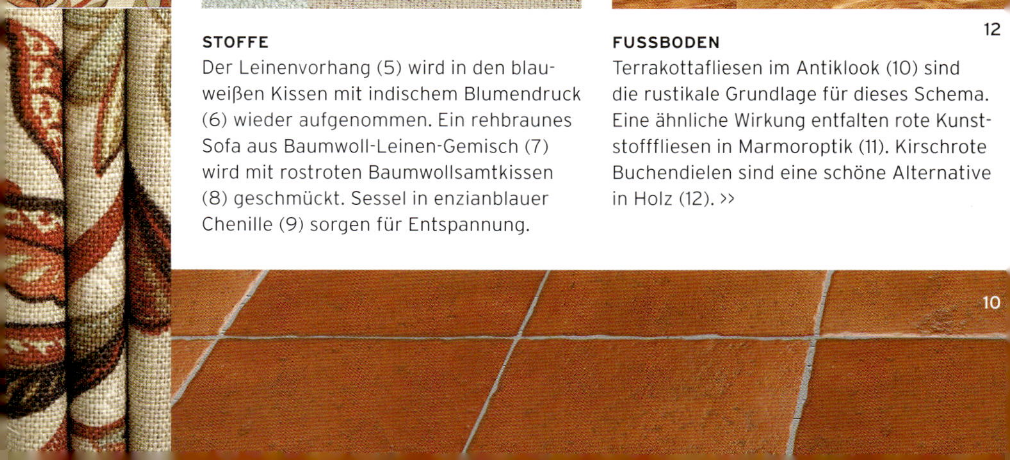

Kühl

Frostiger Farn

Das expressive Schema lebt von raureifbedecktem Farn in Herbstfarben.

Der anmutige Farn auf den Baumwollvorhängen bildet eine starke grafische Grundlage für dieses Design. Es eignet sich ausgezeichnet für ein Familienzimmer. Die warmen Farben, aufgelockert durch frostiges Blaugrün, laden zur Geselligkeit ein.

FARBPALETTE

Die wässrigen Schattierungen von Enzianblau (1) bilden den Ausgangspunkt für dieses Schema, das durch Akzente in gebranntem Ocker (2) belebt wird. Warme Honigfarben (3) deuten die goldene Herbstsonne an, Wände und Holz sind in Sahneweiß (4).

13

14

>> Hat man es lieber wärmer, dann könnte man sich für einen hochflorigen Wollveloursteppich (13) entscheiden. Wer es etwas lockerer mag, wählt einen gestreiften Teppich aus getufteter Wolle (14).

STOFFE

Einladend: das zarte Farnmotiv (5). Enzianblaue und honigfarbene Stoffe (6) sowie ein gewebtes Karomuster (7) für die Polster. Die Kissen sind aus blaugrüner Baumwolle, bedruckt mit einem Blattmuster in Honig und Altweiß (8) oder aus rostrotem Pannesamt (9).

Kühl

Ingwerknospen

Asiatisch angehaucht wirkt dieses Schema in Ingwerfarben.

Verlockende gelbbraune Farben mit kühlen blaugrünen Akzenten wirken einladend und gesellig und machen dieses Schema ideal für ein fröhliches Familienzimmer. Exotisch: das indische Muster auf den Baumwollvorhängen.

FARBPALETTE

Neutrales Braun wie Rohrzuckerbraun (1) und Ziegelrot (2) verleihen einem Raum mit wenig Tageslicht Wärme. Streichen Sie die Wände in einem warmen Weißton wie Perlmutt (3). Kühles Enzianblau (4) bringt Frische ins Spiel.

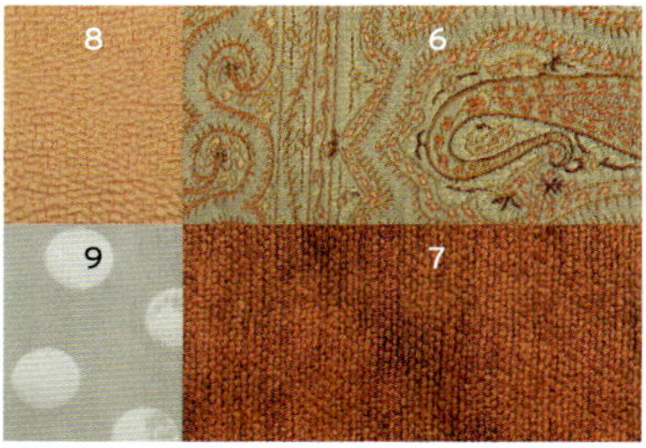

11

12

STOFFE

Die Vorhänge in Rohrzuckerbraun und Enzianblau (5) bilden die Grundlage. Paisleymuster auf einem Sessel wirkt exotisch (6). Für das Sofa nehmen Sie ziegelrote Chenille (7). Die Kissen sind aus strukturierter gelbbrauner Seide (8) und enzianblauer Wolle/Viskose mit Tupfen (9).

FUSSBODEN

Ein ingwerroter Wollteppich mit persischem Muster (10) verleiht diesem Schema einen Hauch von Asien. Als alternativer weicher Bodenbelag ist ein getufteter Wollteppich mit Schachbrettmuster denkbar (11), der die warmen Braun- und kühlen Blautöne des Schemas wiederaufgreift. >>

10

Kühl

Herbstgarten

Herbstblumen mit kühlem Blau und einem Hauch von Winter.

Mildern Sie würziges Braun und sattes Terrakotta durch frisches Blaugrün ab. Dieses schöne Komplementärschema sorgt für ein entspannte Atmosphäre im Wohn- oder Familienzimmer.

FARBPALETTE

Streichen Sie die Wände eisblau (1), um Frische in sonnige Räume zu bringen. Tiefes, blaugrünes Meerblau (2) im Vorhangmuster ist der perfekte Ausgleich für Rohrzuckerbraun (3) und Toffeebraun (4) in den Vorhängen und den Polstern.

13

14

>> Dieses prächtige Leder (12) ist sowohl warm als auch strapazierfähig. Ein Holzfußboden in einer warmen Farbe könnte Merbau in Frage kommen (13). Rustikale Terrakottafliesen bilden einen stark strukturierten Fußboden (14).

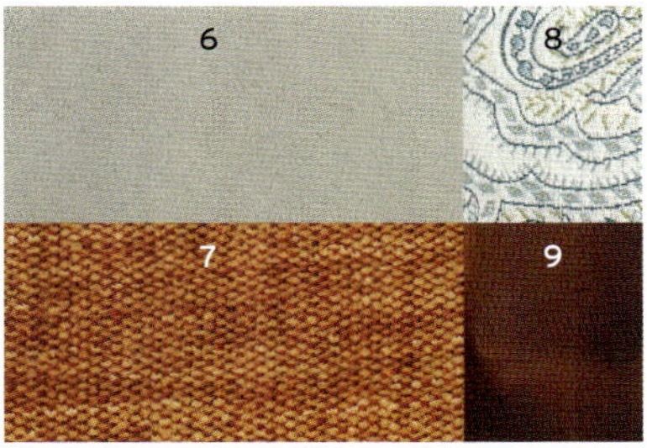

STOFFE

Die Blau- und Brauntöne der Leinenvorhänge (5) sind die Vorgabe für das Schema. Strukturiertes Wildlederimitat in Eisblau (6) macht sich gut auf Sesseln. Beziehen Sie das Sofa mit Chenille (7) und legen Sie Kissen mit blauem Paisleymuster (8) und aus Kunstseide in Rohrzuckerbraun (9) darauf.

Warm

Jahrmarkts-attraktion

Farbige Zirkusstreifen machen Laune!

Streifen sind in Interieurs immer schön. Auf beigem Rohleinen wirken sie besonders lebendig. Dieses Schema macht ein wildes Familienzimmer, in dem die Kinder König sind, zu einer Attraktion, weckt es doch fröhliche Erinnerungen an einen Jahrmarktsbesuch.

FARBPALETTE

Grundlage des Schemas bildet ein sommerlich neutrales Perlweiß (1). Für Wände und zusammen mit weißem Holz verwendet, erinnert es an den Sommer am Landungssteg. Farbliche Highlights bilden Mineralrot (2), Kaki (3) und Honig (4).

11

12

STOFFE

Braunes und perlweißes Streifenmuster (5) auf Leinen wird für Raffrollos oder Vorhänge verwendet. Für die Sesselpolster eignet sich gestreiftes Leinen (6). Kissen mit honigfarbenen Streifen (7) auf dem kakifarbenen Samtsofa (8) wirken locker, mineralrote Leinenkissen (9) luxuriös.

FUSSBODEN

Diese schönen Kempasholzdielen (10) sind ideal für Familienzimmer. Buntes Linoleum (11) fühlt sich warm an und ist praktisch, robuster Sisal (12) stellt eine weitere Alternative dar. >>

Warm

Pfadfinder

Kaki und Armeegrün werden durch ein orangefarbenes Lagerfeuer gewärmt.

Kräftige, widerstandsfähige Materialien wie Wolle und Cord in Armeegrün, Kaki und Orange beschwören Bilder von Ausflügen in der kühlen Herbstluft herauf. Verwenden Sie dieses warme Schema in einem Familien- oder Arbeitszimmer.

FARBPALETTE

Mit Kaki (1) an den Wänden und in den Vorhängen erzeugen Sie eine kokonartige Höhle. Farngrün (2) trägt zum Outdoor-Gefühl bei. Reifes Pfirsichrot (3) und Weinrot (4) auf den Polstern fügt wohltuende Wärme hinzu.

13

14

>> Hochflorigen Wollveloursteppich (13) gibt es in widerstandsfähiger Ausführung für Wohnbereiche. Honigfarbene Terrakottafliesen (14) sind praktisch unzerstörbar und sehen mit einem Teppich zusammen sehr schön aus.

STOFFE

Kakifarbene Leinenvorhänge (5) bilden einen neutralen Hintergrund. Wollkaro (6) für das Sofa, das mit Kissen mit farngrünem Flechtmuster (7) und orangefarbenem und goldenem Polyester oder mit Baumwolle (8) belegt wird. Pfirsichroter Cord (9) ist klassisch für Stuhlpolster.

Warm

Hobbithöhle

Verwunschene Szenarien inspirierten dieses Gästezimmer.

Gedanken an Elfen und Hobbits werden Ihren Gästen in diesem unwiderstehlichen Zimmer durch den Kopf gehen. Verwenden Sie den Vorhangstoff auch für die Draperien an einem Himmelbett. Zu diesem Schema passen ein paar ausgewählte rustikale Antiquitäten.

FARBPALETTE
Die satte Terrakottafarbe des Fußbodens (1) wird durch Sturmblau (2) und Meerblau (3) in den hübsch bedruckten Vorhängen abgemildert. Kräftiges Nuggetgold (4) trägt zur Lebendigkeit bei. Streichen Sie die Wände perlweiß, passend zu den Vorhängen.

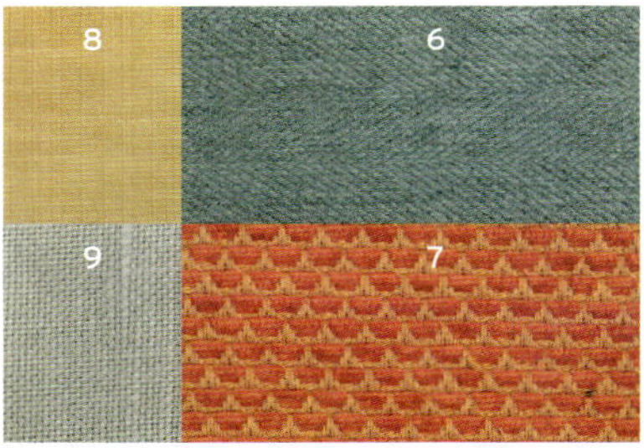

11

12

STOFFE
Leinen mit märchenhaften Motiven (5) bildet die Vorhänge. Auf das Bett kommt ein Überwurf aus Wolle in meergrünem Fischgrätmuster (6). Der Sessel in terrakottafarbener Chenille (7) lädt zum Lesen ein. Dazu Kissen in goldenem Pannesamt (8) und sturmblauem Leinen (9).

FUSSBODEN
Für Landhauszimmer sind rustikale handgefertigte Keramikziegel geeignet (10). Holzböden in geöltem Jatobaholz (11) hat einen zu diesem Schema schön passenden Rotton. >>

Warm

Wollig wohl

Ein ungeniert wolliges Schema für ein Familien-, Arbeits- oder Lesezimmer.

Weiche Wolle in Farben, die an das schottische Hochland erinnern, schaffen eine behagliche Umgebung für jeden Highlander. Kammgarn, gedämpftes Karo und hübsche Streifen aus Wolle passen gut zueinander.

FARBPALETTE
Warmes Sandgelb (1) an den Wänden passt zu den karierten Vorhängen und bildet eine neutrale Grundlage. Die satte Farbe von Portwein (2) bringt Tiefe, Rohrzuckerbraun Harmonie (3). Ein Hauch von Meerblau (4) kontrastiert mit dem Fußboden.

13

14

>> Für Gäste- und Familienzimmer ist ein einladender Wollteppich immer eine gute Wahl. Nehmen Sie einen aus portfarbener getufteter Wolle (12) oder entscheiden Sie sich für einen Veloursteppich mit Rautenmuster (13). Schön und natürlich ist Sisalteppich mit Webmuster (14).

STOFFE
Wollvorhänge mit Karomuster in Sandgelb, Portwein, Meerblau und Heide (5) sorgen für eine warme Stimmung. Einem Lehnstuhl mit maskulinen Wollstreifen (6) steht ein Sofa mit Chenillegewebe gegenüber (7). Die Kissen sind in portweinfarbenem Samt (8) und meerblauem Kammgarn (9).

Lebendig

Brady Bunch

Grafische Retromuster erinnern an die 1960er- und 70er-Jahre.

Wie waren die Vorhänge im Haushalt der Bradys? Wahrscheinlich wie diese hier. Mit diesem verspielten Retro-Schema holen Sie Lebensfreude ins Haus. Das fantastische Muster auf dem Vorhang ist eine Hommage an die temperamentvollen Kreationen der Designerin Lucienne Day.

FARBPALETTE
Tiefes Terrakotta (1) bildet die solide Basis für das lebhafte Schema. Dunkelgelbes Cognacbraun (2) lässt Oberflächen schimmern; Altgold (3) und Farngrün (4) verbinden sich mit Orange zu einer klassischen Farbkombination im Retro-Look.

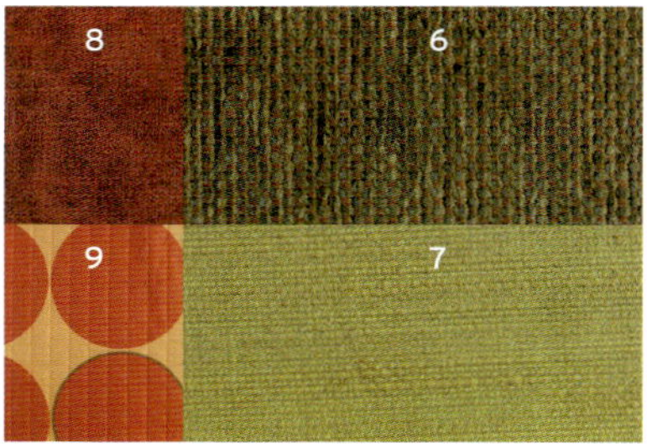

STOFFE
Dieser Retrodruck (5) wirkt fabelhaft auf einem Vorhang. Sessel in farngrüner Baumwollchenille (6) bekommen Kissen aus altgoldenem gebürstetem Leinen (7). Ein Sofa, das mit terrakottafarbener Chenille gepolstert ist (8), erhält übergroße Polyesterkissen mit aufgesteppten Kreisen (9).

11

12

FUSSBODEN
Fußboden aus Kirschholz (10) ist für dieses dynamische Familienzimmer angemessen. Wenn Sie einen schönen, unverwüstlichen Fußbodenbelag suchen, ist ein Gumminoppenboden (11) oder tieforangefarbenes Linoleum (12) zu empfehlen. >>

Lebendig

Kreise und Quadrate

Verspielte Muster für ein lustiges Familienzimmer.

Mischen Sie Kreise, Quadrate und Hahnentrittmuster. Hier ist Ausgewogenheit der Schlüssel zum Erfolg. Beschränken Sie sich hauptsächlich auf zwei Muster, wie Kreise und Quadrate, und grenzen Sie die Farbpalette auf zwei Hauptfarben und eine harmonische Akzentfarbe ein.

FARBPALETTE

Lebhaftes Orange (1) bringt fruchtige Farbe ins Schema. Die gedeckten Töne von Olivgrün (2) und Altgold (3) mildern das Beerenrot (4) im Hahnentrittmuster und den Kreisen im Vorhang. Die Wände und das Holz dazu in frischem Weiß streichen.

13

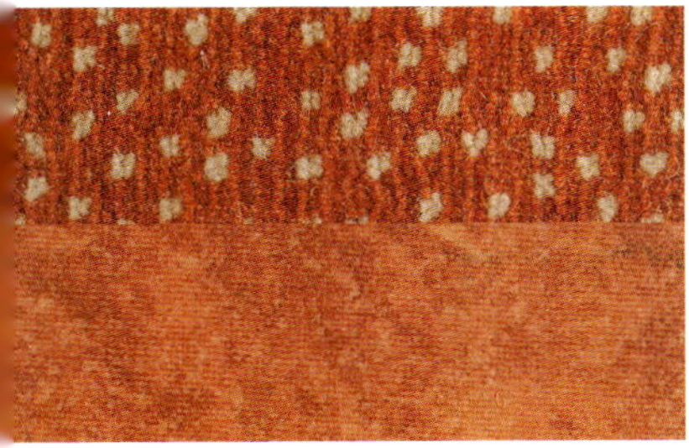

14

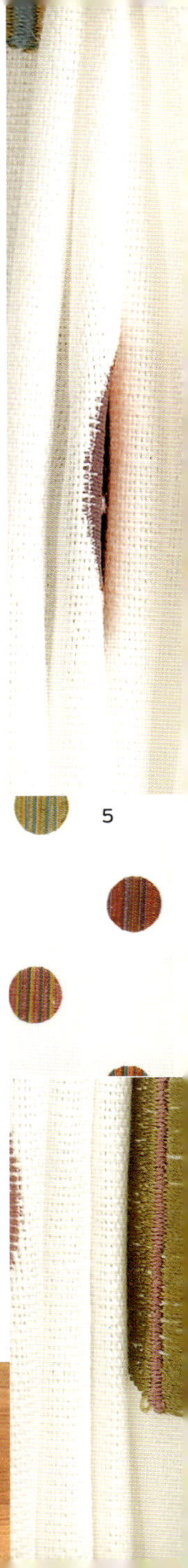

5

›› Weich hingegen fühlt sich ein Wollteppich in Orange mit weißen Tupfen an (13). Er passt zur lockeren Stimmung. Keramikfliesen mit einem Terrakotta-Finish sind eine praktische Alternative zu Terrakottaböden (14).

STOFFE

Ausgangspunkt sind die bunten gestickten Kreise auf dem weißen Leinenvorhang (5). Die helle Chenille mit Hahnentrittmuster (6) auf einem Sessel wird abgemildert durch helles gebürstetes Leinen auf dem Sofa (7). Die Kissen sind aus orangefarbener Seide (8) und Wolle/Viskose mit Kreismuster (9).

Lebendig

Dahlienzauber

Extrovertierte Dahlien rufen einen schläfrigen Sommertag hervor.

Nutzen Sie das Flair unwiderstehlicher Sommerfarben in diesem lebhaften Vorhang mit Blumenmuster. Dies ist ein schönes Schema für ein Wohnzimmer, in dem Gäste empfangen werden, denn die fröhlichen Farben fördern die Geselligkeit.

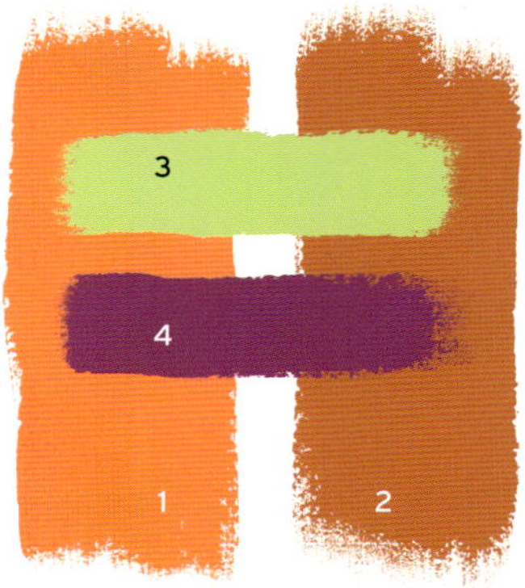

FARBPALETTE
Pfirsich (1) und Terrakotta (2) sind der Grundton für Fußboden und Polster. Ein Schuss Limonengrün (3) für die Kissen wirkt aufregend. Asternrot (4) im Vorhang setzt kühle Akzente. Die Wände und das Holz dazu Sahneweiß streichen.

STOFFE
Blumen auf Baumwolle/Leinen (5) für die Vorhänge sorgen für femininen Charme. Dazu passen Stühle in Chenille mit altweißem und pfirsichrotem Webmuster (6). Pfirsichrote Baumwolle (7) ist ein neutraler Sofabezug. Die Kissen sind in Limonengrün (8) und mit Streifen (9).

11

12

FUSSBODEN
Ein getufteter Teppich in Terrakotta (10) sieht in einem Wohnzimmer sehr einladend aus. Wenn Sie für Gesprächsstoff sorgen wollen, entscheiden Sie sich für Linoleumboden mit Krokodillederstruktur (11). Glänzender Rosso-Verona-Marmor (12) ist eine interessante Alternative. >>

Lebendig

Summer in the City

Ein frisches Ambiente für das Leben in der Stadt.

Bringen Sie mit Zitrus- und Beerenfarben in Streifen und Karos die Wärme des Sommers in ihre Stadtwohnung. Werfen Sie den Chintz hinaus und wählen Sie Strukturen für Erwachsene wie Wildlederimitat und Chenille für die Polster und Kissen.

FARBPALETTE
Würziges Limonengrün (1) sorgt für einen Hauch von Sommer. Wände und Holz sollten neutral sahneweiß bleiben (2). Kräftiges Weinrot (3) setzt Akzente. Unaufdringliches Pfirsichrot (4) ist der perfekte Untergrund für das dynamische Limonengrün.

13

14

>> Schlicht und einfach hingegen wirken matte, terrakottafarbene Keramikfliesen (13). Einen rustikalen Eindruck vermittelt robuster Sisalboden in Terrakotta, Altweiß und Kaki (14).

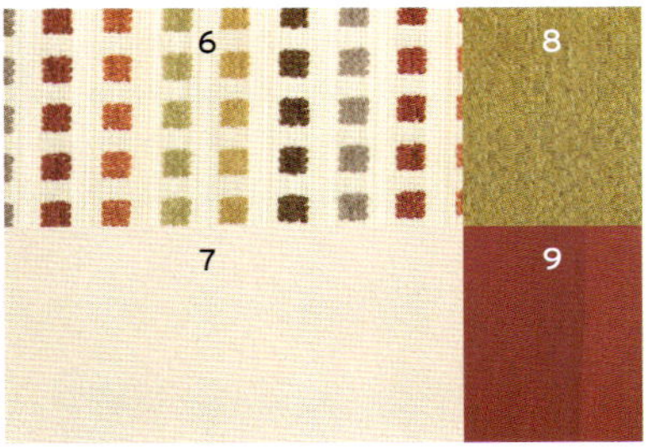

STOFFE
Sehr schön sind die gestreiften Baumwollvorhänge (5). Als Sesselbezug dient altweiße Baumwolle mit Chenille-Quadraten (6). Das Sofa bleibt im sahneweißen Wildlederimitat neutral (7). Streukissen in limonengrüner Chenille (8) und gebürsteter dunkelroter Baumwolle (9) bringen Pepp.

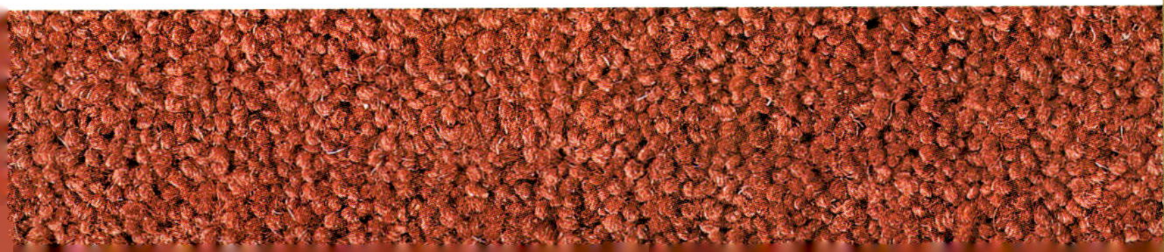

Grüne Fußböden

Oben: Diagonal verlegte meergrüne Schieferfliesen passen ideal zu einer Küche mit Naturbuche.

Sattes, natürliches Grün eignet sich besonders gut für Küchen und Dielen.

Von links: Grüner, veredelter Schiefer in großen Platten macht sich gut in einem minimalistischen Wohnzimmer. Die grünen Farben des Gartens spiegeln sich in den meergrünen Schieferfliesen mit Flammenstruktur in diesem Esszimmer wider.

Neutral

Lebensbaum

Ein erdiges Schema für ein maskulines Arbeitszimmer oder eine ruhige Bibliothek.

Die satten Farben von Erde und Wald wirken in einem Arbeitszimmer oder einer Bibliothek wie ein warmer Schutzmantel. So schaffen Sie eine Zuflucht vor der Hektik des Alltags und bieten eine ruhige Umgebung zum Nachdenken.

FARBPALETTE

Warmes Ziegelrot (1) an den Wänden trägt zum Höhleneffekt bei. Streichen Sie das Holz dazu in Ekrü (2), passend zum Naturleinen der Vorhänge. Kakaobraun (3) und Dschungelgrün (4) sind die Grundtöne für das erdige Ambiente.

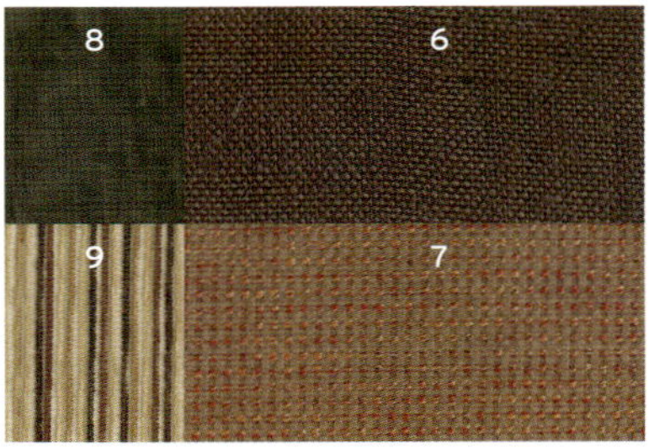

11

12

STOFFE

Vor den Fenstern hängt Naturleinen mit einem Baummotiv (5). Kakaobraunes Leinen auf den Stühlen (6) und ziegelrote Chenille auf dem Sofa (7) bewirken Neutralität. Dschungelgrüne Kissen aus verwaschenem Stoff (8) fügen Farbe hinzu. Der Sesselbezug ist gestreifte Chenille (9).

FUSSBODEN

Eine erdige Basis für dieses Schema bietet ein robuster grüner, getufteter Wollteppich (10). Alternativ können grüne Vinylfliesen mit Schieferoptik verlegt werden (11). Als Naturboden kommt auch Seegras mit grünen Fäden (12) infrage. >>

Neutral

Weinland

Wellenförmige, tanzende Weinranken bieten sanfte Entspannung.

Das anmutige Ballett von Weinranken auf den gemusterten Stoffen ist die Inspiration für dieses Farbschema. Auf Vorhängen und Kissen ist es ein kraftvolles Thema für ein Wohn- oder Schlafzimmer.

FARBPALETTE

Sahneweiß für Wände und Holz (1) bildet eine ruhige Grundlage. Neutrale Brauntöne in Taupe (2) und Toffeebraun (3) werden für die Polster verwendet. Pastelliges Weidengrün (4) ist anmutig, belebend und passt gut zum Fußboden.

13

14

›› Eine schlichtere neutrale Basis bietet graugrüner, veredelter Schiefer (13) oder ein schön gestreifter Baumwollwebteppich in Grün und Altweiß (14).

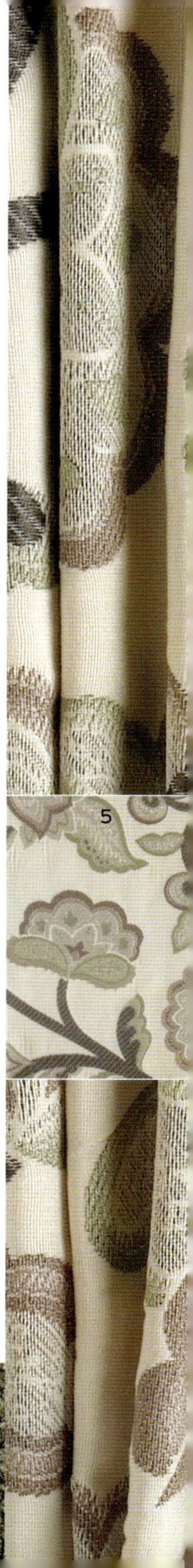

STOFFE

Die Vorhänge in Baumwolljaquard (5) spiegeln sich in den Baumwollkissen mit einem kleineren Weinrankenmotiv wider (6). Das Sofa in toffeebraunem Satin (7) erhält toffeebraune Kisssen aus knittrigem Samt (8). Sessel in taupefarbenem Wildlederimitat (9) bilden den Gegenpol zum dunklen Sofa.

Kühl

Ländlicher Charme

Farben mit dem Flair eines Herbstspaziergangs ...

Dieses ländliche Schema wird von graugrünem Schieferboden inspiriert. Die Farben sind gedämpftes Grün und Blau mit einem Hauch von lebendigem Orange. Stoffe wie Wolle, Chenille und gerippte Baumwolle erinnern an bequeme Kleidung aus Tweed und Cord.

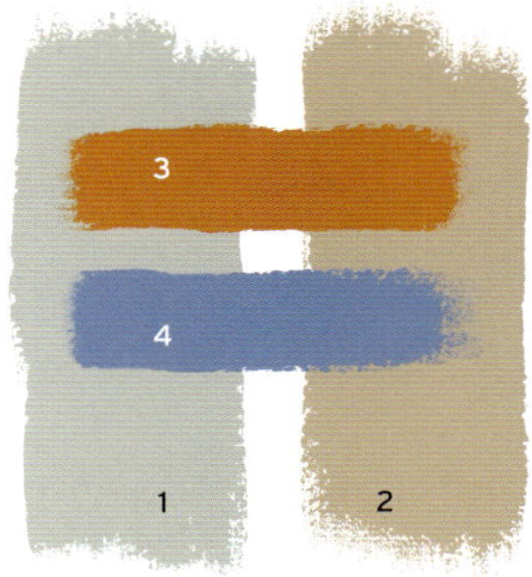

FARBPALETTE
Gedämpftes Gelbgrau (1) bildet die Grundlage. Warmes Taupe (2) wird für Wände und Polster benutzt. Rohrzuckerbraun (3) und Enzianblau (4) sind Komplementärfarben und setzen belebende Akzente in dem ruhigen grünen Schema.

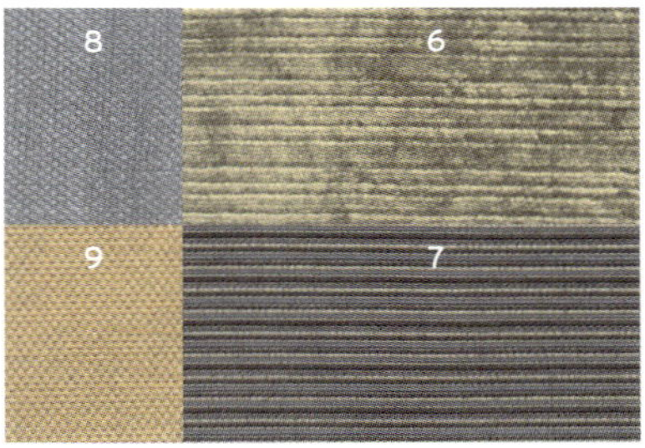

11

12

STOFFE
Die Farben der grünen Karovorhänge (5) bestimmen die anderen Stoffe. Moosgrüne Chenille (6) für das Sofa kontrastiert mit den matten Vorhängen und dunkel gerippte Baumwolle (7) gibt den Sesseln ein robustes Flair. Die Kissen sind in Enzianblau und Rohrzuckerbraun (8, 9).

FUSSBODEN
Ausgangspunkt ist ein graugrüner Schieferboden (10), daher sollte man Farben wählen, die zu den gelblichen Tönen dieses Fußbodens passen. Weitere Varianten eines harten Fußbodens sind Kalkstein (11), Sisal (12) und Vinyl mit Schieferoptik (13). >>

Kühl

Ruhig und entspannt

Tiefes Braun und kühles Blau sorgen für Ruhe.

Die Farben in diesem Schema erzeugen ein behagliches Ambiente und die anspruchsvolle Farbpalette eignet sich für den Wohnraum von Erwachsenen. Dunkelbraunes Leder und Strukturstoffe stehen sich gegenüber; Taubenblau setzt weiche Akzente.

FARBPALETTE
Nebelgrau (1) für die Wände und Schilfgrün (2) auf Holz und in den Vorhängen passen zum Schieferfußboden. Dunkelbraun (3) in den Strukturstoffen und den Lederpolstern bildet die Grundlage, Taubenblau (4) verleiht Weichheit.

13

14

>> Wenn man es etwas weicher mag, erweist sich ein grauer Wollteppich (14) als praktisch und angenehm.

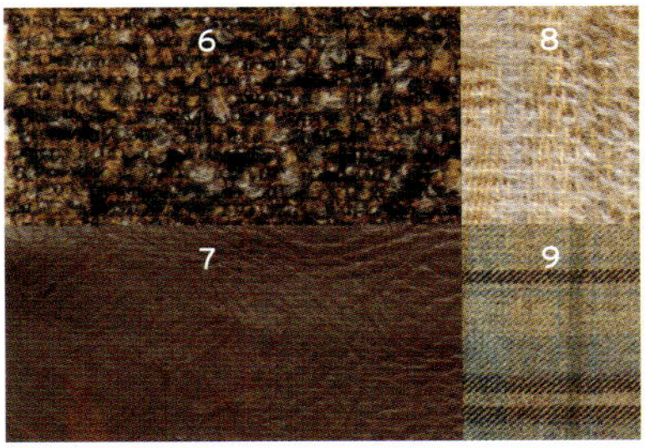

STOFFE
Schilfgrüne Leinenvorhänge (5) passen zum Holz im gleichen Farbton. Knotige Baumwolle in Braun, Taupe und Blau (6) sowie dunkelbraune Lederpolster (7) halten das Schema zusammen. Ein Mohairüberwurf (8) und karierte Kissen (9) sorgen mit ihren blauen Akzenten für Struktur.

Warm

Paradies unter Palmen

Die Flora des Dschungels sorgt für tropische Hitze.

Anmutige Palmblätter und farbenfrohe Blumen strahlen auf den bedruckten Baumwollvorhängen Üppigkeit aus. Die warmen, gedämpften Farben dieses Schemas bilden den perfekten Hintergrund für den lebendigen Vorhangstoff. Ideal für ein Wohn- oder Arbeitszimmer.

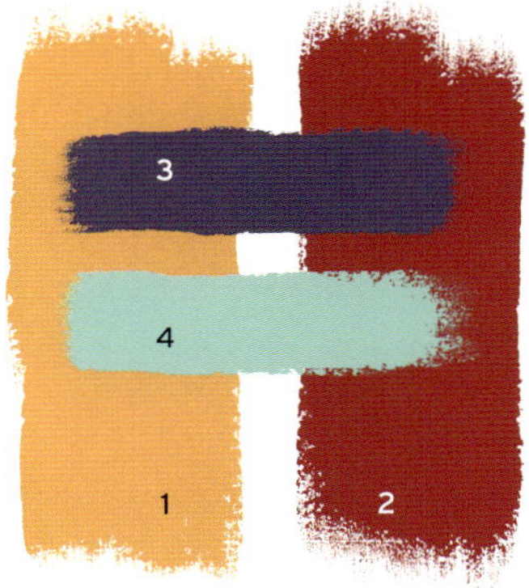

FARBPALETTE
Sanftes Honiggelb (1) mit Akzenten in aufreizendem Granatrot (2) sind die Schlüsselfarben. Tintiges Indigoblau (3) auf den Vorhängen und Streukissen sorgen für Bodenhaftung. Enzianblau (4) bringt Frische. Die Wände und das Holz sind perlweiß.

11

12

STOFFE
Der Vorhangstoff bestimmt den Raum (5). Eine seiner Schlüsselfarben wird vom honigfarbenen Chenillesofa (6) betont. Dunkles Honiggelb ist die Grundlage für ein Kissenmotiv in Indigoblau und Altweiß (7). Stühle mit einem Wollpolster (8) und Seidenkissen (9) setzen warme Akzente in Granatrot.

FUSSBODEN
Gespaltener Schiefer in verschiedenen Grüntönen (10) ist ein reich strukturierter Fußboden. Veredelter seegrüner Schiefer (11) wirkt glatter und formaler. Glanzvoll ist auch ein grün-schwarzer Marmorfußboden (12). »

Warm

Herbst-zweige

Rostrote Herbstfarben schaffen Gemütlichkeit.

Stoffe mit Zweigen, die den Herbst schon spüren, sind ein schöner Hintergrund für behagliches Landleben. Zünden Sie das Feuer an, streicheln Sie den Labrador, legen Sie die Füße hoch und lassen Sie sich mit einem spannenden Buch in einen gut gepolsterten Sessel sinken.

FARBPALETTE
Die Farben von Pfirsich (1) und Bordeaux (2) erinnern an reife Herbstbeeren. Die Wände und das Holz dazu perlweiß (3) streichen, damit der Raum hell bleibt. Meerblau (4) in den Vorhängen setzt kühle Akzente.

13

14

>> Langfloriger Wollveloursteppich in Dunkelgrün mit kleinen Rautenmotiven (13) fühlt sich schön weich an, während ein Teppich aus Naturwolle mit einem Gittermuster (14) locker wirkt.

STOFFE
Das lebhafte Motiv auf dem Vorhangstoff (5) findet sich in ähnlicher Weise in den Zweigen auf den pfirsichroten Stuhlpolstern (6) und den bordeauxroten Kissen (7) wieder. Ein Sofa in taupefarbenem Leinen (8) sorgt für Ruhe. Pfirsichrote Seidenkissen (9) passen zu den Stühlen.

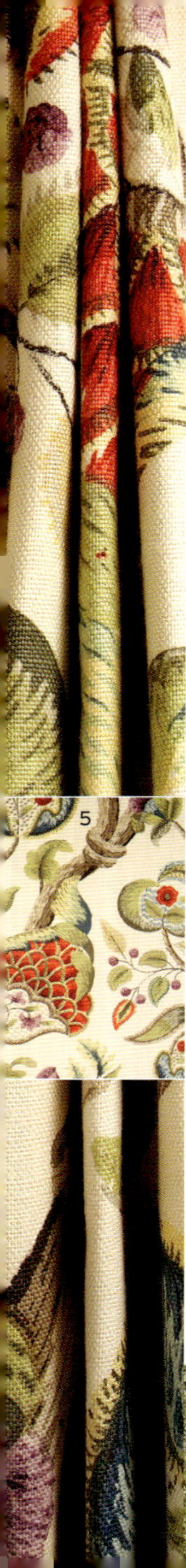

Lebendig

Sherwood Forest

Ein Raum wie eine romantische Waldlichtung.

Dieses großzügige, kühne, extrovertierte Schema ist modern, frisch und aufregend. Mit den üppigen Blumenmustern als Vorhängen in einem Wohnzimmer setzen Sie auf jeden Fall ein Statement. Die riesigen, stilisierten Blumen und Weinranken erinnern an mittelalterliche Crewelwork-Stickerei.

FARBPALETTE
Limonengrün (1) ist die hervorstechendste Farbe in diesem Schema. Üppiges Rosé (2) und Aubergine (3) mildern das dreiste Limonengrün. Taubengrau (4) eignet sich ausgezeichnet für die Polster. Sattes Sahneweiß an den Wänden sorgt für Ruhe.

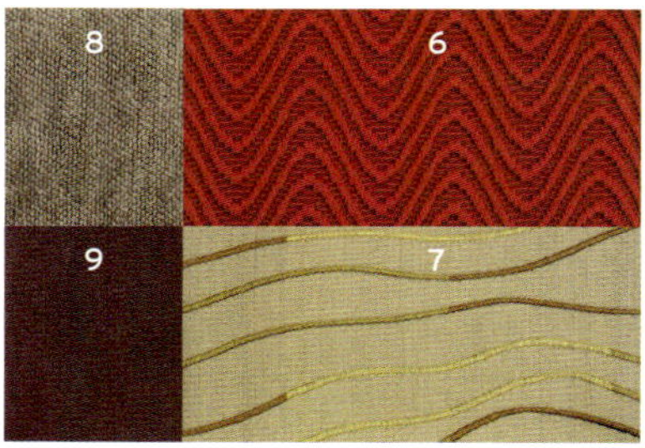

11

12

STOFFE
Die Wellenmuster des Baumwoll-/Leinenvorhangs (5) findet sich in den roséroten Stuhlpolstern (6) und den limonengrünen Seidenkissen wieder (7). Die Sofapolster aus taubengrauer Chenille (8) erhalten Kissen aus auberginefarbenem Mohair mit limonengrünem Schimmer (9).

FUSSBODEN
Langfloriger Wollveloursteppich (10) ist die Grundlage für das grüne Schema. Sisalboden in Olivgrün, Taupe und Altweiß ist eine einladende Alternative (11). Keramikfliesen mit blassgrüner Spaltsteinoptik (12) sind ein guter Untergrund für Läufer. >>

Lebendig

Frühlingsstrauß

Frühlingsfarben in Violett und Gelb vermitteln eine heitere Stimmung.

Die Komplementärfarben Violett und Gelb harmonieren schön in einem Schema, das vom Frühling inspiriert ist. Die an Ostern erinnernde klassische Farbkombination ist frisch, attraktiv und angenehm, was sie ideal für Wohn- und Schlafzimmer macht.

FARBPALETTE

Pflaume (1) und Zitronengras (2) sind die Schlüsselfarben, die von weichem Wiesengrün (3) zusammengehalten werden. Neutrales, warmes Aschgrau (4) wird für die Polster verwendet. Perlweiße Wände und Holz bieten einen eleganten Hintergrund.

13

14

›› Schöne Schieferfliesen sprechen für sich (13). Olivgrüne Enkaustikfliesen (14) lassen einen Fußboden, der in viktorianischen Zeiten sehr beliebt war, wieder aufleben und wirken sehr modern.

STOFFE

Frisches Naturleinen mit malerischen Frühlingsanemonen (5) ergibt heitere Vorhänge. Der Sessel ist aus wiesengrüner Chenille (6), das Sofa aus aschgrauer Chenille (7). Seidenkissen in Zitronengrasgelb (8) und mit pflaumenblauen Karos (9) greifen die Farben des Vorhangs auf.

Hellbraune Fußböden

Oben: Eichenholzparkett lässt ein traditionelles Interieur sofort moderner erscheinen.

Hellbraun ist ideal sowohl für traditionelle als auch für moderne Interieurs.

Im Uhrzeigersinn von links: Neutraler Teppichboden mit einem einfachen Motiv wirkt in einem schlichten modernen Interieur interessant. Eichendielen bringen Wärme in einen reinweißen Raum. Schöner, praktischer Sisal sieht sowohl in traditionellen als auch in modernen Interieurs gut aus.

Neutral

Créme Vanille

Eine ganze Palette an weichen Cremetönen für ein zartes Farbspiel.

Verschiedene Vanilletöne – voller Erinnerungen an köstliches Konfekt – schaffen ein entzückendes, ruhiges Schlaf- oder Gästezimmer. Feine Farbnuancen geben dem Raum Wärme, während unterschiedliche Strukturen visuellen Anreiz bieten.

FARBPALETTE

Blasses Maisgelb (1) und Weizengelb (2) passen zum hellen Fußboden. Sahneweiß (3) an Wänden und Polstermöbeln bildet eine neutrale Grundlage. Warmweiß (4) für das Holz und auf bestickten Kissen sorgt für eine helle Note.

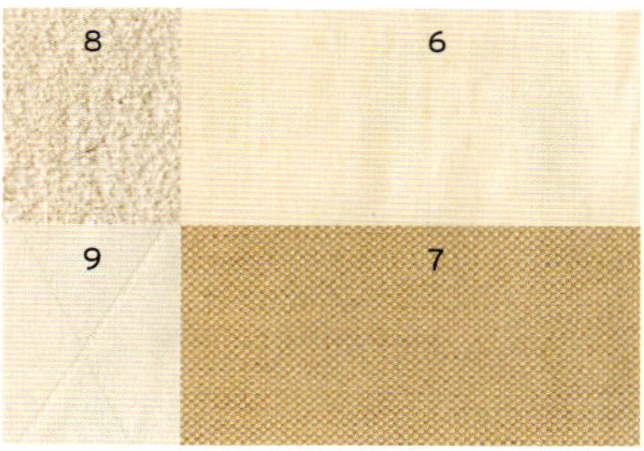

11

12

STOFFE

Weißes Leinen mit Stickereien (5) dient als Vorhänge und Tagesdecke. Durchscheinend sind die Leinenvorhänge in blassem Maisgelb (6). Drapieren Sie weizenfarbige Kissen (7) und einen Baumwollbouclé-Überwurf (8) auf dem Bett. Der Stuhlbezug aus Leinen hat ein Gittermuster (9).

FUSSBODEN

Dieser elegante gestreifte Webteppich (10) ist klassisches Understatement. Ein getufteter Wollteppich in einem warmen Mandelton (11) macht sich ebenfalls gut als Fußbodenbelag in einem Schlafzimmer. Auch gestreifter Sisal (12) wirkt sehr schön. >>

Neutral

Maurischer Sand

Die maurischen Motive zaubern exotische Anmut.

Anmutige Bögen und filigrane Details aus der maurischen Architektur zeigen sich auf diesem Vorhangstoff. Solch neutrale Designs profitieren durch den Einsatz markant gemusterter Stoffe, die Dynamik in den Raum bringen und ihn nicht langweilig wirken lassen.

FARBPALETTE
Sahneweiß (1) für Vorhänge, Kissen, Wände und Holz begründet das Schema. Es bleibt neutral durch einen ruhigen Honigton (2) und ein warmes Taupe (3) auf den Polstermöbeln. Ein blasses Weizengelb im Vorhang (4) verleiht eine zarte Note.

13

14

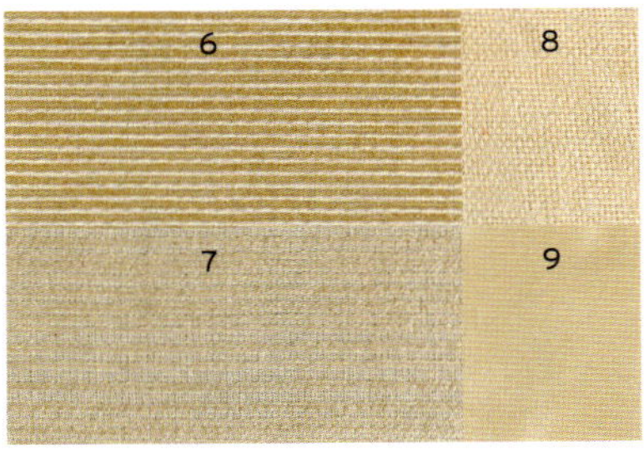

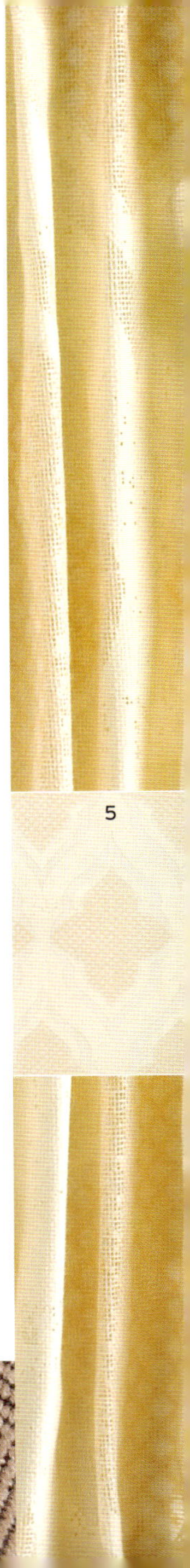

>> Einem Schlafzimmer in einem Landhaus steht Mosaik aus Kalkstein (13) ausgezeichnet. Es kann bis in das angrenzende Badezimmer weiterverlegt werden. Mit poliertem industriellem Quarz (14) entscheidet man sich für einen Fußboden, der sowohl hübsch als auch praktisch ist.

STOFFE
Die Leichtigkeit des durchscheinenden Vorhangs aus bedrucktem Leinen (5) wird durch gestreifte Polsterstoffe in zarten Farben wie Honig sowie warmem Taupe auf Stühlen (6) und einem Sofa (7) betont. Kissen in grober Rohseide (8) und glänzender altweißer Seide (9) setzen Akzente.

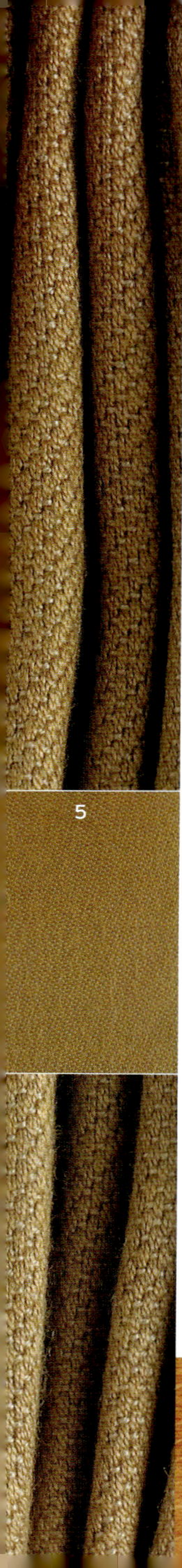

Neutral

Calypso

Lebhafte Kreise sind die Grundlage für dieses zwanglose Familienzimmer.

Ein neutrales Farbschema wird durch lebhaft gemusterte Stoffe für Dekokissen oder einen Stuhl aufgepeppt. Der freche Stoff mit unregelmäßigen Kreisen entspricht diesem Anspruch perfekt. Er bringt eine lebendige Note ins Spiel und gibt die Farben für weitere Highlights vor.

FARBPALETTE

Dies ist in erster Linie ein neutrales Farbschema mit Toffee- (1) und warmen Honigtönen (2). Das Orange und Weinrot (3) aus dem Kissenbezug gibt dem Ganzen den Pfiff. Die Wände werden in heiterem blassem Maisgelb (4) gehalten.

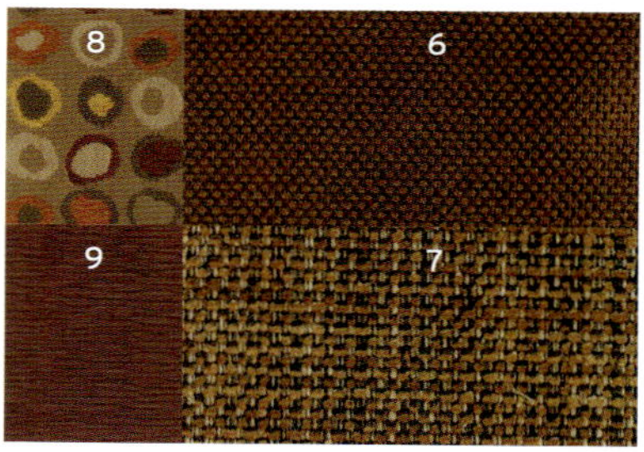

STOFFE

Der Vorhang aus Acrylfaser (5) wirkt wie Baumwollvelour. Als Stuhlbezug empfiehlt sich gewebte Baumwolle in Toffee (6). Als Sofabezug: gewebter Baumwollvelour in Toffee- und Honigtönen (7). Weinrote Kissen (9) und Kissen mit Kreismustern aus Viskose-Polyester-Gewebe (8) bringen Schwung.

11

12

FUSSBODEN

Ein Eichenboden (10) ist immer hübsch und außerdem strapazierfähig genug für einen Raum, der starker Benutzung standhalten muss. Als ungewöhnliche Lösung gibt es Leder: Es ist langlebig und entwickelt eine Patina, die im Laufe der Zeit immer schöner wird. »

Neutral

New York Feeling

Ein elegantes Farbschema in Rauchgrau und Braun.

Die Palette an Grau- und Brauntönen bringt einen maskulinen Touch in ein Schema, das für eine Stadtwohnung wie geschaffen ist. Das zurückhaltende Design bietet den perfekten Rahmen für die Aussicht auf die Skyline Ihrer Stadt.

FARBPALETTE
Das Farbschema ist in warmen neutralen Farben gehalten, mit zusätzlich weichen Toffee- (1) und Rohrzuckertönen (2). Mit Sahneweiß (3) an Wänden und Holz führen Sie diese warme Welle fort. Elegante Akzente setzt Taubengrau (4).

13

14

>> Ein robuster getufteter Wollteppich (12) ist ein weicherer Bodenbelag, während dieser außergewöhnliche Sisal (13) Muster und Textur in neutrale Räume bringt. Der hübsche braune Marmor (14) ist sowohl schick als auch praktisch.

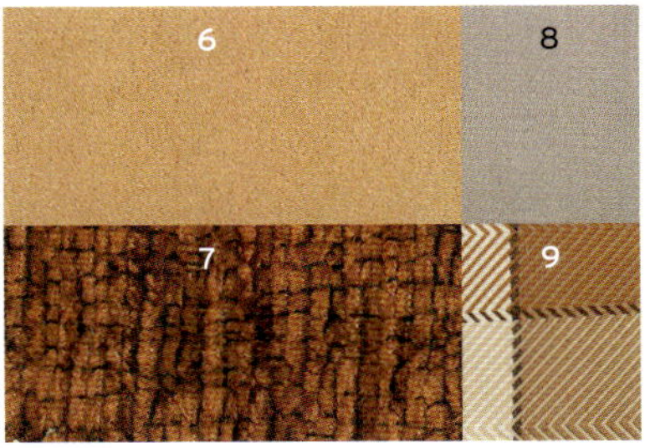

STOFFE
Dieser Polyesterstoff mit quadratischem Muster (5) sieht aus wie Seide. Toffeefarbenes Wildlederimitat (6) wirkt auf Sesseln sehr einladend, Seidenchenille in Rohrzuckerbraun (7) auf Sofas. Die Kissen sind in taubengrauem Wollsatin (8) und einem Fischgrät-Karomuster aus Leinen/Seide (9).

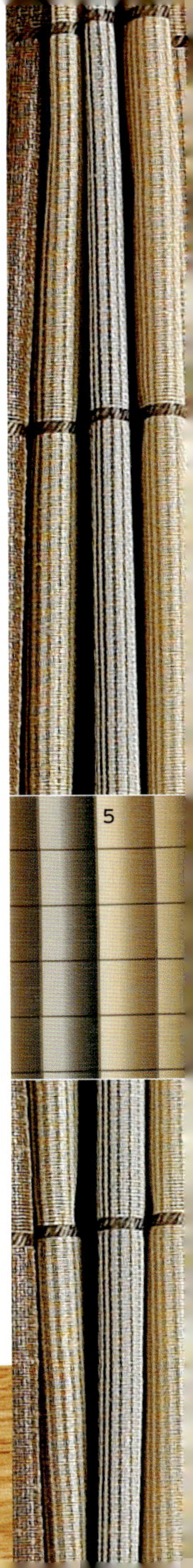

Kühl

Schmetterlingsbusch

Schmetterlinge und Blumen bringen Entspannung.

Das friedliche, dezente und anmutige Schema ist ideal für ein Schlafzimmer, wo sich eine eher vorsichtige Farbwahl empfiehlt. So wird ein ruhiger Raum geschaffen, in dem man die Sorgen der Welt auch einmal vergessen kann.

FARBPALETTE

Zurückhaltende Taupeschattierungen (1) sind Grundton dieses ruhigen Farbschemas. Farbtupfer in kühlem Bergseeblau (2) ergänzen es charmant. Dezente Altgoldakzente (3) verleihen einen Hauch Wärme. Für die Wände empfiehlt sich ein Warmweiß (4).

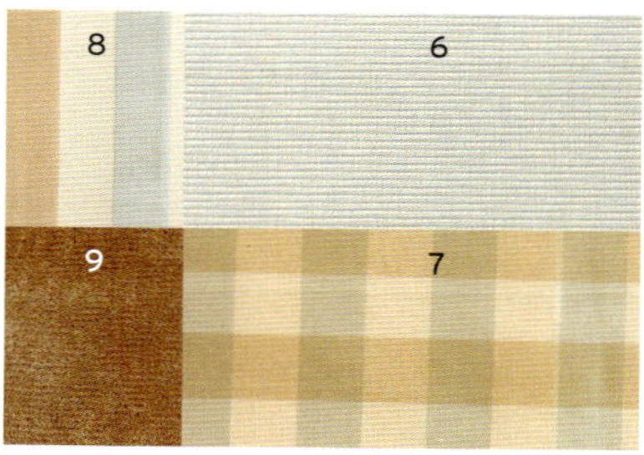

STOFFE

Dieser hübsche Baumwoll-Leinen-Druck wird zu bodenlangen Vorhängen verarbeitet (5). Kissen aus hellblauer, grob gerippter Baumwolle/Viskose (6) und karierter Seide (7) werden auf dem Bett verteilt. Ein kleines gestreiftes Sofa (8) wird mit taupefarbenen Seidensamtkissen (9) verziert.

11

12

FUSSBODEN

Keramikfliesen in Steinoptik (10) oder schöner, geschliffener Bernini-Kalkstein (11) bilden eine Grundlage mit viel Textur. Honigfarbene Buche (12) ergibt einen ebenso attraktiven Fußbodenbelag. »

Kühl

Seidenblätter

Verschwenderische Seide für einen Hauch von Luxus in einer Stadtwohnung.

Dieses glanzvolle Farbschema für ein elegantes Wohnzimmer wirkt mit dem verführerischen Rascheln wunderschöner Seidenstoffe in verlockenden Bronzetönen und Eisblau. Die Üppigkeit wird durch überbodenlange Vorhänge betont.

FARBPALETTE
Der Glamour entsteht durch eine Zusammenstellung von Eisblau (1) und kräftiger Bronze (2). Eine harmonische Note bringt ein ruhiger Honigton (3), kombiniert mit Eisblau auf den Polstermöbeln. Wände und Holz sind dezent warmweiß (4).

13

14

>> Diesen üppigen karierten Langflorwollteppich (13) möchte man am liebsten barfuß betreten. Sisalbouclé (14) bietet sich als weitere schöne Möglichkeit an.

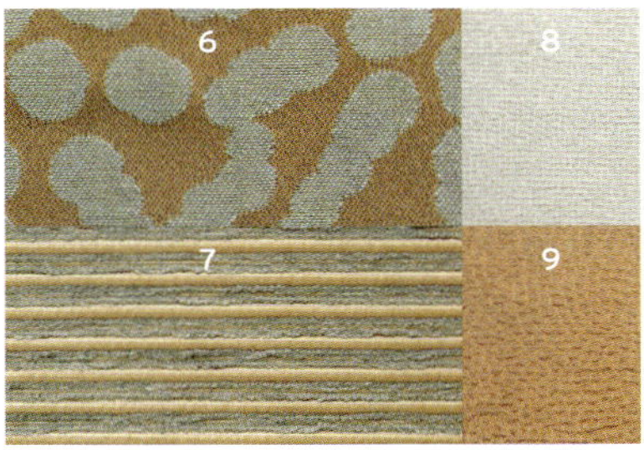

STOFFE
Verwenden Sie elegante eisblaue Seide mit zierlichen bronzefarbenen Blättern (5) für Vorhänge und als Stuhlbezug ein passendes Webmuster (6). Schick ist das Sofa in eisblauer und honigfarbener gestreifter Chenille (7). Dazu passen Seidenkissen mit Struktur in Eisblau und Bronze (8, 9).

Kühl

Indigo Jones

Tintenblau und warmes Taupe bringen klassischen Schick.

Taupe ist ein exzellenter Gegenspieler für satte, dunkle Blautöne, weil es der kühleren Farbe einen warmen Untergrund bietet. In einem Herrenschlafzimmer wirkt diese Kombination schick und entspannend. Durch die kühlen Farben wird der feminine Effekt der geblümten Vorhänge gemildert.

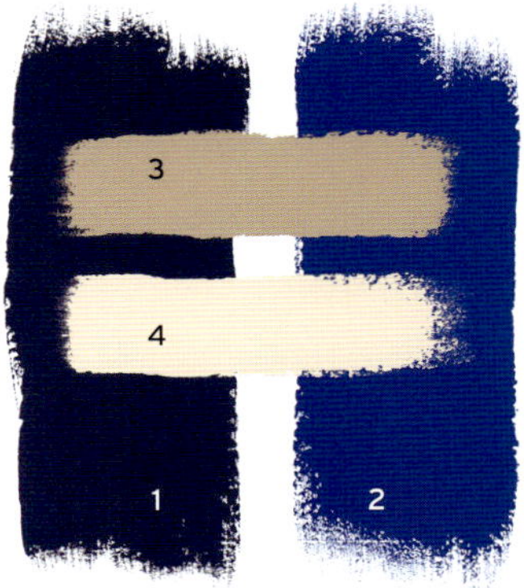

FARBPALETTE
Kräftiges Blau wie Mitternachtsblau (1) und Türkischblau (2) legt den Grundstein für dieses starke Farbschema. Warmes Taupe (3) gibt den kühlen Farben Ruhe. Porzellanweiße (4) Wände mit weißem Holz stellen einen hübschen Hintergrund dar.

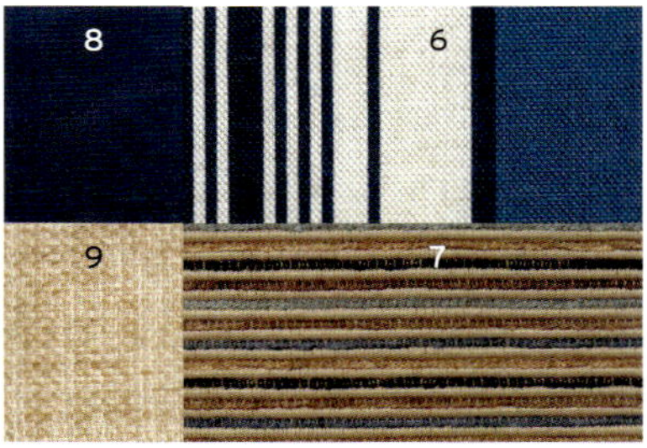

STOFFE
Leinendruck mit indischen Blumen (5) ziert die Fenster. Schlicht ist der Bettbezug aus gestreiftem Leinen (6). Hierzu passend der Stuhl in dunkelblau und taupefarben gestreifter Chenille (7). Die Kissen sind aus mitternachtsblauer Seide (8) und warmem taupefarbenem Leinen und Baumwolle (9).

11

12

FUSSBODEN
Dieser schöne rustikale Eichendielenboden (10) ist ideal für das kühle Schlafzimmer. Eine praktische Alternative steht mit Laminat in Teakholzoptik (11) zur Verfügung. Schicker Schlingenwollteppich (12) ist ungemein angenehm. »

10

Kühl

Blaue Früchte

Fantasiefrüchte auf dem Vorhang inspirieren zu diesem „fruchtigen“ Design.

Ein atemberaubender Vorhangstoff mit fantasievollen Früchten und Blumen schafft einen verspielten Hintergrund für ein charmantes Schlafzimmerschema. Ein Reigen hübscher Blautöne unterstützt die frische, liebliche Stimmung.

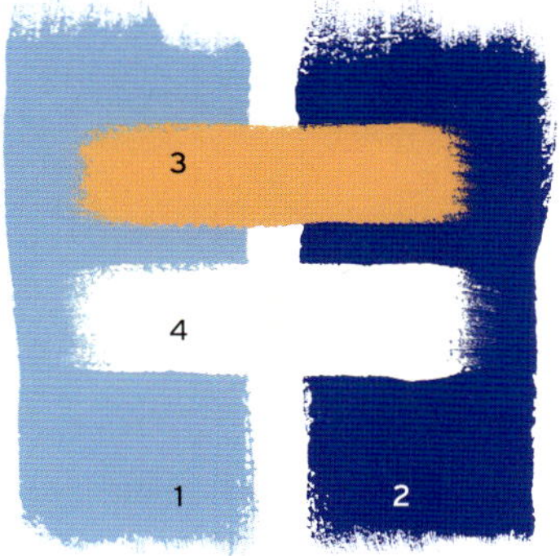

FARBPALETTE

Fröhliches Himmelblau (1) und kräftiges Türkischblau (2) legen hier den kühlen Grundton fest. Akzente in Honig (3) wirken einladend. Ein Warmweiß (4) auf Wänden und Holz bildet einen sanften Hintergrund für dieses extrovertierte Farbschema.

13

14

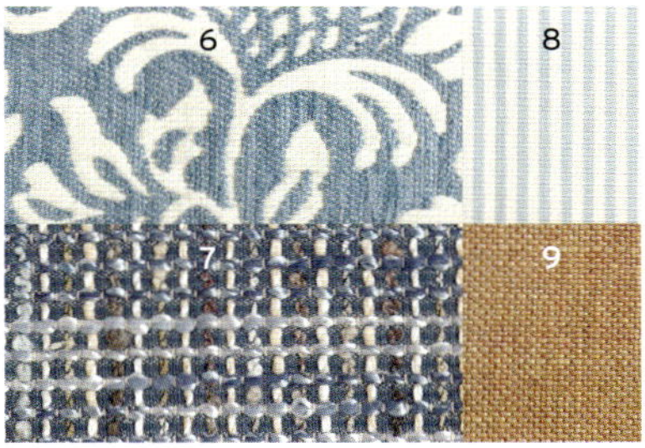

›› Ein flach gewebter Teppich mit altweißen und hellbraunen Streifen (13) kann als neutraler Untergrund genommen werden. Rustikaler Kokosboden hat eine kräftige Struktur (14).

STOFFE

Früchte und Blumen zeigt der Vorhang aus Leinen/Baumwolle (5), ausgeglichen durch einen großblumigen Chenille-Bettüberwurf (6). Der Stuhl hat ein Muster in Blau, Honig und Weiß (7). Für die Kissen hellblau-weiß gestreifte Baumwolle (8) und einen honigfarbenen Leinen-Baumwoll-Mix (9) nehmen.

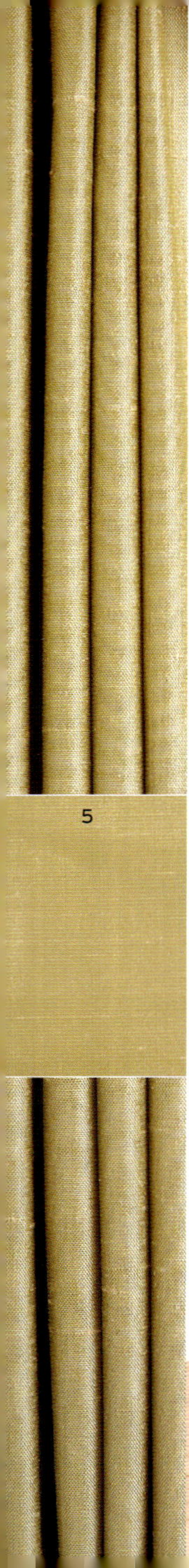

Warm

Poliertes Gold

Schimmernde Seide in feinen Nuancen für ein glanzvolles Wohnen.

Dieses Design strahlt gelassene Zufriedenheit aus. Zurückhaltende Goldtöne und puderige Gelbgrüntöne wirken selbstsicher und klassisch elegant. Dieses Farbschema eignet sich wunderbar für ein formelles Wohn- oder Esszimmer.

FARBPALETTE
Seide in pastelligem Maisgelb (1) und warmem Honig (2) ergeben den goldenen Grundton in diesem leuchtenden Design. Das zurückhaltende Zartgrün (3) grenzt sich gegen das stabile dunkle Kaki (4) ab.

STOFFE
Exklusive Vorhänge aus zartgrüner Seide (5) – dazu passt ein dunkel-kakifarbenes Sofa in Seidenmohair (6). Kissen in zartgrün gemusterter (7) sowie grün-, golden- und altweiß-karierter Seide (8) gehören dazu. Die mit honigfarbener Baumwollviskose (9) bezogenen Stühle schimmern golden.

11

12

FUSSBODEN
Als Grundlage für dieses seidige Schema eignet sich Ahorn-Stabholzparkett (10). Wenn echter Glanz verbreitet werden soll, ist dieser feingeschliffene Verona-Kalkstein (11) unschlagbar. Als ungewöhnlicher Fußbodenbelag könnte ein Mosaik aus geschliffenem Kalkstein (12) dienen. >>

Warm

Freizeitpark

Bonbonfarben und -muster bieten auch Erwachsenen ein verspieltes Design.

Dieses Farbschema der Freude und Ausgelassenheit schafft ein lebhaftes Wohnzimmer für Erwachsene. Unbeschwerte Streifen, Karos und Punkte in den saftigen Farben von Bonbons und Zuckerwatte verbreiten Fröhlichkeit, ohne dass es zu süßlich wird.

FARBPALETTE
Honig (1) und Kaki (2) als gedämpfte Farben machen deutlich, dass es sich um ein Erwachsenenschema handelt. Limonengrün (3) wird zartes Nelkenrot entgegengesetzt (4). Wände und Holz in Sahneweiß bilden den warmen Hintergrund.

13

14

>> Ein aparter Wollteppich mit Rokokomuster (13) unterstützt die extravagante Ausstrahlung. Ein Schlingenwollteppich (14) bietet sich als attraktive, dezente Alternative an.

STOFFE
Prächtige Seide mit tanzenden Punkten (5) dient als Vorhangstoff. Gestreifte Baumwolle (6) als Stuhlbezug ruft Karnevalsgefühle hervor. Ein Sofa in kakifarbenem, gewebtem Baumwoll-Leinen-Mix (7) ergibt einen gedämpften Hintergrund für Kissen in honigfarbener Rohseide (8) und karierter Seide (9).

Warm

Englischer Garten

Ein Schlafzimmer für angehende Gartendesigner.

Stoffe, die nur so vor Leben sprühen mit ihrer Pracht an Lilien, Gänseblümchen, Mohnblumen, Kornblumen und Bartfaden, rufen Tagträume von romantischen englischen Gärten hervor. Hiermit schaffen Sie ein entzückendes Gästezimmer, das zum Verweilen einlädt.

FARBPALETTE
Ein stilles Ekrü (1) auf Wänden und Holz dient als neutraler Grundton für das Zimmer. Meerblau (2) wirkt als Stuhlbezug kühl und ruhig. Ein goldener Honigton (3) steuert einen sonnigen Touch bei, Knallrot (4) sorgt für extrovertierte Farbtupfer.

STOFFE
Leinenvorhänge mit fröhlichem Blumenmuster (5) verbreiten Charme. Zu dem Bett in frischem weißen Leinen passen Brokatkissen mit Schmetterlingsmotiv (6) und gestreifte Baumwollkissen (7). Drapieren Sie einen luxuriösen Samtüberwurf in Meerblau (8) über das Fußende. Der Stuhlbezug ist aus honigfarbener gewebter Baumwolle (9).

11

12

FUSSBODEN
Ein Holzfußboden ist immer beliebt. Dieses Stabholzparkett aus Buchenholz (10) passt perfekt zu unserem charmanten Blumenschema. Wenn Sie eher zu Steinböden tendieren, bietet sich dieser cappuccinofarbene Kalkstein (11) als attraktive Alternative an. >>

Warm

Jelängerjelieber

Geißblattranken als Basis für ein kuscheliges Farbschema.

Frische Frühlingsgrün-, Rhabarber- und Cremetöne finden sich hier zu einem charmanten Farbentwurf für ein Schlaf- oder Gästezimmer zusammen. Das hemmungslos altmodische Design schafft einen gemütlichen, ruhevollen Rückzugsort von der hektischen Welt.

FARBPALETTE

Altgold (1) und Farngrün (2) stellen die Hauptfarben auf Vorhängen und Polstermöbeln dar. Bettwäsche im puderigen Nelkenrot (3) wirkt feminin. Cognacbraun (4) mit Nelkenrot ergibt die klassische Farbkombination des Jelängerjelieber.

13

14

>> Gestreifter gewebter Sisal sorgt für einen ländlichen Anstrich (12). Ein getufteter Wollteppich in warmen Brauntönen (13) fordert geradezu zum Barfußlaufen auf. Der zweifarbige Wollteppich (14) empfiehlt sich durch sein feines Muster, das die hübschen Blumenmuster ergänzt.

STOFFE

Geißblattranken (5) schmücken die Vorhänge. Eine Steppdecke in Nelkenrot mit cognacbraunen Blattmotiven (6) wird durch karierte Baumwollkissen (7) und Kissen mit Primeln (8) auf gestreifter Baumwolle ausgeglichen. Gewebte farngrüne Baumwolle dient als Stuhlbezug (9).

Lebendig

Goldene Blüten

Zweige mit einer Fülle leuchtend goldener Blüten standen Modell.

Pikant, scharf, spritzig – dieses Farbschema sprüht nur so vor Energie. Die wunderschönen Pfingstrosensträucher der japanischen Gärten standen Pate für den Vorhangstoff. Dieses extrovertierte Schema ist wie gemacht für gesellige Esszimmer und Wintergärten.

FARBPALETTE
Zitronengelb (1) ist ein auffallend kühner Farbton, der mit kühlem Aschgrau (2) auf Polstermöbeln und einem Warmweiß (3) an Wänden und Holz gemildert wird. Helles Limonengrün (4) ist der ideale Partner für das kräftige Gelb.

11

12

STOFFE
Gehen Sie aufs Ganze mit diesen Vorhängen in bedrucktem Leinen (5) oder nehmen Sie es für Rollos. Zitronengelbes Leinen (6) macht sich hervorragend auf Sitzkissen. Stofffarbe für Sofas und Sessel ist ein neutrales Aschgrau (7) und warmweiße und aschgraue Seide (8, 9) für Streukissen.

FUSSBODEN
Schöne, rustikale Eichendielen (10) sind praktisch für Esszimmerböden. Die warmen Brauntöne des Linoleums (11) mäßigen diese beiden lebhaften Farbschemata. >>

10

Lebendig

Blumentanz

Grazile Blumen tanzen Ballett in einem sonnigen Frühstückszimmer.

Zierliche Ranken aus Blättern und goldenen Blüten inspirieren dieses muntere Farbschema. Fröhlich und frisch lässt es Küchen, Frühstückszimmer und Wintergärten erscheinen.

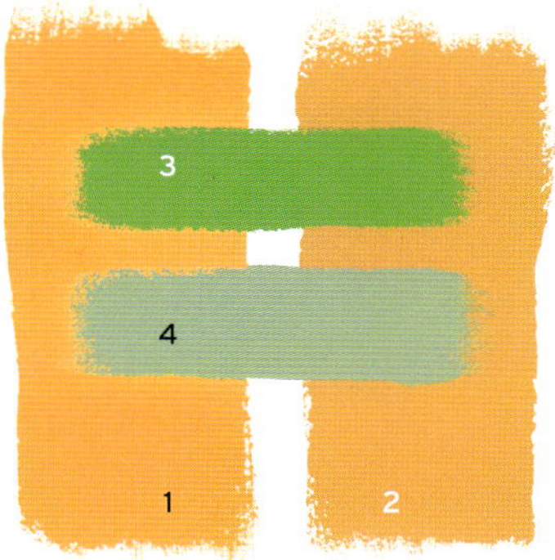

FARBPALETTE

Kräftige Gelbtöne wie Cognacbraun (1) und Honig (2) wirken warm und einladend. Schreiende gelbgrüne Töne wie Kiwi (3) und Wiesengrün (4) ergänzen perfekt. Mit Wänden in Honig und Holz in Altweiß wirkt der Raum sonnendurchflutet.

13

14

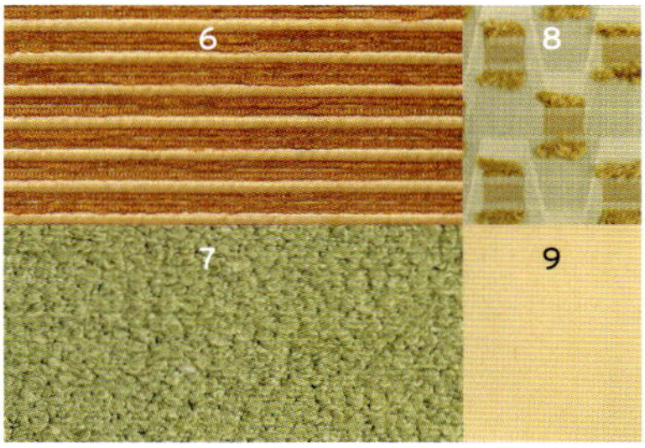

» Die hellbraunen Keramikfliesen (12) zeichnen sich durch ihr angenehmes Erscheinungsbild und ihre Strapazierfähigkeit aus. Möglich ist auch ein kräftiger Wollteppich mit grobem Fischgrätmuster (13) oder geflochtener Sisal in Taupe, Altweiß und Grün (14).

STOFFE

Wirbelnde gelbe Blumen auf einem Baumwoll-Leinen-Mix (5) bringen den Sommer. Honigfarbene gestreifte Chenille (6) eignet sich für Sitzkissen. Auf dem Sofa mit kiwifarbenem Chenillebezug (7) liegen Kissen aus grün-goldenem Polyester-Baumwoll-Gewebe (8) und honigfarbener Seide (9).

Lebendig

Hollandaise

Wirbelnde Tulpen in einem Schema voller Frühlingsfreude.

Der Walzer der lebenssprühenden Papageientulpen zaubert Frühlingsstimmung in dieses Wohnzimmerschema. Die Rosa-Grün-Kombination sorgt für klassische Gemütlichkeit mit einem Hauch von Exzentrizität.

FARBPALETTE
Rosatöne wie Krapplack (1) beleben den Raum. Zusammen mit einem Mineralrot (2) sind diese Töne die perfekten Komplementärfarben zu zartem Limonengrün (3). Limonadengelbe Wände (4) und weißes Holz geben dem Raum verführerische Frische.

STOFFE
Vorhänge in zartem Limonengrün auf Baumwoll-Leinen-Mix sind übersät mit Tulpen (5). Für das Sofa empfiehlt sich Baumwollchenille in Mineralrot (6), für Sessel zart-limonengrüne Wolle mit Fischgrätmuster (7). Die Kissen leuchten in gestreifter (8) und krapplackrosa Chenille (9).

11

12

FUSSBODEN
Farbschemata mit einem ausgeprägten Blumenmuster gewinnen durch einen Teppich in Komplementärmuster. Ein flachgewebter Teppich in einem warmen Braunton (10) bildet einen Ausgleich zu den Blumenstoffen. Als attraktive, neutrale Möglichkeit gibt es den Schlingenteppich (11). »

Lebendig

Rubinrote Klematis

Ausgelassene Blüten für ein lebendiges Schlafzimmer.

Starkes Rubinrot und sanfte Grüntöne finden sich in diesem lebhaften Farbschema zusammen. Wählt man einen Rotton im tieferen Nuancebereich, wird er die Sinne nicht überreizen. Dem Spiel mit der Struktur sind keine Grenzen gesetzt, aber das Farbschema sollte schlicht gehalten werden.

FARBPALETTE

Rubinrot (1) liefert kräftige Farbtupfer und wird durch gedämpfte Grüntöne wie Wiesengrün (2) und Limonadengrün (3) im Zaum gehalten. Sahneweiß (4) für die Wände und für das Holz lässt den Raum hell und luftig erscheinen.

13

14

>> Strapazierfähige Kokosfaser (12) bringt rustikale Struktur in ein Landhaus. Eichendielen (13) sind ein klassischer Fußboden, während geschliffener Kalkstein mit starker Struktur (14) dem Haus Glamour verleiht.

STOFFE

Bedruckte Baumwolle mit Klematisranken (5) ist bezaubernd. Kissen aus rubinroter Wolle mit Fischgrätmuster (6) und aus grasgrünem Leinen (7) führen das Farbthema fort. Einladend: Gestreifte Baumwolle (8) als Bettüberwurf und ein Stuhl oder eine Chaiselongue mit grünem Samt (9).

Mittelbraune Fußböden

Oben: Brauner Strukturteppich ist eine schöne Grundlage für einen lichtdurchfluteten Raum.

Mittelbraune Fußböden können bedenkenlos überall im Haus verlegt werden.

Im Uhrzeigersinn von oben links: Ein Eichenparkettboden ist ein ebenso unerwarteter wie gelungener Fußboden in einem modernen Wohnzimmer. Mit Leder hat man einen Fußboden mit kräftiger Struktur in einer zeitgemäßen Hauseinrichtung. Dunkle breite Eichendielen sind perfekt für eine moderne Essecke.

Neutral

London Flair

Ein stilvolles Farbschema mit dem spürbaren Reiz des Stadtlebens.

Die Struktur ist das A und O in einem neutralen Farbschema. Mit angenehmen, natürlichen Stoffen wie Leinen, Wolle, Seide und Baumwolle liegt man genau richtig, wenn man Ton-in-Ton-Muster dazugibt, um visuelle Reize auszusenden.

FARBPALETTE
Warme Ekrütöne (1) an Wänden und Vorhängen sind die ruhige Grundlage. Mit Rehbraun (2) zaubert man einen sanften Mittelton auf Polstermöbel. Ein warmes Kakaobraun (3) bringt Bodenhaftung, Aschgrau (4) eignet sich als Akzentfarbe.

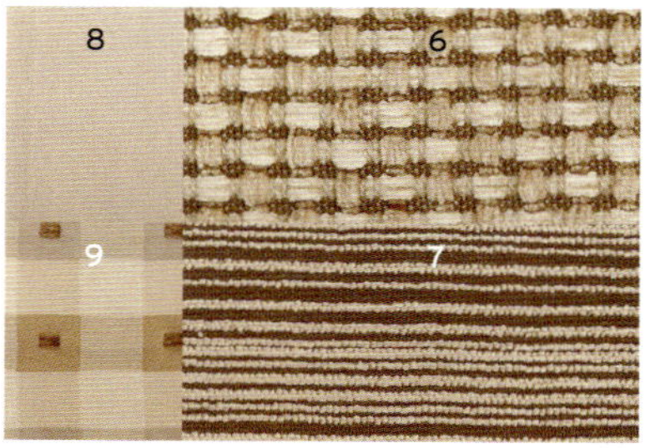

STOFFE
Der Vorhangstoff ist ein Leinen-Baumwoll-Mix in Ekrü mit einfarbigem Muster (5). Als Stuhlbezug dient geflochtene Chenille (6). Das Sofa in gestreifter Baumwolle (7) erhält Kissen aus Wildlederimitat in weichem Rehbraun (8) und rehbraunem und aschgrauem Schottenkaro (9).

FUSSBODEN
Luxuriöser, geschliffener Kalkstein (10) lässt weltstädtische Raffinesse in diese Farbschemata einfließen. Auch Walnussdielen (11) sind ein attraktiver Fußbodenbelag. Ein langfloriger Wollveloursteppich (12) bietet dem Fuß ein Gefühl von Luxus. >>

Neutral

Savile Row

Dieses Schema wurde durch Nadelstreifen und Schottenkaros inspiriert.

Wie maßgeschneidert hängen die dunkelbraunen Vorhänge vor dem Fenster. Der hübsche Look mit schicken Stoffen in gedeckten neutralen Farben eignet sich für ein Arbeitszimmer ebenso gut wie für ein Herrenschlafzimmer.

FARBPALETTE
Starkes dunkles Kaffeebraun (1) bestimmt den nüchternen Ton des Schemas. Taupe (2) und Rehbraun (3) führen das monochrome Thema weiter. Ekrü (4) oder taupefarbene Wände sowie Holz in Ekrü sind ebenfalls zurückhaltend.

13

14

>> Ein gestreifter Flachgewebeteppich (13) ist eine schicke und schlichte Alternative. Mit gewebtem Papier (14) erreichen Sie einen atemberaubenden zeitgemäßen Look.

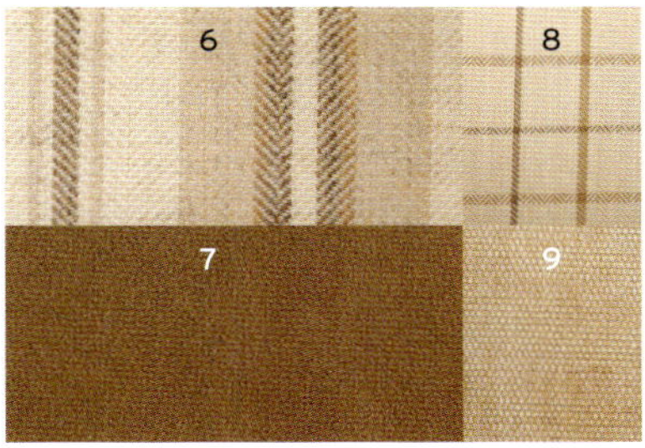

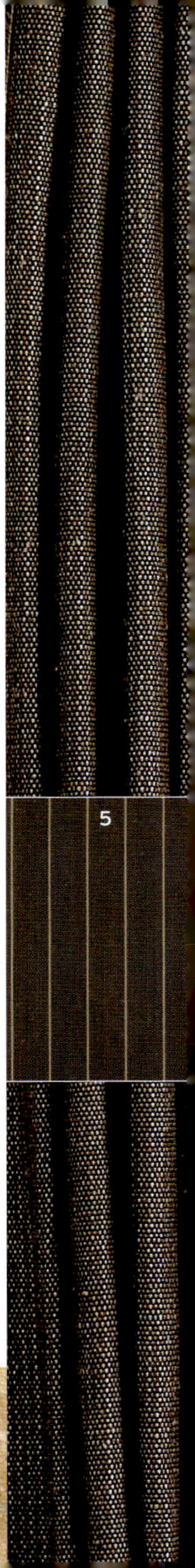

STOFFE
Dunkelbraun sind die Leinen/Baumwoll-Vorhänge mit taupefarbenen Nadelstreifen (5). Dazu passen Kissen aus gestreifter Wolle (6) und taupefarbenem Wildlederimitat (7). Die Stühle sind mit Baumwollvelour mit Fischgrätmuster (8) bezogen, die Sofas mit rehbrauner Chenille (9).

Kühl

Himmel & Erde

Warme Braun- und kühle Blautöne strahlen ruhige Herzlichkeit aus.

Kräftiges Rohrzuckerbraun macht ein Fernsehzimmer zum idealen Rückzugsort. Tupfer in knackigem Blau wirken wie ein Hauch frischer Luft und halten wach.

FARBPALETTE

Erdiges Rohrzuckerbraun (1) in Vorhängen und Polstermöbeln strahlt Ruhe aus. Den Schwung dazu geben kühles Himmelblau (2) und lebendiges Ägäisblau (3). Wände und Holz in Porzellanweiß (4) lassen den Raum frisch und luftig wirken.

STOFFE

Warm schimmern die braunen Vorhänge aus grob geripptem Baumwoll/Viskose-Gewebe (5). Das Sofa ist mit rohrzuckerbraunem Pannesamt bezogen (6). Farbtupfer setzen Sesselbezüge aus gestreifter Baumwolle in Blau (7) und puderblaue und porzellanweiße Seidenkissen (8, 9).

11

12

FUSSBODEN

Ein dicht gewebter Veloursteppich (10) ist schön, robust und angenehm. Eine reich strukturierte Alternative ist ein Teppich aus Wolle und Sisal (11). Kräftig gewebtes Papier (12) hält auch starker Belastung stand. >>

Kühl

Jagdhütte

Robuste Stoffe und erdige Farbtöne sorgen für Behaglichkeit.

Die Reitstiefel abstreifen und vor einem warmen Kaminfeuer entspannen, während der Regen gegen die Fenster schlägt. Ob man auf windgepeitschte Moore blickt oder auf die Hochhäuser der City – mit diesem Farbschema hält sanfte Wärme Einzug in die Einrichtung.

FARBPALETTE
Kadettblau (1) und grünliches Nickelgrau (2) bilden die kühlen Farbkomponenten in dem ansonsten neutralen Farbschema. Toffee (3) auf Polstermöbeln wirkt einladend. Weiß an den Wänden und Perlweiß (4) für das Holz hellen das Schema auf.

13

14

>> Glasierte Tonfliesen (13) wirken anziehend rustikal, während Linoleum in Braunschattierungen (14) nicht nur Wärme ausstrahlt, sondern auch praktisch ist.

STOFFE
Als Vorhangstoff ist perlweißes Leinen mit Streifenkaros (5) ideal. Gewebtes toffeefarbenes Leinen mit grober Struktur ergibt einen robusten Sofabezug (6). Weich wirken Kissen in Kadettblau (7) und gestreifter Chenille (8). Dazu kommt der in Leder und Baumwolle gestreifte Sessel (9).

Warm

Orientalischer Mohn

Mohnblumen beschwören Exotik herauf.

In diesem hemmungslos luxuriösen Farbschema geht es einzig und allein um schillernde Opulenz. Glänzende Seidenstoffe und Farben bieten glamouröses Flair. Dieses verführerische Schema kommt in einem sehr erwachsenen Wohnzimmer richtig zur Geltung.

FARBPALETTE
Goldene Honigtöne (1) bilden einen starken Rahmen. Rohrzuckerbraun (2) ist eine geschmackvolle, neutrale Farbe für Polstermöbel. Mit leuchtendem Mandarin (3) und lebhaftem Mohnrot (4) kann man anregende Akzente setzen.

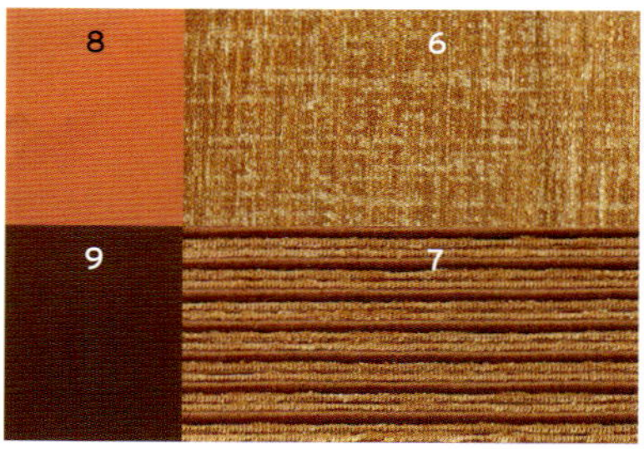

11

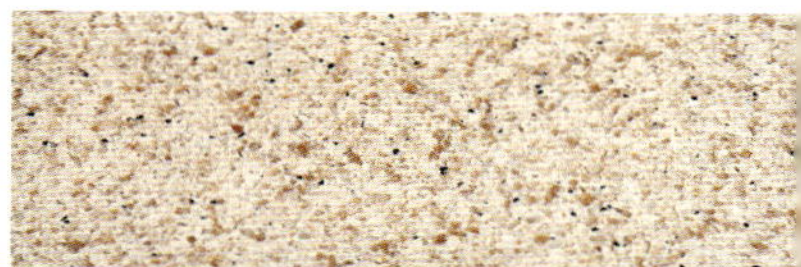

12

STOFFE
Mohnblumen zieren den Vorhang aus honigfarbener Seide (5). Baumwollchenille mit Seidenschnüren (6) und ein Ottomanenbezug aus rohrzuckerbrauner Chenille (7) führen das Gold-Thema auf den Polstermöbeln weiter. Kissen leuchten mandarin und in dunkelbrauner Kunstseide (8, 9).

FUSSBODEN
Atemberaubend schön ist dieser Fußboden aus glänzendem braunem Marmor (10). Eine gute Alternative stellt auf Hochglanz polierter industrieller Quarzboden (11) dar. Wenn es etwas ungewöhlicher sein soll, empfiehlt sich ein Hochstrukturboden aus Natursteinen in Kunstharz (12). >>

Warm

Feder & Papier

Gedankenanregend ist diese Kombination aus Braun und Honig.

Kreativität entwickeln fällt leicht in einem Arbeitszimmer, das in stimulierenden, warmen Gelbtönen gehalten ist. Raffrollos mit einem Druckmotiv aus Schreibfedern und Papier geben einen geistreichen Hinweis.

FARBPALETTE

Milde Honigtöne (1) und blasses Maisgelb (2) stimulieren verstärkt die Kreativität. Eine praktische Farbe für Polsterstoffe ist kräftiges Toffeebraun (3). Die perlweißen Wände (4) stehen für eine ruhige und neutrale Grundlinie.

13

14

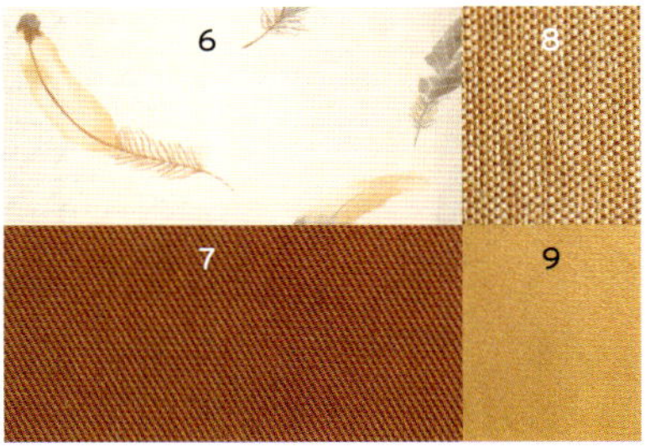

›› Ein flauschiger, langfloriger Wollteppich (13) zeigt Barfußqualitäten, während glänzender Sisalboden (14) sich durch seine lichtreflektierende Wirkung auszeichnet.

STOFFE

Honigfarbene Vorhänge aus Leinen (5) hängen über Baumwoll/Leinen-Rollos (6). Robuste toffeebraune Baumwolle (7) für den Schreibtischstuhl. Ein kleines Sofa wird mit gewebter Chenille in Toffee und Perlweiß (8) bezogen. Es erhält Kissen aus honigfarbenem Wildlederimitat (9).

Lebendig

Charme in Chintz

Glänzender Chintz ist zeitlos und bezaubernd.

Chintz entfaltet seinen Charme in hübschen Schlafzimmervorhängen oder als Grundlage für ein lebendiges Wohnzimmer. Glänzender Baumwollchintz taucht oft mit Drucken, Streifen und Karos auf. Moderner wirkt er, wenn man ihn mit glatteren Stoffen wie Chenille, Wildleder oder Seide kombiniert.

FARBPALETTE
Hellgelb (1) dient als verspielte Grundfarbe. Ein Gegengewicht sind Polstermöbel in dunklem Meerblau (2) und sattem Taupe (3). Wiesengrüne Akzente (4) stellen die Verbindung zum dynamischen Grün der Vorhänge her. Wände und Holz sind weiß.

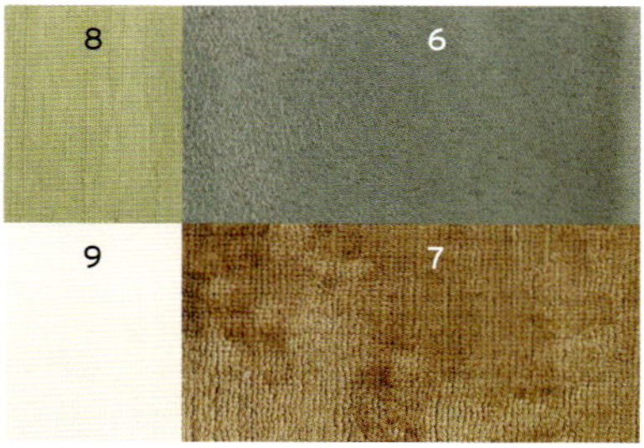

11

12

STOFFE
Chintzvorhänge in lebhaftem Gelb (5) inspirieren zu diesem Schema. Sessel in meerblauem Wildleder (6) und ein Sofa in taupefarbener Chenille (7) wirken einladend. Kissenbezüge aus grasgrüner und elfenbeinweißer Rohseide (8, 9) betonen die reflektierende Wirkung des Chintz.

FUSSBODEN
Feingeschliffener Kalkstein (10) ist ein zeitgemäßer Bodenbelag mit intensiver Struktur. Größere Wirkung erzielt man, wenn die Fliesen in große Quadrate geschnitten werden. Soll es pflegeleicht sein, empfiehlt sich ein hochwertiger Laminatboden, zum Beispiel in Teakholzoptik (11). >>

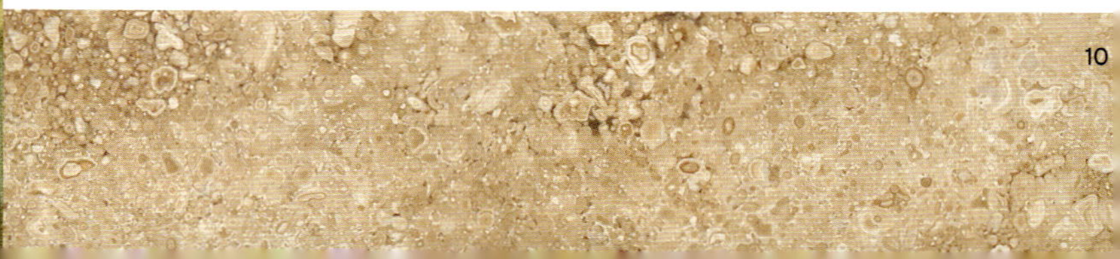

Lebendig

Die Rosen der Josephine

Rosen und Schleifen erzeugen Romantik.

Leinenstoffe in frischen Frühlingsfarben sind die Basis dieses Farbschemas, dessen Inspiration der Rosengarten einer Kaiserin war. Das Schema wirkt zeitgemäß durch den zurückhaltenden Gebrauch von Stoffen für die Polstermöbel, die sich farblich an dem lebendigen Vorhang orientieren.

FARBPALETTE
Stimulierende Töne wie Meerblau (1), Lavendel (2) und helles Limonengelb (3) bilden die Farbpalette für Polstermöbel und Kissen. Cognacbraun (4) fügt sonnige Tupfer hinzu. Wände in Hellgelb erzeugen eine luftige Atmosphäre.

13

14

>> Ein Veloursteppich aus getufteter Wolle in einem warmen Taupeton (12) ist schön und widerstandsfähig. Locker strukturiert ist ein flach gewebter Wollteppich (13, 14).

STOFFE
Prächtig sind die Vorhänge mit Rosen (5). Gewebte Baumwolle in Meerblau, Cognacbraun und Altweiß (6) eignet sich für das Sofa. Darauf werden Kissen aus lavendelfarbener Chenille (7) und zart-limonengrüner Seide (8) verteilt. Die Sessel haben einen cognacbraunen Leinenbezug (9).

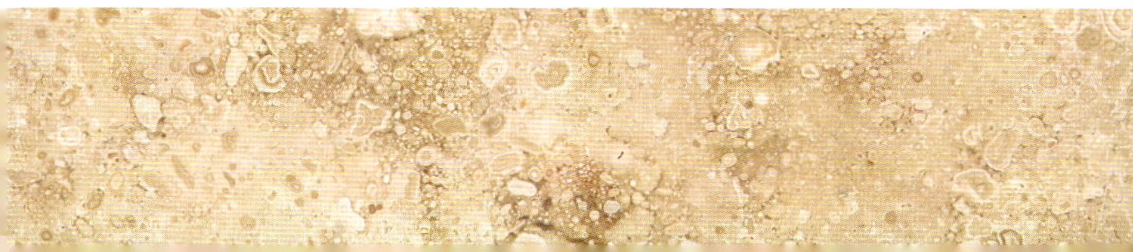

Dunkelbraune Fußböden

Oben: Ein Fußboden aus schwarzen Walnussdielen hält das lebhafte Farbschema im Gleichgewicht.

Ein dunkelbrauner Fußboden ist der Star dieses Zimmers.

Von links: Ein dunkelbrauner, flachgewebter Läufer aus Wolle ist ein praktischer Belag für Treppen. Aufsehenerregende Vinylteppiche, die direkt in das Walnusslaminat verlegt wurden, geben einem modernen Interieur sofort Charakter.

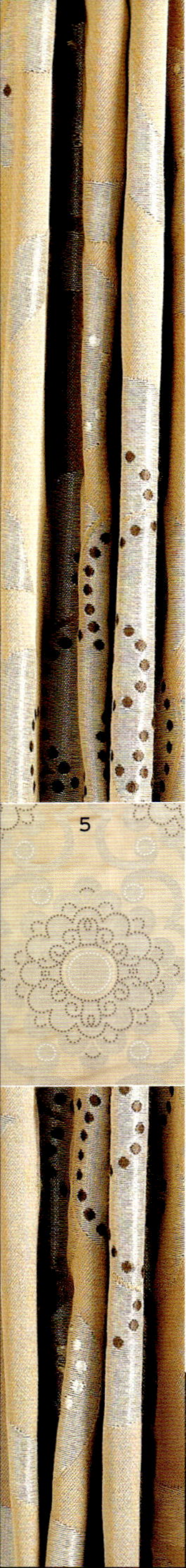

Neutral

Barockes Taupe

Verschwenderische Blumen in Taupetönen machen den Barock modern.

Neutrale Farben müssen nicht ruhig sein! In diesem einfarbigen Schema, dessen Star ein bühnenreifer Vorhangstoff ist, werden sie hemmungslos eingesetzt. Seine luxuriöse und zeitgemäße Eleganz machen es ideal für ein atemberaubendes Wohnzimmer in der Stadt.

FARBPALETTE
Die warmen Grautöne von Rehbraun (1) und Sand (2) sind Hauptbestandteil des Schemas. Bitterschokolade (3) ist eine starke Farbe für Polstermöbel. Vanille (4) auf Wänden und Holz dient als raffiniertes Fundament für dieses stilvolle Farbschema.

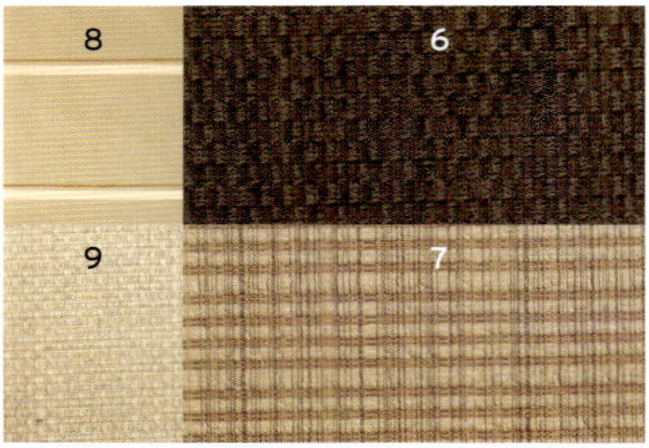

11

12

STOFFE
Vorhänge mit barockem Blumenmuster (5) passen zu Chenillesesseln in Schokoladenbraun (6) und einem taupefarbenen Baumwoll-Seiden-Gemisch (7) für das Sofa. Kissen aus gestreifter Kunstseide (8) bilden einen Ausgleich. Dazu passen schimmernde Leinen/Viskose-Kissen im hellen Sandton (9).

FUSSBODEN
Ein schwarzer ultramatt lackierter Eichenboden (10) macht einen hervorragenden Eindruck. Dunkelbraunes Leder (11) ist eine reizvolle Alternative und gewinnt durch Benutzung an Schönheit. Diese Keramikfliesen gibt es mit einer sehr wirkungsvollen Oberfläche in Lederoptik (12). >>

Neutral

Wüstenblumen

Warme Taupe- und ruhige Cremetöne vereinigen sich in diesem Blumenschema.

3

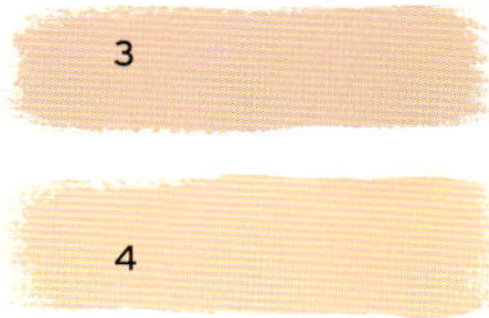

4

1 2

Ein dunkler Fußboden verlangt nicht zwangsläufig nach einer dunklen Einrichtung. Frisches Weiß oder Altweiß dienen als helle Grundfarben für sandige Taupe-Nuancen in diesem entzückenden Farbschema für ein Schlaf- oder Gästezimmer.

FARBPALETTE
Warmweiß (1) für die Wände und Reinweiß (2) für das Holz legen das Thema fest. Für die Stoffe mit Blumenmuster für Polstermöbel und Kissen eignen sich warme rehbraune (3) und sandfarbene (4) Töne.

13

14

» Stark strukturiert ist ein luxuriöser langfloriger Wollteppich (13). Sisal in einem kräftigen Schokoladenbraun (14) ist zeitgemäß und praktisch.

6 8

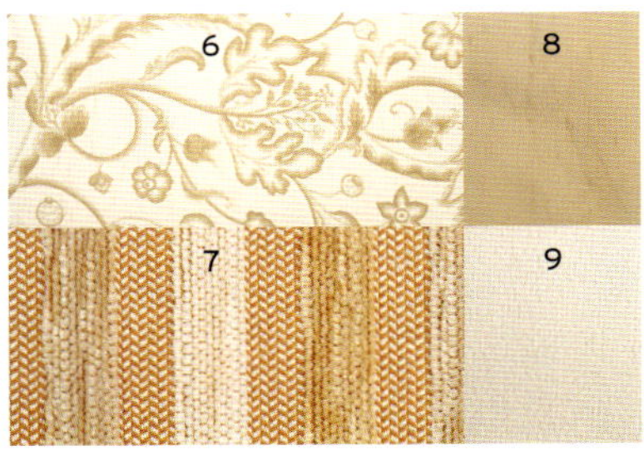

7 9

5

STOFFE
Blumenstickereien auf den weißen Leinen-Baumwoll-Vorhängen (5) und der Tagesdecke aus dicker, altweißer Baumwolle (6) wirken heimelig. Ein Sofa wird mit gewebter Chenille mit Streifenmuster (7) bezogen, dazu Kissen aus sandfarbener Seide (8) und warmweißer Baumwollchenille (9).

Neutral

Kapstadt

Kräftige Brauntöne und Taupe zaubern afrikanische Stimmung ins Cityleben.

Man nehme ein freches zeitgemäßes Muster, das afrikanische Farben mit Großstadtmotiven vereinigt. Um dieses Muster herum wird das Schema der passenden Farben und Stoffe aufgebaut. Für stark benutzte Familienzimmer ist die widerstandsfähige Kombination ein Gewinn.

FARBPALETTE
Ruhiges Rehbraun (1) für die Wände und Vanilleweiß (2) für das Holz sind der Hintergrund für dieses Schema. Kräftiges Bitterschokoladenbraun (3) wirkt auf Polstermöbeln sehr hübsch. Details in goldenem Rohrzuckerbraun (4) sorgen für Wärme.

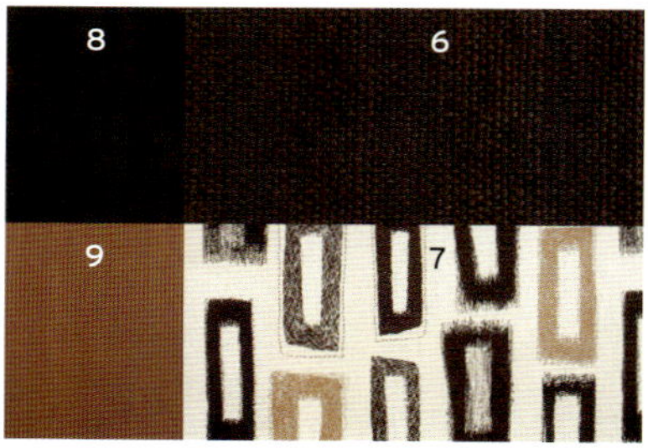

STOFFE
Die Vorhänge sind aus rehbraunem Leinenstoff (5). Neben einem mit bitterschokoladenbraunem Leinen bezogenen Sofa (6) steht ein Zierstuhl mit einem Rechteckmuster auf Baumwollvelour (7). Die Kissen sind aus dunkelbraunem Samt (8) und rohrzuckerbrauner, gerippter Baumwolle (9).

11

12

FUSSBODEN
Entscheiden Sie sich für einen schönen und strapazierfähigen Steinfußboden in kräftigen braunen Farben (10). Eine attraktive Alternative sind schwarze Eichendielen (11), der Belastung in einem Familienzimmer hält dunkler Laminatboden in Walnussoptik stand (12). >>

Neutral

Jenseits von Afrika

Satte Farben und Strukturdrucke mit Tiermotiven.

Karen Blixens stilvolle Einrichtung ihres afrikanischen Heims ist die Inspiration für ein einladendes Arbeitszimmer oder für ein Familienzimmer. Warme Brauntöne und Tierfellimitationen erschaffen eine unwiderstehliche Oase.

FARBPALETTE
Rohrzuckerbraun (1) erinnert an die afrikanische Steppe. Kakaobraun (2) und Taupe (3) fügen weitere Schichten afrikanischer Farbgebung bei. Akzente in hellem Weizengelb (4) machen das Schema lebendig. Wände und Holz sind in Warmweiß gehalten.

13

14

» Gerippter Sisal (13) ist nicht nur robust, sondern auch praktisch als Fußbodenbelag in Familienräumen und Arbeitszimmern. Ein Wollteppich (14) fühlt sich warm und angenehm an.

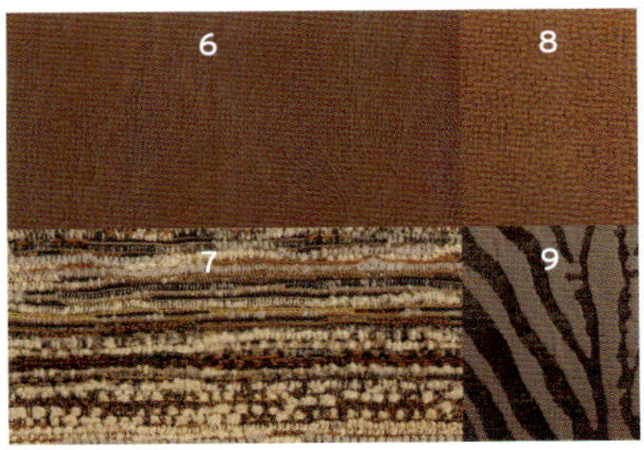

STOFFE
Die Vorhänge sind aus rohrzuckerbraunem Wildlederimitat (5). Das Tierthema wird über den Kunstlederbezug (6) eines Sessels fortgeführt. Aufregend: das Sofa in Weizengelb, Rohrzuckerbraun und Kakaobraun (7). Es erhält Seidenkissen mit Lederstruktur (8) und taupefarbenem Zebradruck (9).

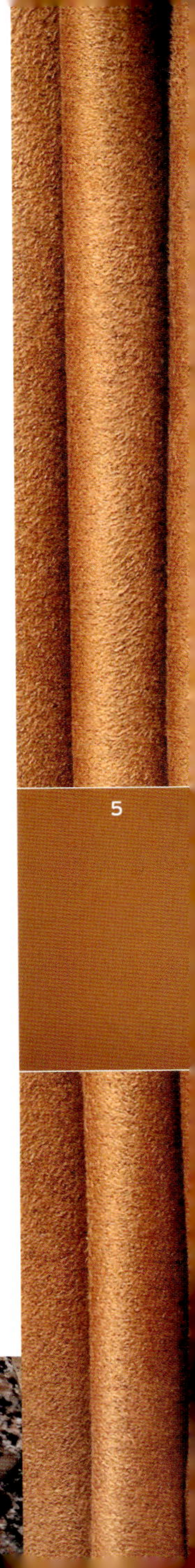

Kühl

Eine schattige Lichtung

Das friedliche Schema erinnert an Schattenspiele.

Inspirationen für die Inneneinrichtung finden sich überall. Der dezente Schatten und die ruhigen Farben einer Lichtung erzeugen in einem Schlafzimmer eine friedvolle Atmosphäre. Die Blätter und Wildblumen auf dem Vorhangstoff geben den Ton dieses ruhigen Schemas vor.

FARBPALETTE

Cremiges Porzellanweiß (1) dient als Grundfarbe auf Wänden und Vorhängen. Ein dunkles Kaffeebraun (2) und ruhiges Bimssteingrau (3) schaffen eine ruhige Atmosphäre. Das Porzellanblau (4) der Vorhänge findet sich in Accessoires wieder.

5

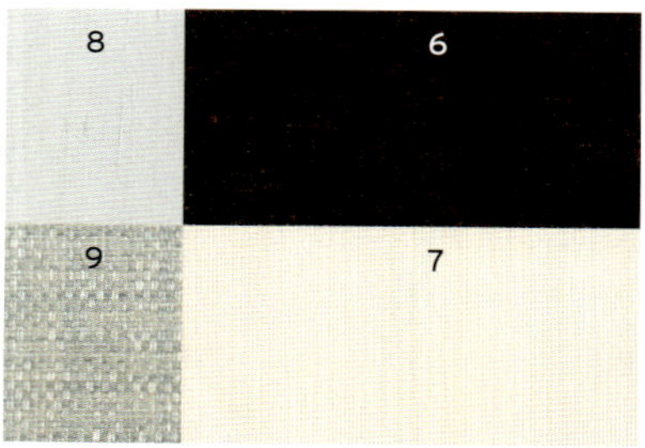

STOFFE

Bodenlang ist der bedruckte Baumwollvorhang (5). Ein weicher dunkelbrauner Chenille-Überwurf (6) wird übers Bettende drapiert. Porzellanweiße Baumwoll/Viskose-Kissen (7) und blassblaue Seidenkissen (8) zieren das Bett. Ein Stuhl wird mit porzellanblauem Baumwollwebstoff bezogen (9).

11

12

FUSSBODEN

Wer üppige Struktur unter den Füßen mag, sollte sich für einen Lederbelag entscheiden (10). Ein kurzfloriger Veloursteppich mit einem einfarbigen Quadratmuster in Schokoladenbraun (11) oder ein schokoladenbraun und porzellanweiß gefleckter Wollteppich (12) wirkt interessant. ››

Kühl

Treppengeländer

Kräftiges Vorhangmuster als grafische Kulisse.

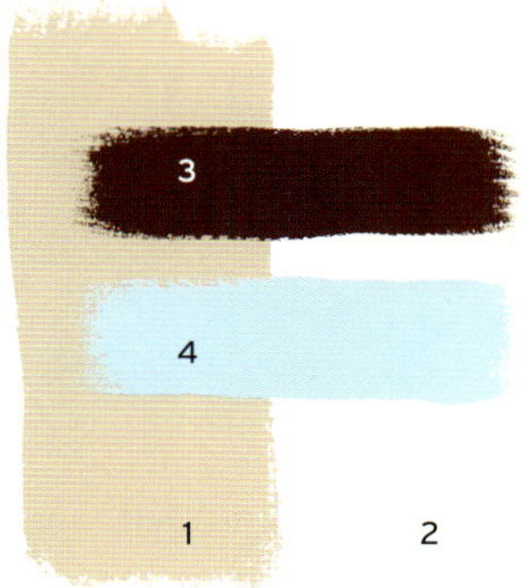

In Räumen ohne direkten Blickfang (wie z. B. ein Kamin) bieten kräftige Muster optische Reize. In einem Familienzimmer sorgen extrovertierte Drucke auf Vorhängen und Kissen für Energie. Zurückhaltender Gebrauch bei der Farbwahl verhindert, dass die lebhaften Muster konkurrieren.

FARBPALETTE

Gipsweiß (1) ist die neutrale Schlüsselfarbe. Als Wandfarbe zusammen mit warmweißem Holz (2) spiegelt es die Farben der Stoffe wider. Dunkles Kaffeebraun (3) liefert das starke grafische Element. Diese Kraft wird durch pastellblaue (4) Akzente gemildert.

13

14

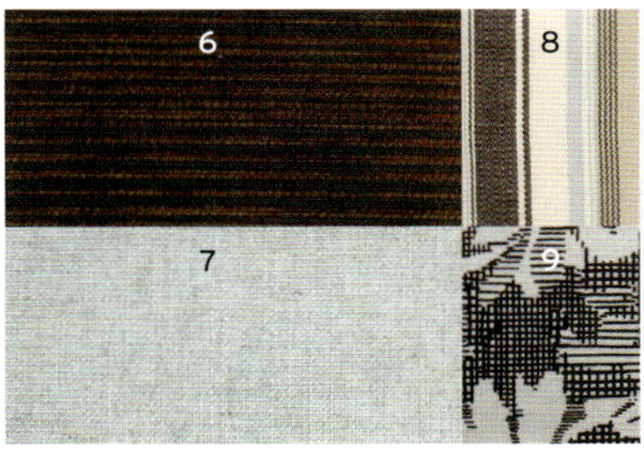

>> Sisal gibt es heutzutage in vielen Farben und Webarten. Lässig ist Struktursisal in Schokoladenbraun (13). Holzböden erfreuen sich nach wie vor großer Beliebtheit – dieser lackierte Buchenboden mit Ebenholzakzenten (14) bildet keine Ausnahme

STOFFE

Das Muster des Leinenvorhangs wirkt wie ein Treppengeländer (5). Dunkelbraune Chenille (6) als Sofabezug ist robust. Stuhlbezüge aus einem pastellblauen Leinen und Baumwolle (7) bilden die weichere Komponente. Gestreifte (8) und geblümte (9) Kissen bringen Geselligkeit.

Kühl

Geißblattranken

Das Blau der Tautropfen inspiriert zu einem kühlen Schema für Wintergärten.

Verglaste Wintergärten mit blaugrünen Schattierungen vermitteln ein kühles und frisches Ambiente. Ein Blumenmuster auf den Raffrollos schafft eine Verbindung zum Garten. Zu dem natürlichen Schema passen kräftige Baumwoll- und Leinenpolster, die der täglichen Beanspruchung standhalten.

FARBPALETTE

Helles Meerschaumgrün (1) und Bergseeblau (2) bilden die Basis dieses frischen Schemas. Akzente in Rosé (3) wirken lebendig. Neutrales Toffeebraun (4) eignet sich hervorragend für Polstermöbel und ergänzt den dunkelbraunen Fußboden.

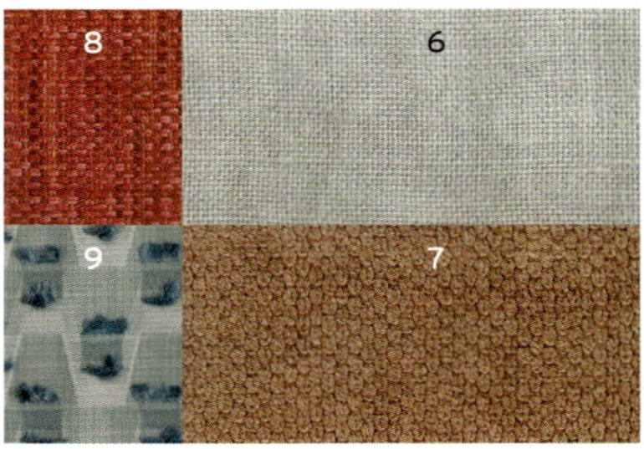

11

12

STOFFE

Leinen mit Geißblatt-Motiven (5) kleiden Wintergartenfenster ein. Am Esstisch machen sich Stühle mit bergseeblauem Leinen gut (6). Das toffeebraune Sofa ist aus Chenille (7). Bestücken Sie es mit Kissen in rosa Baumwolle/Viskose (8) und blaugrünem Baumwollwebstoff (9).

FUSSBODEN

Atemberaubend schön ist ein Fußboden aus glänzenden braunen Marmorfliesen (10). Dunkel gefärbte Eichenholzdielen (11) beeindrucken durch viel Charakter. Wo es praktisch sein soll, empfiehlt sich robustes Linoleum (12). >>

Kühl

Die chinesische Dame

Toilestoffe regen zu einem femininen Schlafzimmer an.

Bedruckte Toilestoffe aus Leinen mit Blumengirlanden in Aquarellfarben und chinesischen Figuren sind eine Huldigung an die Chinoiserie des 18. Jahrhunderts. Zarteste Pastellfarben erzeugen ein beruhigendes Ambiente in einem anmutigen und traditionellen Schlafzimmer.

FARBPALETTE

Sandfarbene (1) Wände und Holz in Warmweiß (2) schaffen eine gemütliche Oase. Eisblau (3) bringt Frische und Leichtigkeit in das Schema, während kräftiges Kaki (4) neben der Palette der zarten Aquarellfarben für Stabilität sorgt.

13

14

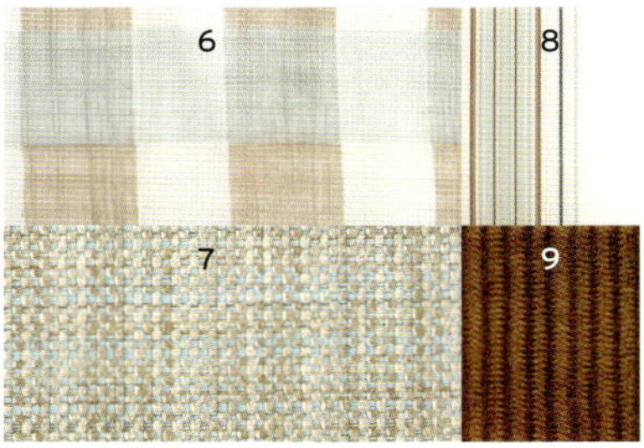

>> Eine besondere Struktur bietet dieser dicke gewebte Sisalteppich mit metallischem Bronzeschimmer (13). Ein Wollveloursteppich (14) bietet Wärme und Komfort.

STOFFE

Vorhänge und Bettdraperien sind aus bedrucktem Leinen (5). Kissen mit Karomuster aus eisblauer (6), sand- und kakifarbener (7) Baumwolle/Viskose machen sich gut auf dem Bett. Als Überwurf empfiehlt sich ein Streifenmuster (8) und kakifarbener Cord für einen Stuhl neben dem Bett (9).

Warm

Gemalte Gänseblümchen

Lebhafte Gänseblümchen als Zeichen für Geselligkeit.

Stoffe mit übergroßen Mustern fordern unsere Aufmerksamkeit und sind daher wunderbar geeignet für lebendige und gesellige Familienzimmer, Küchen und Wintergärten.

FARBPALETTE
Wände und Holz in ruhigem Ekrü (1) sind Träger dieses lebendigen Schemas. Während Taupe (2) und Kakaobraun (3) zurückhaltend sind, ist gebranntes Ocker (4) ein überraschender Farbtupfer auf Vorhängen, Polstermöbeln und Kissen.

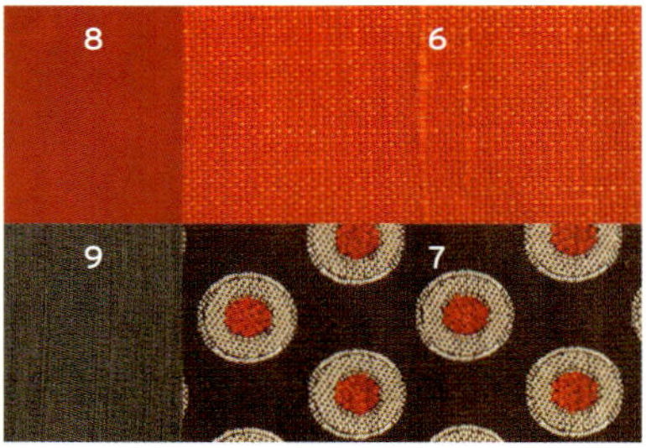

11

12

STOFFE
Gänseblümchen (5) auf dem Vorhang wirken optimistisch. Die Stühle sind in gebranntem Ocker (6). Gepunkteter Baumwollwebstoff auf dem Sofa greift das Kreisthema auf (7). Die Kissenbezüge aus Struktursamt sind in gebranntem Ocker (8) und glänzender taupefarbener Baumwolle/Viskose (9).

FUSSBODEN
Klassischer brauner Marmor, auf Hochglanz poliert (10), hat Stil. Polierte Quarzböden in satten braunen Tönen (11) wirken ähnlich anziehend. Fein gemasertes Leder (12) bewährt sich in Räumen, in denen durch tägliche Benutzung im Lauf der Zeit eine warme Patina entsteht. »

Warm

Deco Drama

Ein provokantes Schema für einen Gesellschaftsraum mit Pfiff.

Schwarz, Taupe und lebhaftes Orange geben sich in diesem Schema ein Stelldichein der puren Exotik. Inspiriert von den stilisierten Motiven und luxuriösen Materialien der 1920er-Jahre entsteht in dieser Kombination ein Raum, der für Gesellschaften geradezu prädestiniert ist.

FARBPALETTE
Warmes Taupe (1) ist ein eleganter Ton für Wände, gerahmt von Decken und Holzwerk in gebrochenen Weißtönen. Schwarz (2) sorgt für Dramatik, Kaki (3) ist eine weitere kräftige neutrale Farbe. Leuchtendes gebranntes Ocker (4) setzt Akzente.

13

14

>> Ein kräftiger brauner Holzfußboden (13) ist eine schöne Wahl; für Wintergärten und Familienzimmer ist ein Laminatboden in Wengeholzoptik (14) äußerst praktisch.

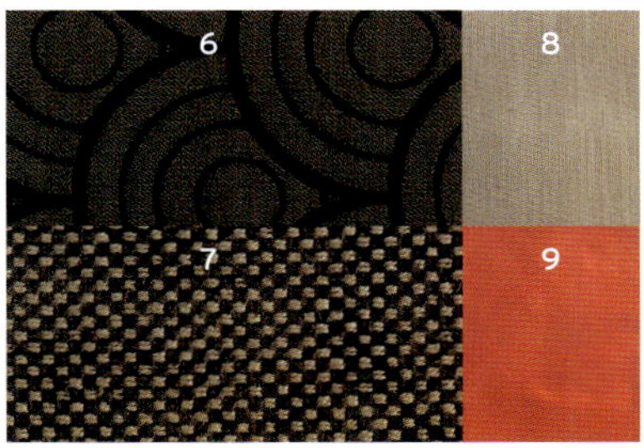

STOFFE
Die Leinenvorhänge zeigen Kreismotive aus Samt (5). Die schwarzen Stuhlbezüge sind aus Baumwolle/Viskose mit Fächermotiven (6), das Sofa ist aus Chenille in Schokoladenbraun und Taupe (7). Die Kissen sind aus taupefarbenem Baumwoll/Polyester (8) oder ockerfarbener Seide (9).

Warm

A la Mode

Eine Kombination aus 60er-Jahre-Mustern mit 70er-Jahre-Farben.

Grafische Muster aus den 60ern rufen eine unbeschwerte Atmosphäre hervor und eignen sich daher für Familienzimmer. Für ein modernes Flair sollten Polstermöbel und Kissen mit Muster sowie einfarbige Vorhänge gewählt werden.

FARBPALETTE
Feuerrot (1) gibt diesem ansonsten neutral gehaltenen Schema Pfiff. Für Wände und Holz empfiehlt sich Ekrü (2) aufgrund seiner lichtreflektierenden Eigenschaft. Warmes Taupe (3) und Kakaobraun (4) sind ideale Grundfarben für Polstermöbel.

11

12

STOFFE
Heizen Sie die Stimmung mit feuerroten Kunststoffvorhängen und Sofakissen (5, 6) auf. Der Stuhlbezug ist aus funkigem Baumwolle/Viskose-Stoff (7). Das 60er-Jahre-Thema findet sich in Sofakissen mit psychedelischen Mustern (8) wieder. Robustes Chenillegewebe (9) bezieht das Sofa.

FUSSBODEN
Schwarze Eichendielen (10) sehen fantastisch aus. Ein ausgezeichneter Bodenbelag für Familien- und Wohnzimmer ist ein Teppich aus getufteter schokoladenbrauner Wolle (11). Eine grafisch betonte Alternative kann ein gestreifter Schlingenteppich aus Wolle (12) sein. >>

Warm

Seide aus Schanghai

Orientalisches Flair in einer Stadtwohnung.

Seidenstoffe entfalten ihre Qualitäten für ein modernes Stadtinterieur in zeitgemäßen Farben wie Taupe und Honig. Sie wirken unaufdringlich luxuriös und bringen den feinen Seidenglanz hervorragend zur Geltung. Man kann mit verschiedenen Stoffen spielen oder mit lebendigen Farben Akzente setzen.

FARBPALETTE
Das Understatement eines warmen Honigtons (1) und erdigen Taupes (2) dient als Kontrast für luxuriöse Seidenstoffe. Mandarin (3) steuert einen pikanten Akzent bei, während feines Wiesengrün (4) frisch wirkt.

13

14

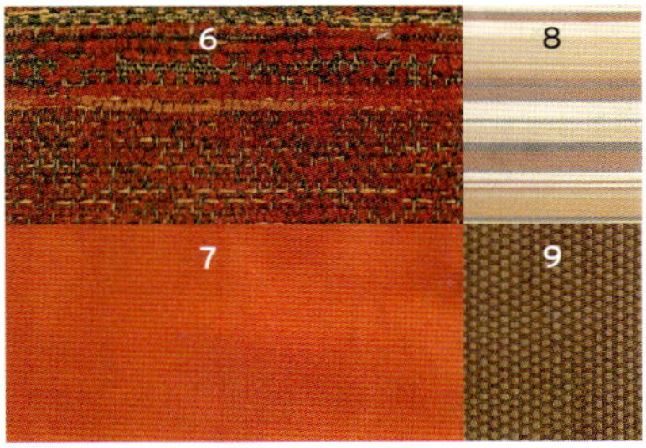

>> Kakaobrauner Sisal mit diagonalem Webmuster (13) lässt den Raum dynamisch wirken. Keramikfliesen mit Lederstruktur (14) sind ein belastbarer Fußbodenbelag für Familienzimmer.

STOFFE
Üppige Seidenvorhänge mit Mohnblumen (5) bilden den Hintergrund. Sofapolster aus gewebter Chenille (6) nehmen das Thema der prächtigen Farbgebung auf. Die mandarinfarbenen Sofakissen sind aus Seide (7) oder gestreifter Kunstseide (8), die Stuhlbezüge aus neutraler Baumwolle (9).

Lebendig

Don Quixote

Motive à la Picasso evozieren Bilder von den weiten Ebenen Spaniens.

Schwelgerische, warme Farben in Kombination mit anspielungsreichen Mustern verwandeln uns in Windmühlen-Kämpfer. Dieses wohnliche Schema mit seinen rustikalen Stoffen bringt Leben in ein Familienzimmer oder ein gemütliches Wohnzimmer.

FARBPALETTE

Flammendrot (1) an Vorhängen ist ein kühner Ausgangspunkt. Weizenfarbene Wände (2) bilden einen sanften Hintergrund. Möbel im Honigton (3) wirken neutral. Akzente in wilder Aster (4) runden das Schema ab und sorgen für ein kühles Gegengewicht.

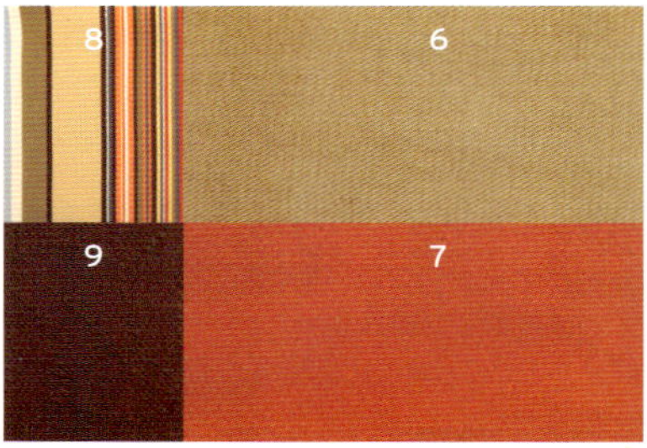

11

12

STOFFE

Die Vorhänge sind aus flammendrotem Leinen mit in Samt applizierten Zweigen in wilder Aster (5). Auf dem honigfarbenen Sofa aus gebürsteter Baumwolle (6) liegen Kissen aus flammendroter Seide (7) und mit kräftigen Streifen (8). Die Stühle erhalten einen Baumwollbezug in wilder Aster (9).

FUSSBODEN

Linoleum (10) lädt zum Barfußlaufen ein und ist eine hübsche und praktische Wahl für Familienzimmer und gemütliche Wohnzimmer. Ebenso ansprechend ist ein Gummiboden, der zu hohem Glanz poliert werden kann (11). >>

Lebendig

Mardi gras

Üppige Farbtöne leuchten in einem sonnigen Wohnraumschema.

Würzige Farben verleihen Innenräumen einen unwiderstehlichen Überschwang. Kräftige Zitrustöne kommen am besten im warmen Klima zur Geltung, wo sie das helle Sonnenlicht ergänzen. Dieses Farbschema ist ideal für ein fröhliches Wohnzimmer, in dem die Sonne niemals untergeht.

FARBPALETTE
Weiße Wände sind ein frischer Hintergrund für Limone (1), Violett (2), Cognacbraun (3) und gebranntes Ocker (4). Setzen Sie mit diesen Farben zu gleichen Teilen kräftige Akzente vor den weißen Wänden und einem dunkelbraunen Fußboden.

13

14

>> Pflegeleichte Holzoptik in attraktiver schwarzer Walnuss (12) bietet ein Boden aus Vinyl. Eine luxuriöse Alternative ist ein geschliffener Kalksteinboden in sinnlichem Schokoladenbraun (13). Gewebtes Sisal in Korbflechttechnik (14) bietet eine rustikale Note.

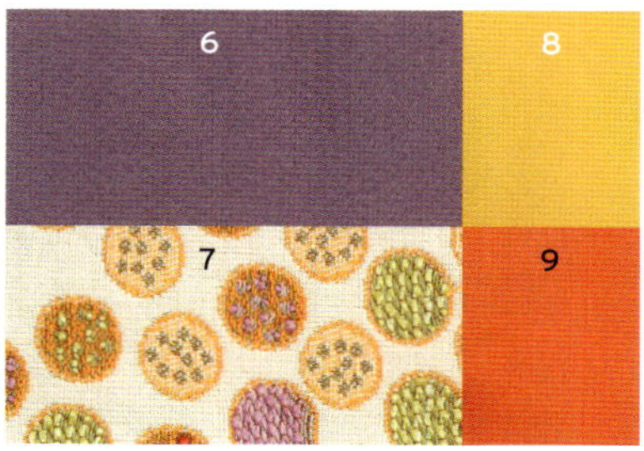

STOFFE
Hauchdünne gestreifte Vorhänge in Zitrusfarben (5) umfließen Terrassentüren. Kräftig violette gebürstete Baumwolle (6) auf Stühlen sorgt für Kühle. Ein Sofa in verspieltem Jacquard (7) erhält Kissen aus cognacbrauner gebürsteter Baumwolle (8) und Viskosetaft in gebranntem Ocker (9).

Lebendig

Mexikanische Rose

Eine sonnige Palette harmonischer, warmer Töne.

Dieses Schema ist eine hervorragende Wahl für Räume mit wenig natürlichem Licht, in denen leicht eine kalte und abweisende Atmosphäre entsteht. Es lässt ein Wohnzimmer warm und einladend wirken. Einfarbige Stoffe wirken interessanter durch subtile Ton-in-Ton-Muster.

FARBPALETTE
Honigfarbene Wände (1) und altweißes Holz holen die Sonne ins Haus. Wählen Sie Vorhänge aus warmen Tönen wie Orange (2) und Mohnrot (3). Neutrale dunkle Farbe wie Kakao (4) an Fußböden und Möbelstoffen erden das Schema.

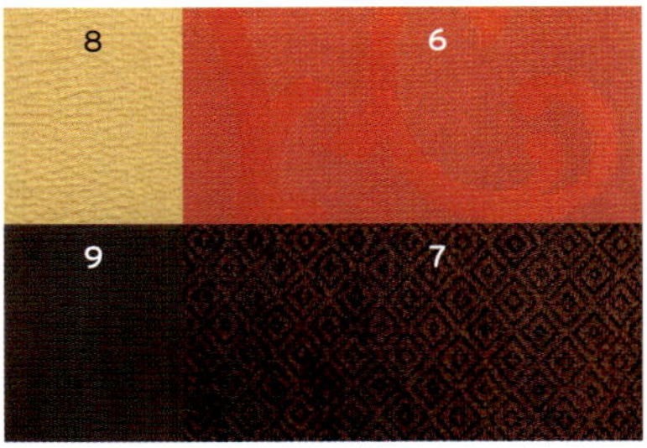

11

12

STOFFE
Das fließende Blumenmuster (5) der Vorhänge wird vom mohnroten Leinenbezug (6) der Stühle wieder aufgenommen. Kakaobraune Chenille mit eingewebtem Diamantenmuster (7) macht das Sofa interessant. Die Kissen sind aus honigfarbener Seide (8) und kakaobraunem Polyestertaft (9).

FUSSBODEN
Ein Bodenbelag aus hübscher schwarzer Walnuss (10) im Wohnzimmer ist beeindruckend. Ähnliche optische Effekte bietet Vinyl in Palisander-Optik (11). Sisal (12) wirkt sehr wohnlich und passt exzellent zu Stoffen mit Blumenmustern. >>

Lebendig

Weihnachts-kaktus

Rot- und Grüntöne stimulieren dieses Schema.

Die Paarung der Komplementärfarben Rot und Grün muss nicht allein Weihnachten vorbehalten sein. Ebenso ansprechend wirkt sie auf einem tropischen Blumenstoff, der in einem freundlichen Farbschema für ein Familienzimmer verwendet wird.

FARBPALETTE

Mohnrot (1) ist die lebhafte Akzentfarbe. Nüchternes Kaki (2) beruhigt, während Bitterschokolade (3) eine kräftige Neutralfarbe an Fußböden und Möbelstoffen ist. Wände und Holz in Porzellanweiß (4) sorgen für einen ruhigen Hintergrund.

13

14

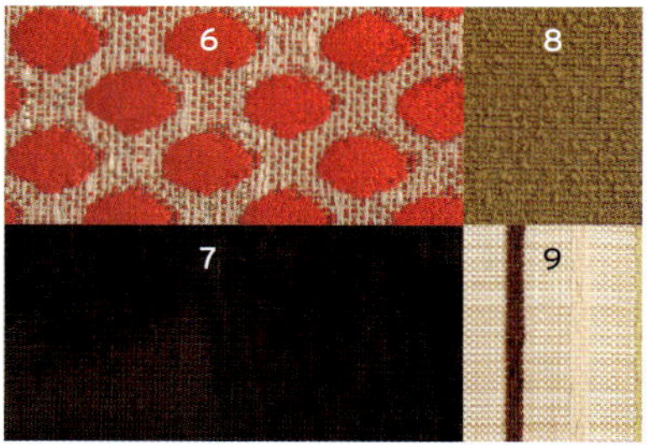

>> Wer Teppich vorzieht, findet in einem dicken Veloursflor (13) oder einer klassischen Rippe (14) eine Lösung mit ansprechender Textur.

STOFFE

Leinenvorhänge mit kräftigen Blumenmustern (5) inspirierten die Farben dieses Schemas. Samtkissen mit mohnroten ovalen Motiven (6) zieren das schokoladenfarbene Chenille-Sofa (7). Sanftes Kaki-Bouclé (8) auf Stühlen und gestreifte Baumwoll-/Polyesterkissen (9) mildern die Rottöne ab.

Graue & schwarze Fußböden

Oben: Ein schwarzer Wollteppich mit subtilem Stecknadelmuster in einer Kontrastfarbe passt gut zu diesem in dunklen Tönen gehaltenen Wohnzimmer.

Grau lässt sich mit jeder Farbe kombinieren, Schwarz mit Weiß ist ein Klassiker.

Im Uhrzeigersinn von oben links: Ein traditionell gemusterter Teppich zu einer ultramodernen Einrichtung wirkt modern. Diagonal verlegte Vinylfliesen in Schieferoptik lassen ein kleines Bad größer wirken. Ein Teppich mit einem grau-beigefarbenen Muster verleiht einem zurückhaltenden Schlafraumschema eine künstlerische Note.

Neutral

Schatten-blumen

Schattenhafte Blumen inspirieren ein subtiles Schema.

Arbeitet man mit einer begrenzten, neutralen Palette, kann man bei der Auswahl der Stoffe ruhig etwas kühner sein. Mischen Sie Blumen, Streifen, Punkte und Farbflächen selbstbewusst, aber beschränken Sie sich auf neutrale Farbtöne. Mischt man Grau und Taupe, sollte das Grau ein wenig Gelb enthalten.

FARBPALETTE
Taubengrau (1) passt gut zu Rehbraun (2), beides warme, neutrale Farben. Der Raum wird mit Wänden und Holz in Warmweiß (3) aufgehellt. Schwarz (4) sorgt auf Vorhängen für kräftige Akzente.

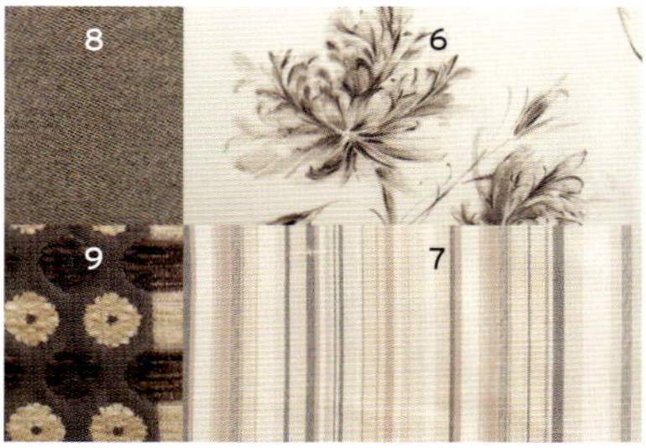

11

12

STOFFE
Vorhänge mit Blumenapplikationen aus Samt (5) bilden den Hintergrund. Kissen mit Blumendruck (6) werden durch gestreifte Seidenkissen (7) ergänzt. Ein Sofa in Baumwolle in Rehbraun und Grau (8) ist elegant. Chenille mit Kreismotiven (9) ergibt schöne Stuhlbezüge.

FUSSBODEN
Korkfliesen in einem warmen Stahlton (10) sind praktisch und fußwarm zugleich und damit eine exzellente Wahl für Familienräume. Pflegeleichte Steinoptik bieten auch Keramikfliesen mit Steineffekt (11). >>

Neutral

Waldteich

Uferfarne inspirieren dieses freundliche Schema.

Sanftes Taupe und mildes Grau vereinen sich zu einem ruhigen Schema für den Wohnbereich. Mischen Sie feste, weiche, glänzende und maßgeschneiderte Stoffe, und Ihre Texturen sorgen für eine interessante optische Vielfalt.

FARBPALETTE

Warmes Taupe (1) und Rehbraun (2) liefern die sanft-neutrale Basis. Rehbraune Wände und Holz in Warmweiß wirken hochmodern. Schwarze (3) und braun-schwarze Akzente sorgen für Tiefe. Taubengrau (4) ist der perfekte Partner für die Taupe-Töne.

13

14

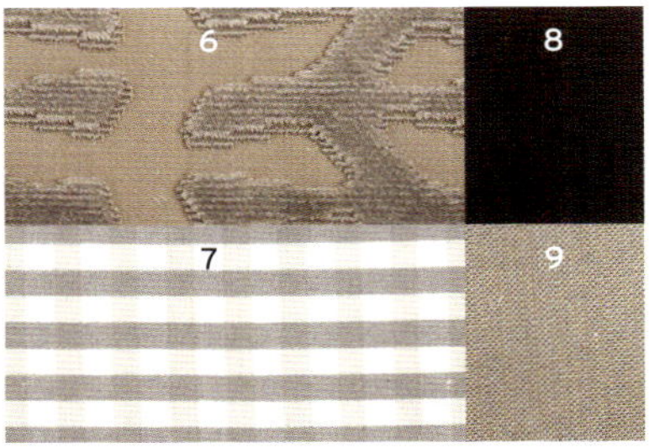

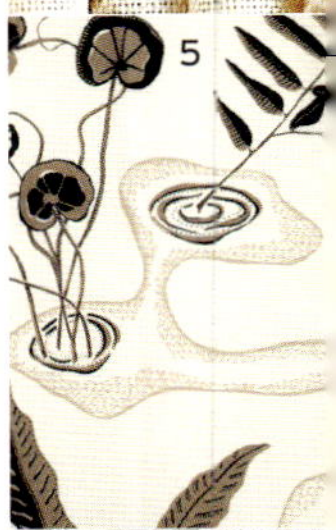

>> Glänzender schwarzer Granitboden (12) wirkt äußerst mondän. Ein Wollteppich mit dichten Schlingen (13) macht sich gut in Wohn- und Schlafzimmern. Eine robuste Alternative ist ein flach gewebter Teppich aus Wolle und Leinen (14).

STOFFE

Mit Farnen und Wasserpflanzen bedruckte Leinenvorhänge besitzen einen charmanten Retro-Stil (5). Stühle aus Flachchenille im gleichen Farbton (6) setzen das Farn-Thema fort. Kissen aus taubengrau und weiß karierter Seide (7) und braunschwarzem Samt (8) geben dem Sofa in Taupe (9) Stil.

Neutral

Havanna

Frisches Leinen und rauchige Töne evozieren Bilder vom alten Havanna.

Großzügige Blumenmuster können auf einem Sofa, das Mittelpunkt der Einrichtung ist, herrlich aussehen. Ein solch kühnes Möbelstück sollte von Vorhängen in uni oder mit feinem Streifenmuster eingerahmt sein. Rauch- und Tabakfarben schaffen eine neutrale Atmosphäre von entspannter Raffinesse.

FARBPALETTE
Warme Grautöne sind die geheime Zauberformel eines Innenausstatters. Farben wie Nickel (1) und Schattengrau (2) sind sehr wohnlich. Rohrzuckerbraun (3) setzt warme Akzente. Für Helligkeit an Wänden und Holz sorgen subtile Ekrü-Töne (4).

11

12

STOFFE
Die Leinenvorhänge haben Streifen in Schattengrau (5). Rauchgraue Pfingstrosen auf hellem Leinen (6) zieren das Sofa. Die Kissen sind aus Seide mit Karos (7) und Baumwoll-/Viskose-Plissee in warmem Braun (8). Stühle mit Diamantenmuster (9) führen einen weiteren Braunton ein.

FUSSBODEN
Teppiche mit grober Struktur in warmem Grau (10) sind eine komfortable, robuste Wahl für Schlaf- und Wohnräume. Schick ist auch ein zweifarbiger Wollteppich in Schattengrau und Ecru (11). Dunkelgraue Korkfliesen (12) eignen sich für Familienzimmer. »

Neutral

Silbriges Blatt

Zarte Blätter, umgeben von silbergrauen Tönen, bilden ein sanftes Schema.

Für einen Raum, der vor allem der Ruhe und Entspannung dient, sind Grau und Braun die ideale Wahl. Diese mondäne Farbkombination eignet sich vor allem für Räume, in denen sich Erwachsene aufhalten, beispielsweise ein Fernsehraum, in dem die gedeckten Töne einen Hafen der Ruhe erstehen lassen.

FARBPALETTE

Der silberne Hauch von Bimsgrau (1) liefert die Basis für dieses ruhige Farbschema. Freundliches Buttercreme (2) wirft einen goldenen Glanz auf die Wände. Akzente von Rohrzuckerbraun (3) und Bitterschokolade (4) sorgen für freundliche Wärme.

13

14

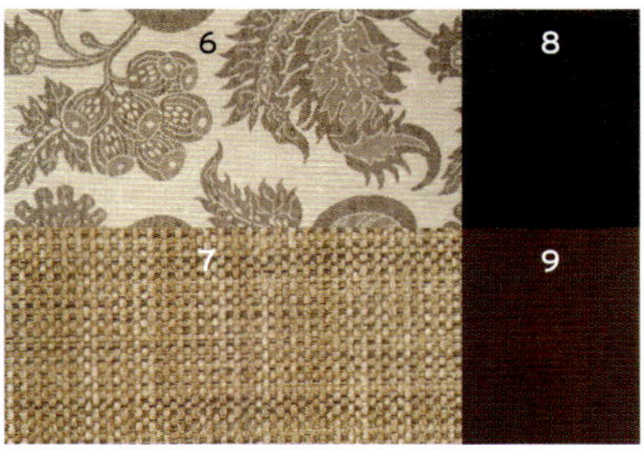

›› Grau-Taupe polierter Kalkstein (13) ist wunderschön in Wohn- und Esszimmern sowie in Eingangsbereichen. Den hochmodernen Look von Stahl kombiniert mit angenehmer Fußwärme bieten Vinylfliesen in Stahloptik (14).

STOFFE

Die Vorhänge sind aus cremefarbenen Leinenstoffen mit Blumendruck in Grautönen (5). Stuhlbezüge aus grauem Jacquard (6) setzen das Thema fort. Dazu passt ein Sofabezug aus Baumwoll-Chenille in gedeckten Tönen (7) sowie Kissen aus dunkelbraunem Samt (8) und Alcantara (9).

Kühl

Fruchtgummi

Purzelndes Fruchtgummi inspiriert ein humorvolles Farbschema.

Kinderzimmer stattet man am besten mit robusten Baumwollstoffen aus und dieses fröhliche Fruchtgummi-Design ist unwiderstehlich. Es eignet sich für Vorhänge oder Raffrollos in einem von der ganzen Familie genutzten Raum, für Möbelstoffe oder als lustige Tagesdecke in einem Kinderzimmer.

FARBPALETTE
Das Aschgrau (1) und das Wiesengrün (2) des Fruchtgummi-Motivs wird von den Möbelbezügen wieder aufgenommen. Bergsee (3) sorgt für Kühle, während Weinrot (4) einen stimulierenden Farbakzent setzt.

11

12

STOFFE
Dieser Baumwollstoff im Fruchtgummi-Design (5) ist verspielt. Ein Sofa-Überwurf aus aschgrauem Moleskin (6) harmonisiert mit Stuhlbezügen aus wiesengrüner Chenille (7). Kissen, im gleichen Ton (8) und aus kräftigem, weinrotem Cord (9), schaffen einen farblichen Ausgleich.

FUSSBODEN
Ultraweiches, gepolstertes Vinyl (10) ist das perfekte Material für Kinderzimmer. Ein diagonal gestreifter gewebter Wollteppich (11) bietet eine attraktive Alternative. Dieses Keramikfliesen in Kalksteinoptik (12) sind optimal für viel genutzte Bereiche. >>

Kühl

Blaue Laube

Erfrischende Blau- und Grautöne verleihen moderne Eleganz.

Flammendes Blumendesign bringt Energie in ein reduziertes Wohnraum-Schema. Ähnlich wie moderne Kunst antike Möbel besonders zur Geltung bringt, so hebt das lebhafte organische Muster das maßgeschneiderte Leinen und die Seide in gedeckten Tönen, Favoriten eines modernen Schemas, hervor.

FARBPALETTE
Verschiedene Blauschattierungen erzählen die Farbgeschichte: Blaugrünes Ozean (1), Karibisch Blau (2) und Blassblau (3) bilden ein nuanciertes Schema. Dunkles Kohlebraun (4) eignet sich als neutraler Möbelbezug.

13

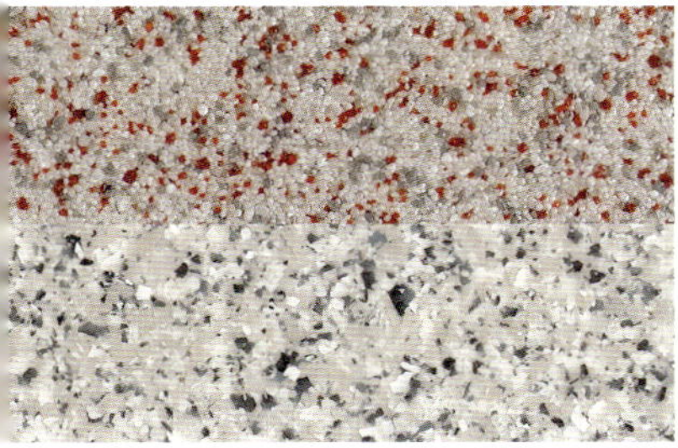

14

>> Eine etwas ausgefallenere Lösung ist ein Gießharzboden. Dieses rot gefleckte Gießharz (13) passt ideal zum Fruchtgummi-Schema, während Gießharz in Grau, Taupe und Creme (14) eine gute Wahl für das Schema Blaue Laube darstellt.

STOFFE
Der Vorhangstoff aus Leinen/Baumwolle (5) ist mit Fantasieblumen bedruckt. Graue Chenille (6) ist angenehm weich auf einem Sofa. Kohlegraues Leinen (7) macht sich gut an Sesseln. Kissen aus Seide in Karibisch Blau (8) und Viskose/Baumwolle in Blassblau (9) wirken luxuriös.

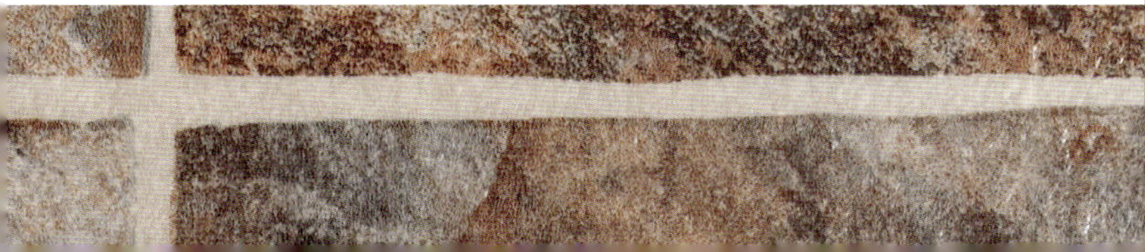

Kühl

Kreise und Spiralen

Kreise und Spiralen sorgen für geballte Energie.

Stoffe mit grafischen Mustern voller Dynamik inspirieren dieses extrovertierte Wohnraumschema. Dieses Innendekor eignet sich für eine moderne Lebensart reinster Ausprägung.

FARBPALETTE
Taubengrau (1), Schiefer (2) und Nebel (3) vereinen sich zu einem monochromen, tonalen Schema für hochmoderne Interieurs. Nebelgrau an Wänden und weißes Holz bildet einen subtilen Hintergrund. Kaki setzt wärmende Akzente (4).

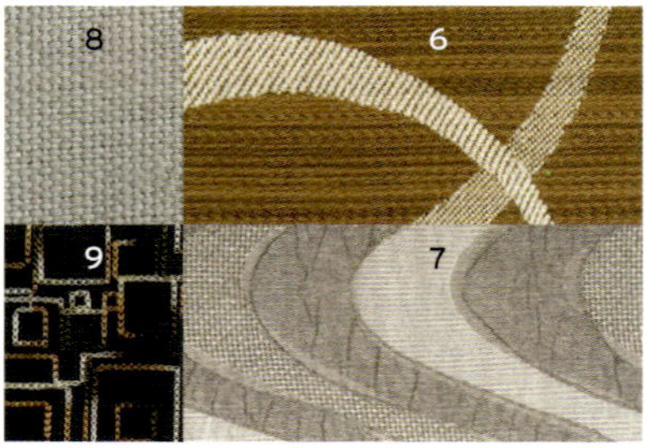

STOFFE
Hauchdünnes Leinen (5) ist ideal für Vorhänge. Das grafische Thema wird von Stuhlbezügen aus Wolle/Mohair in Kakiton (6) und grauen Polyesterkissen (7) sowie einem Sofa in taubengrauem Leinen (8) mit Polyesterkissen mit Stickerei in Computerchip-Design (9) fortgeführt.

11

12

FUSSBODEN
Ein geschliffener Schieferboden (10) ist ebenso reizvoll in traditionell wie in modern eingerichteten Räumen. Keramikfliesen mit Kalksteinoptik (11) sind besonders für ein modernes Wohnzimmer geeignet. »

Kühl

Meeressand

Sandige Farben, Rosen und Hortensien erinnern an einen Garten an der Küste.

Sinnliche Blüten in erdigen Tönen wie Taupe und Meerblau schaffen eine Atmosphäre von Ruhe und Raffinesse. Dieses vielseitige Schema eignet sich gleichermaßen für eine traditionelle wie für eine moderne Einrichtung.

FARBPALETTE

Die subtilen Töne Borke (1) und Rehbraun (2) liefern die Grundstimmung für dieses Wohnraum-Schema. Ruhiges Ekrü (3) ist eine gute Wahl für Wände und Holz. Elemente in Aquamarin (4) setzen kühle Akzente.

13

14

›› Pflegeleichtes Linoleum (12) und geripptes Vinyl mit Metalleffekt (13) sorgen in Küchen und Familienzimmern für Fußwärme. Schlingenware aus Wolle mit ungewöhnlicher Textur (14) ist eine robuste Alternative für Schlafzimmer und Wohnbereiche.

STOFFE

Vorhänge aus Chintz in Taupe-Schattierungen (5) wirken modern. Strukturierte Chenille in Borke, Rehbraun und Aquamarin (6) ist perfekt für ein Sofa. Die Kissen sind aus besticktem Seidentaft (7) und Baumwoll-/Viskosegemisch in Borke (8). Stühle erhalten gedeckte Borken- und Ekrü-Töne (9).

Warm

Schwarze Magie

Schwarz, Weiß und Rot strahlen kühlen Glamour und große Dramatik aus.

Schwarz ist ein Farbton ohne Kompromisse. Es verleiht einem aussagekräftigen Innendekor eine höchst dramatische Note. In Verbindung mit Weiß und Rot wirkt es wie ein K.O.-Schlag.

FARBPALETTE

Dieses Farbschema gründet auf Schwarz (1). Elfenbeinweiß (2) an Wänden und Holz mildert seine Wirkung. Mit Schattengrau (3) kommt eine weitere, subtile dunkelgraue Note ins Spiel, während Rosenrot (4) dem Schema Wärme verleiht.

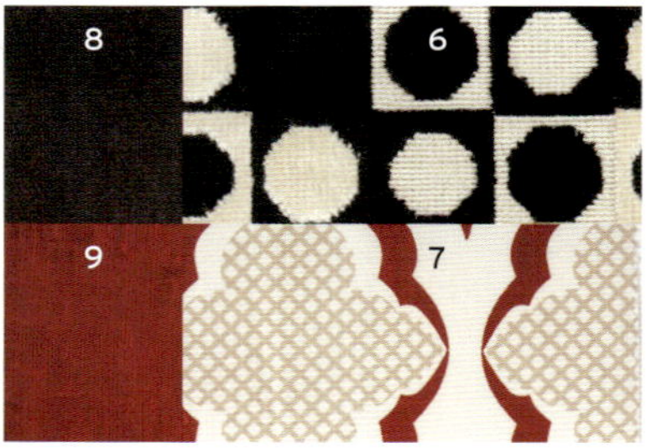

11

12

STOFFE

Tintenschwarze Filzvorhänge mit weißen Bänderspiralen (5) bilden den grafischen Hintergrund. Das Sofa ist mit Flachchenille mit Kreismotiven (6) bezogen, ein Stuhl mit Leinen in Rot, Weiß und Taupe (7). Kissen in schattengrauem Mohair (8) und rotem Pannesamt (9) fügen Textur hinzu.

FUSSBODEN

Ein gestreifter, flach gewebter Teppich (10) sorgt für einen schönen Kontrast zu den Vorhangstoffen. Grau-Taupe polierter Kalkstein (11) ist eine Alternative in einem modernen Ambiente. Dieser Marmorboden in Schattengrau und Schwarz (12) bringt Glamour in einen Wohnbereich. >>

Warm

Mitternachts-rose

Vom Mondlicht geküsste Rosen wirken modern.

Stoffe mit Blumenmuster benötigen keine leuchtenden Farben. Dieser mit stilisierten Blumen bedruckte Vorhangstoff wirkt gerade wegen seiner Palette von Grau- und Schwarztönen äußerst modern. Warmes Weinrot im Stoff inspiriert die Akzentfarbe des Schemas.

FARBPALETTE
Warme Grauschattierungen wie Bimsgrau (1) und Schiefer (2) geben diesem auffälligen Schema ein wenig Ruhe. Stilisierte schwarze Rosen (3) auf dem Vorhangstoff wirken kraftvoll. Weinrote Kissen (4) nehmen die warmen Rottöne des Vorhangs auf.

13

14

>> Als Bodenbelag für Familienräume sollte man robuste Korkfliesen (13) in Betracht ziehen. Diese hübsche Schlingenware (14) sieht in traditionellen wie in modernen Schlafzimmern und Wohnbereichen großartig aus.

STOFFE
Das florale Thema der Vorhänge (5) wird vom Stuhl neben dem Bett in grauem Filz mit Stickerei (6) fortgesetzt. Dazu passt ein Leinen-Bettüberwurf mit Punkten. Die Kissen auf dem Bett sind aus karierter Baumwolle (8) und grauer, strukturierter Seide (9).

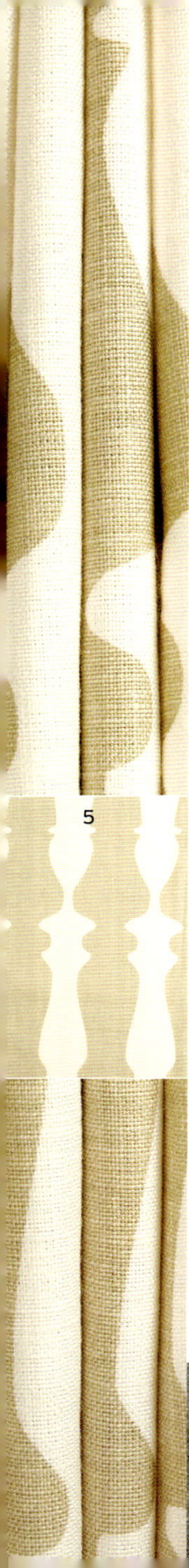

Warm

Architektonische Details

Grafische Muster strahlen Extravaganz aus.

Große grafische Muster bringen kraftvolle Energie in moderne Interieurs und bewahren Farbschemata vor Einförmigkeit. Verwendet man mehrere Muster, sollten sie sich in Größenverhältnissen und Thema gleichen. Eine Palette gedeckter Farben hält die kräftigen Muster zusammen.

FARBPALETTE
Eine zurückhaltende Farbpalette hält kühne in Schach. Warmes Taupe mit Grünton (1) und Elfenbeinweiß (2) bilden die Basis des Schemas. Akzente in Taubengrau (3) und Borke (4) bringen Spannung. Wände und Holz werden elfenbeinweiß gestrichen.

11

12

STOFFE
Der Vorhang besitzt ein kurvenreiches Säulenmotiv (5). Ein Stuhl wird im Stil der 1960er-Jahre bezogen (6). Ein Ruhepol ist das Sofa aus Baumwolle in warmem Taupe (7). Für weitere interessante Optik sorgen Kissen aus taubengrauer Seide (8) und bedrucktem Leinen (9).

FUSSBODEN
Im Gittermuster verlegter, metallicgrauer, dickschichtiger Vinylboden (10) sieht in modernen Interieurs großartig aus. Eine moderne Alternative bietet hochglänzendes Gießharz (11), das fugenfrei verlegt werden kann. Diese Keramikfliesen gleichen Schiefer in Optik und Haptik (12). ››

Warm

Erdbeerfelder

Psychedelische Blumen inspirieren ein verspieltes Farbschema.

Cartoonähnliche Blumen in den zurückhaltenden Nuancen Perlweiß, Grün und Rot inspirieren dieses leichtfüßige Design. Ob in Wintergarten, Küche oder Familienzimmer – dieses Schema eignet sich für jeden Raum, in dem sich die Familie zu vergnügtem Beisammensein trifft.

FARBPALETTE
Weinrot (1) und Farngrün (2) bilden diese Komplementärfarbenpalette. Perlweiß (3) ist ein kräftiger, warmer Ton für die Wände. Elfenbeinweiß (4) an Holz bringt Frische und stellt eine optische Verbindung zu den weißen Blumen des Stoffes her.

13

14

» Ein veilchenfarbener Tuftingteppich aus Wolle (13) ist eine ansprechende und komfortable neutrale Basis, während Sisal im Silberton (14) ein sehr moderner natürlicher Belag ist.

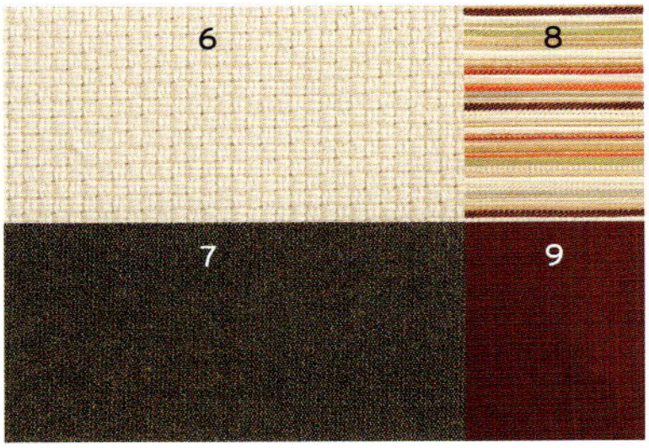

STOFFE
Dieser Baumwolldruck (5) ergibt schöne Vorhänge. Baumwollgewebe in Perlweiß (6) auf dem Sofa lässt den Raum größer wirken. Die Kissen sind aus farngrünem Polyestertaft (7) und Baumwoll-Ottomane in Weinrot, Farn und Perlweiß (8). Die Stühle haben einen weinroten Bezug (9).

Lebendig

Limonengrüne Spirale

Limonengrüne Spiralen schaffen eine würzige Note.

Ein kräftiger Schuss saftige Limone weckt die Sinne. Kleine Farbflächen entfalten bereits eine große Wirkung, weswegen es sich als Akzentfarbe für moderne Wohnbereiche mit kühnem Design eignet. Streicht man eine Wand in Bergsee, fügt man einen weiteren modernen Farbton hinzu.

FARBPALETTE
Neutrale Töne wie Bimsgrau (1) und Borke (2) sind ein guter Ausgangspunkt für Schemata mit einer kräftigen Akzentfarbe wie Limone (3). Kühles Bergsee (4) dient als farbliche Brücke.

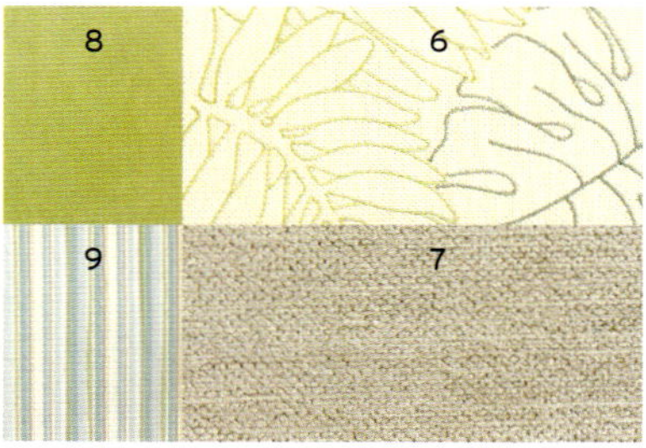

11

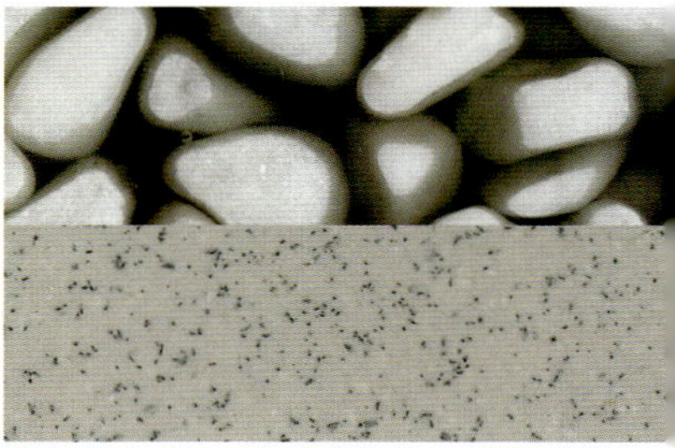

12

STOFFE
Leinenvorhänge mit Spiral- und Kreisdruck (5) wirken modern. Ein Baumwollgewebe mit Blattmotiv (6) auf einem Stuhl findet sein Gegengewicht im Sofa in bimsgrauer Chenille (7). Darauf liegen Kissen aus limonenfarbenem Polyestertaft (8) und gestreiftem Polyester-/Baumwollstoff (9).

FUSSBODEN
Dieser Vinylboden mit Kreismotiven in Metallic-Optik (10) passt perfekt zu den modernen Kreisen und Spiralen. Graue Harzfliesen mit eingelassenen Kieseln (11) sind eine die Blicke auf sich ziehende Alternative. Hochmodern ist fugenfreies Gießharz (12). ››

Lebendig

Achterbahn

Dynamische Loops schaffen eine energiegeladene Stimmung.

Seit den 1970er-Jahren haben Stoffe nicht mehr so viel Spaß gemacht. Die neue extrovertierte Stimmung zeigt sich in Stoffen, deren explosive Muster eine ungebremste Vitalität ausstrahlen.

FARBPALETTE

Neutrales Taubengrau (1) und kühles Eisblau (2) mildern die ungestümen Stoffmuster. Kräftiges blaugrünes Pfau (3) fügt hingegen weitere stimulierende Akzente hinzu. Würziges Limonengrün (4) sorgt für pulsierendes Leben.

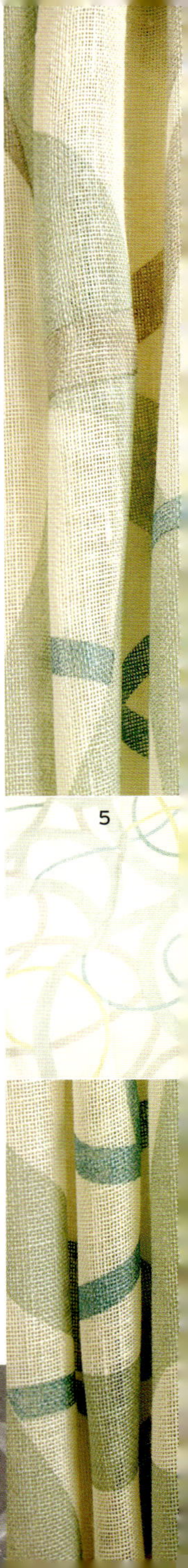

13

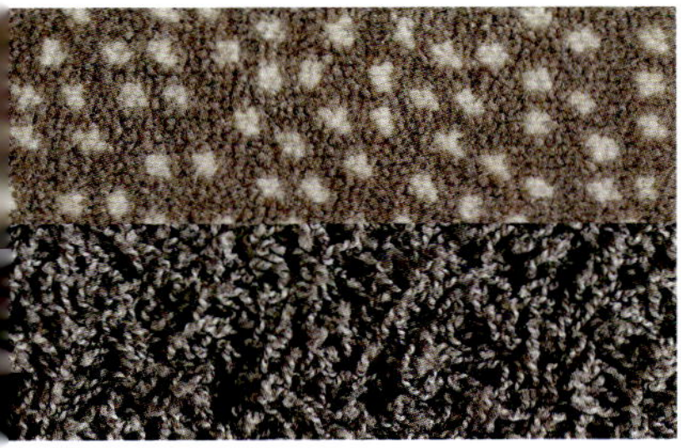

14

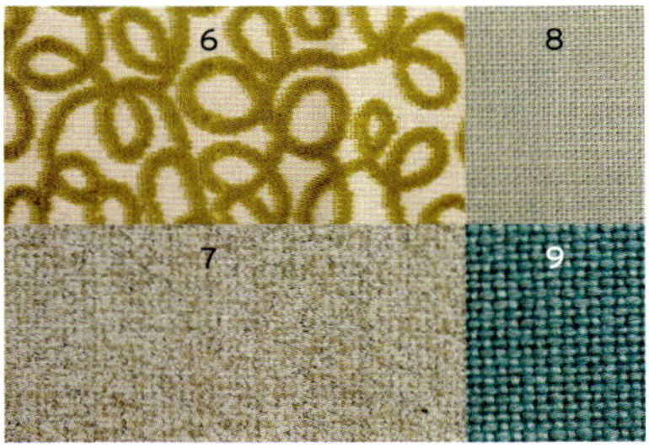

>> Teppich erlebt in der Inneneinrichtung heute ein großes Comeback. Ein gefleckter, gewebter Wilton (13) oder ein flauschiger, veilchenfarbiger Tuftingteppich (14) sind der letzte Schrei.

STOFFE

Mit Kreismotiven bedrucktes Leinen (5) passt zu modernen Fenstern. Chenille mit Loops in Limone (6) auf einem Stuhl und auf Kissen findet in einem Sofabezug aus grauer Wolle (7) ein Gegengewicht. Sofakissen aus Leinen in Eisgrau und Pfau (8, 9) wirken ausgleichend.

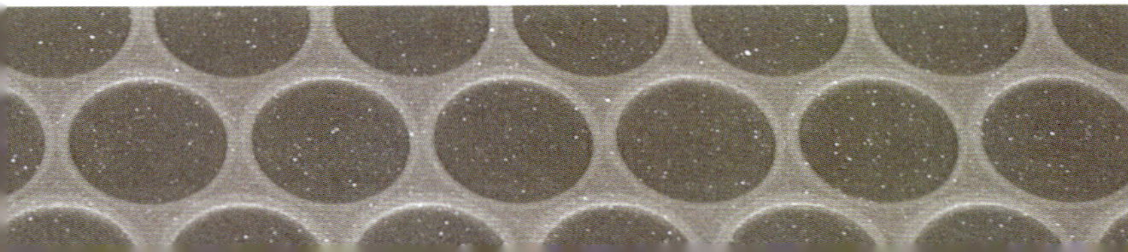

Lebendig

Santa Fe

Taupe und Orange erinnern an Sonnenuntergänge in der Wüste.

Orange wirkt in einem neutralen modernen Schema äußerst belebend. Es schafft Wärme und bringt Energie in einen mondänen Wohnbereich für Erwachsene.

FARBPALETTE

Die ins Thema Wüste passenden Farben Rehbraun (1) und Bronze (2) werden durch Akzente in Mandarin (3) modernisiert. Dramatisch wirkt ein schwarzer (4) Boden. Wände in Rehbraun und Holz in Altweiß bilden den Hintergrund.

STOFFE

Naturleinen in Rehbraun mit Stickerei in Mandarin (5) rahmt die Fenster. Stühle in orangefarbenem Alcantara (6) und ein Sofa in Baumwolle/Chenille mit Streifendesign (7) fügen Texturen hinzu. Kissen in Seide (8) und in Polyester in Rehbraun, Schwarz und Creme (9) sorgen für Glamour.

11

12

FUSSBODEN

Schwarzer, polierter Schieferboden (10) wirkt in modernen Wohnbereichen sehr dramatisch. Keramikfliesen in Schieferoptik (11) sind eine pflegeleichte Option für Familienräume. Schwarzes Leder (12) ist ein luxuriöse, moderne Alternative. >>

Lebendig

Orangefarbene Würze

Spritzige Orangetöne stimulieren die Sinne.

Temperamentvolles Orange ist eine großartige Wahl für belebte Familienräume. Als Akzentfarben setzen seine anregenden Schattierungen süß-saftige Farbtupfer.

FARBPALETTE

Mandarin (1) steht in diesem belebenden Schema ungeniert im Mittelpunkt. Wände in Rehbraun (2) und ein Sofa in dunklem Schattengrau (3) halten es unter Kontrolle. Erfrischende Schattierungen von Bergsee (4) wirken als kühle Komplementärfarbe.

13

14

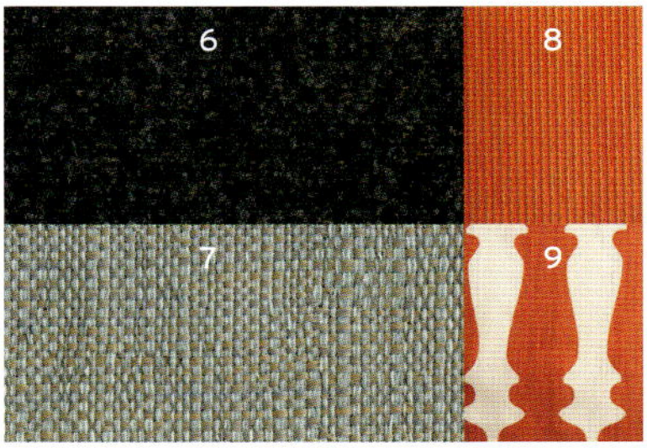

» Linoleum mit Krokodilsmuster (13) ist eine wunderschöne und strapazierfähige Alternative. Schlingenware (14) in kräftigem Schwarz ist provokativ und ansprechend zugleich.

STOFFE

Das gestreifte Leinen (5) ergibt schöne Vorhänge. Ein Sofa in schattengrauer Wolle (6) erdet. Kissen aus Polyester/Baumwolle in Bergsee (7) und fein gerippter Chenille in Mandarin (8) nehmen die Vorhangtöne auf. Ein Sessel wird mit bedrucktem Leinen (9) bezogen.

Teil 2: Zusatzfarben

Ein farbenfroher Bodenbelag wirkt ansprechend und kann mit den unterschiedlichsten Materialien, von Linoleum über Keramik bis zu Teppich, realisiert werden.

Rote Fußböden

Oben: Ein dunkelbraunes Rechteck in der Mitte des Raums wird durch einen breiten roten Rand eingefasst, der Energie in ein neutrales Farbschema bringt.

Ein roter Fußboden verleiht jedem Raumschema ein hohes Maß an Vitalität.

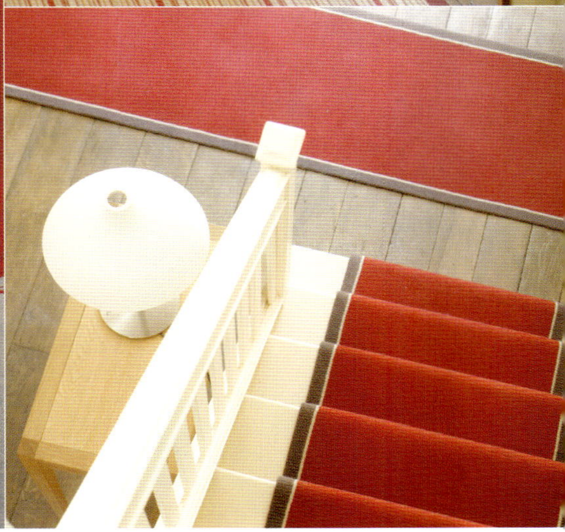

Im Uhrzeigersinn von links: Das vielseitige Linoleum lässt sich zu jedem gewünschten Muster zuschneiden. Ein Hauch von Rot im flach gewebten Teppich stellt eine optische Verbindung zur kräftig roten Einfassung der Vorhänge her. Flach gewebte Läufer aus dunkelroter Wolle auf der Treppe und im Flur sorgen für eine lebhafte Note.

Neutral

Saftige Erdbeeren

Fruchtige Akzente durch Erdbeeren.

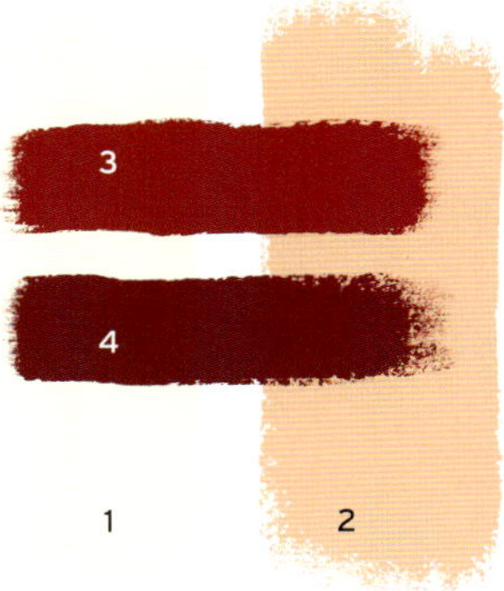

Rot belebt jeden Raum. Es liefert eine dynamische Folie für dieses neutrale Schema aus Cremetönen und Taupe. Schon wenig Rot hat eine starke Wirkung. Rote Fußböden sollte man deshalb durch neutrale Wände und Möbelstoffe ausgleichen. So entsteht ein ansprechendes Schema für einen heiteren Wohnraum.

FARBPALETTE
Warmweiß (1) an Wänden und Holz sorgt für eine frische Stimmung. Wärmer wirkt Sand (2) als Wandfarbe mit Warmweiß an Holz. Kräftiges Mineralrot (3) und Beerenrot (4) sorgen für Prägnanz.

11

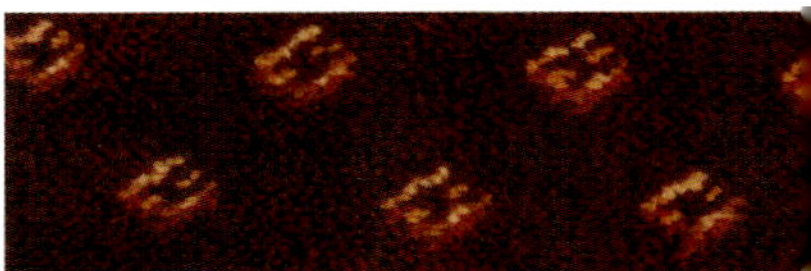

12

STOFFE
Leinenvorhänge mit Blumendruck in warmen Weiß-, Sand- und Rottönen (5) sind ein ausgezeichneter Ausgangspunkt. Sessel in gewebtem Leinen-/Baumwoll-Plaid (6) passen perfekt. Kühn wirkt ein Sofabezug in strukturierter roter Chenille (7). Die Kissen sind aus hübschem Viskose-Plaid (8) und witzigem Erdbeerdesign (9).

FUSSBODEN
Als strapazierfähiger, hübscher Bodenbelag für ein Wohn- oder Familienzimmer eignet sich ein in kräftigen Rottönen gestreifter, flach gewebter Wollteppich (10). Ein Wollteppich mit Diamant- (11) oder Pepitamuster (12) empfiehlt sich, wenn man sich einen warmen, weichen Untergrund wünscht. »

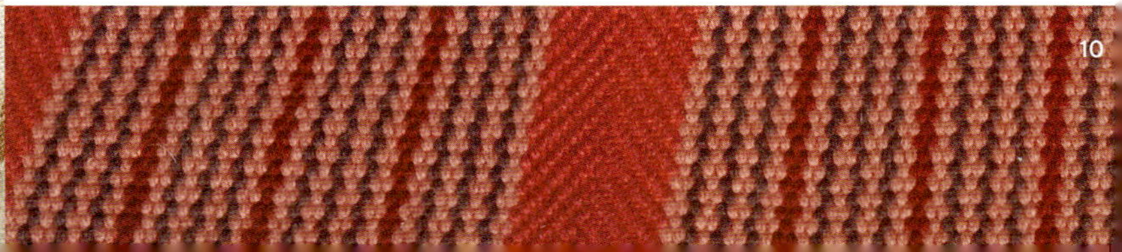

Kühl

Geishas

Ein charmanter japanischer Druck gibt einen verführerischen Ton vor.

Dieser reich dekorierte Stoff mit Geishas bringt einen Hauch von Orient in einen Raum. Das Muster schafft einen perfekten Ausgleich zum leuchtend rot gestreiften Teppich und liefert die Inspiration für eine kühle Farbpalette. Rote Elemente im Stoff stellen optische Verbindungen her.

FARBPALETTE

Wände in neutralem Sand (1) integrieren die lebhaften Vorhänge in den Raum. Holz und Decke in Altweiß sorgen für Frische. Sturmblau (2) in unterschiedlichen Schattierungen wirkt beruhigend. Die warmen Töne Honig (3) und Rosenrot (4) bringen Volumen.

13

14

>> Dieses warme und praktische natürliche Linoleum (13) ist eine hervorragende Wahl für Familienzimmer. Gussbeton (14) ist eine faszinierende Alternative für moderne Wohn- und Eingangsbereiche, Küchen und Bäder.

STOFFE

Bodenlange Vorhänge mit lebhaftem japanischem Druck (5) sind ein Blickfang. Ein großes Sofa in gewebter Chenille in Sturmblau und Honigton (6) und kräftig honigfarbene Chenille an Sesseln sorgen für eine heitere Atmosphäre. Kissen in Seidenplaid (8) und mit Kreismotiv (9) setzen sinnlich rote Akzente.

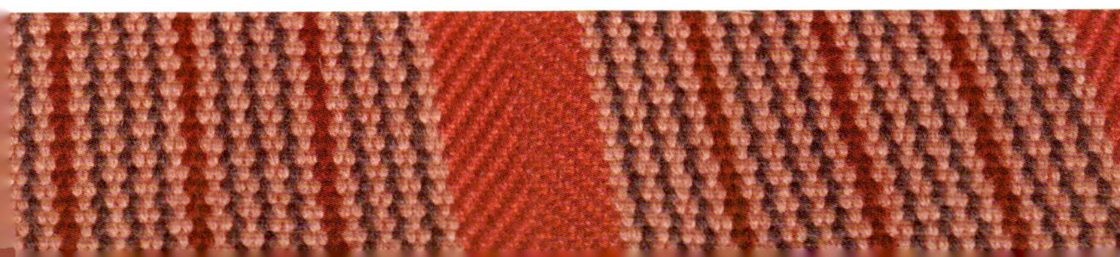

Warm

Schmetterlinge & Gänseblümchen

Dieses sommerliche Thema wirkt heiter.

Fröhliches Wiesengrün, Gold-, Malven- und Rottöne, Stühle mit Gänseblümchen in ausgefallenem Retrodesign und lebhafte Vorhänge mit verspieltem Schmetterlingsmuster schaffen eine sommerlich-heitere Atmosphäre. Die Stoffe müssen alle auf derselben ungewöhnlichen Farbpalette basieren.

FARBPALETTE

Saftige Töne wie Mineralrot (1) und Rote Bete (2) stellen die Basis für dieses einladende Schema. Gedecktes Kaki (3) bringt eine erdige Note ein, die durch leuchtendes Gold (4) als Akzentfarbe ergänzt wird. Wände und Holz werden altweiß gestrichen.

11

12

STOFFE

Ein Baumwoll-/Leinenvorhang mit einem solch lebhaften Druck (5) fällt ins Auge. Stühle mit Chenille in Gänseblümchen-Design (6) setzen das sommerliche Thema fort. Ein Familiensofa wird mit robustem Chenillegewebe im Streifenlook bezogen (7). Kissen aus Wollsatin in Kaki (8) und aus Leinen in Gold (9) setzen Akzente.

FUSSBODEN

Quarzböden gibt es in vielen verschiedenen Farben. Dieser kräftig rote Quarzboden (10) ist attraktiv und robust und damit praktisch für Familienräume oder Küchen. Gemustertes Gummi (11) und vielseitiges Linoleum (12) sind weitere praktische Böden für viel genutzte Räume. »

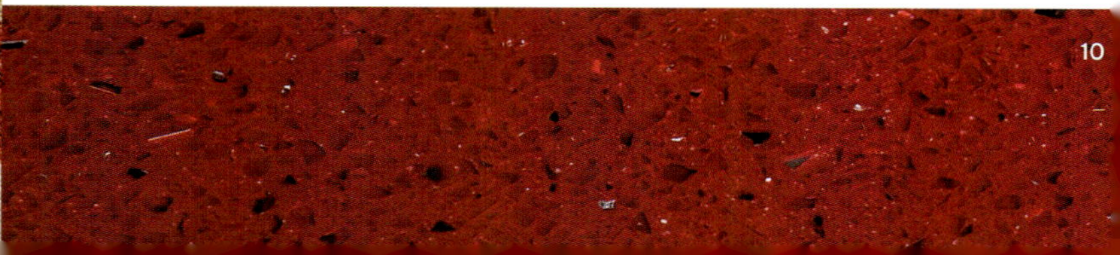

Lebendig

Marienkäfer

Entzückende Marienkäfer beleben dieses verspielte Raumschema.

Dieses freundliche Schema mit den Komplementärfarben Rot und Grün bietet eine Alternative zu den herkömmlichen Rosa- und Hellblautönen für ein Babyzimmer. Lebhaftes Limonengrün und Rot sorgen für Dynamik in diesem von sommerlicher Frische erfüllten Raum.

13

14

›› Ein dicker roter Schnittflorteppich aus Wolle (13) ist warm und weich unter den Füßen. Auch ein gewebter Wollteppich mit Rankenmotiv im Naturfaserlook (14) bietet angenehme Fußwärme.

FARBPALETTE

Wände und Holz in Elfenbeinweiß (1) bilden einen frischen, hellen Hintergrund. Würziges Limonengrün (2) wirkt aufheiternd, während das dunklere Kaki (3) beruhigt. Das komplementäre Mohnrot (4) sorgt für Intensität.

STOFFE

Ein lebhaft gestreifter Baumwollstoff (5) ergibt hübsche Vorhänge. Dieser Baumwollstoff mit Marienkäferdruck (6) lässt sich mit limonengrün-weiß gestreifter Baumwolle zu einer wendbaren Tagesdecke verarbeiten. Einen Stuhl mit Baumwollgewebe im Punktdekor (8) schmückt ein Kissen aus roter gebürsteter Baumwolle (9).

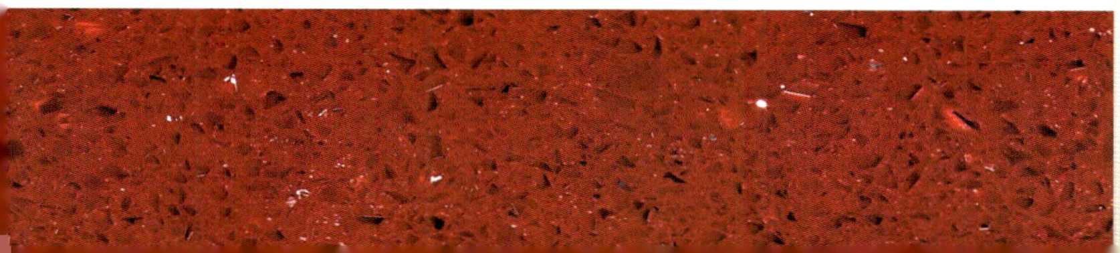

Neutral

Herrliche Magnolien

Sinnliche Blüten inspirieren ein heiteres Thema.

Große Muster ziehen unweigerlich die Blicke auf sich. Ein Baumwollgewebe mit üppigen Magnolienblüten gibt ein frisches, hübsches Frühlingsthema vor, das sich für einen klassisch-modernen Wohnraum eignet.

FARBPALETTE
Zartes Rosarot (1) ist die hübsche, frische Akzentfarbe. Die Wände werden in warmem Taupe (2), das Holz cremefarben gestrichen. Bitterschokolade (3) erdet das Schema, während Grüngold (4) das weiche Rosa auf erfrischende Weise ergänzt.

11

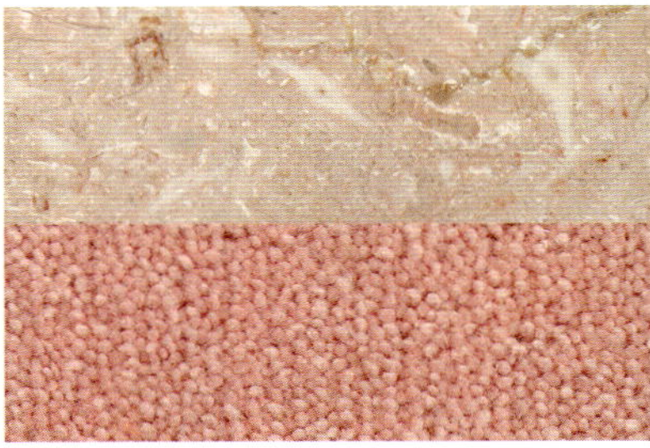

12

STOFFE
Bodenlange Vorhänge aus solch einem kühnen, großgemusterten Stoff (5) sind fantastisch. Luxuriöses Samt in Taupe (6) ziert ein elegantes Sofa, während grüngold gestreifte Chenille (7) auf Sesseln gut zur Geltung kommt. Kissen aus Samt in Bitterschokolade (8) und mit Herzmotiven (9) bringen Leichtigkeit.

FUSSBODEN
Ein hübscher Quarzboden in zartem Rosaton (10) ist ein attraktiver moderner Belag. Dieses Hochglanzmarmor in Pink (11) wirkt in Eingangsbereichen und Wohnzimmern äußerst elegant. Tuftingteppich aus Wolle (12) ist eine Lösung als weicher Bodenbelag. >>

10

Kühl

Pfingstrosen

Großzügige Pfingstrosen schaffen eine Atmosphäre von Überschwang.

Die Vielfalt der Rosatöne reicht von den wärmeren Schattierungen am einen Ende des Farbspektrums – man denke an Koralle oder Lachs – bis zu den kühleren Schattierungen am anderen, in Blau übergehenden Ende, wo sich das Rosa mit einem stetig größer werdenden Blauanteil zu Pink und Fuchsia verbindet.

FARBPALETTE

Pink mit Blauanteil gibt das Farbthema vor. Magenta (1) und Fuchsia (2) sind von dem rosa Quarzboden inspiriert. Wände und Holz in Ekrü (3) gleichen diese kräftigen Farben aus. Das weiche, kühle Bergseeblau (4) ist eine schöne Akzentfarbe.

13

14

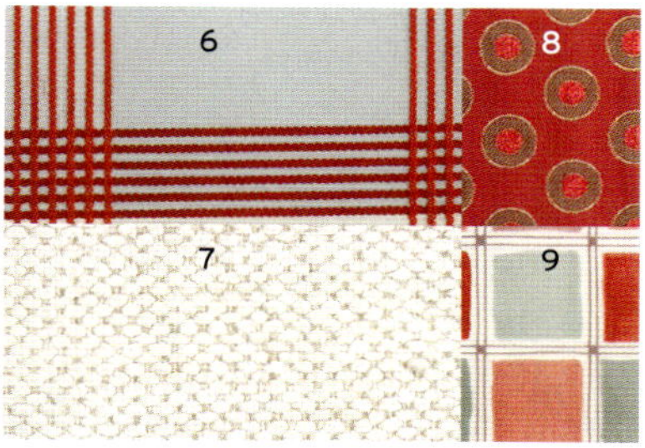

>> Ein dichter Veloursteppich in kräftigem Pink mit grün-goldenen Tupfen (13) ist ebenfalls eine gute Wahl, wenn man sich einen weichen Bodenbelag wünscht. Dieses moderne, strapazierfähige Vinyl mit Streifenmuster (14) eignet sich für Kinder- und Spielzimmer.

STOFFE

Wunderschön ist ein bodenlanger Vorhang aus Naturleinen mit Pfingstrosen (5). Ein Stuhl mit kühnem Baumwollkaro (6) wirkt als Gegengewicht. Das Sofa in luxuriöser Chenille in Ekrü (7) ist neutral gehalten. Kissen mit Kreismotiven in Fuchsia (8) und mit Baumwollkaros in Pink und Bergseeblau (9) setzen den lebhaften Stil fort.

Warm

Köstliche Frucht

Spritzige Zitrustöne sorgen für sinnliche Reize.

Dieses helle, lebhafte Schema ist maßgeschneidert für eine entspannte Wohnatmosphäre in einem warmen Klima. Die fruchtigen Farben sorgen dafür, dass in diesem freundlichen Wohnzimmer mit seinem munteren Design das ganze Jahr über Sommer herrscht.

FARBPALETTE

Warmes Korallenrot (1) entfaltet in sonnendurchfluteten Räumen eine herrliche Wirkung. Dazu passen Vorhänge in kräftigen Tönen wie Mandarin (2), Limone (3) und Zitronengelb (4). Wände und Holz in Weiß oder Altweiß wirken ausgleichend.

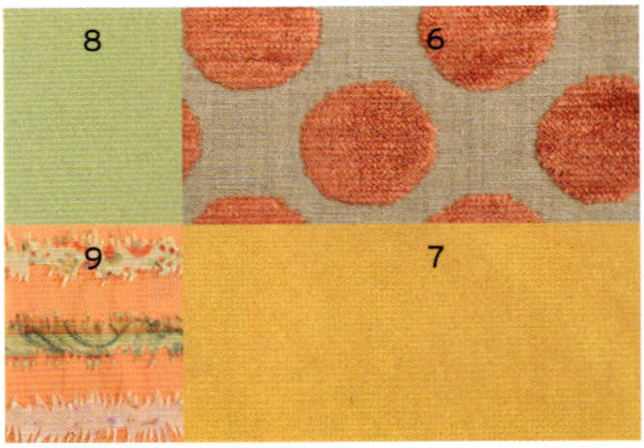

11

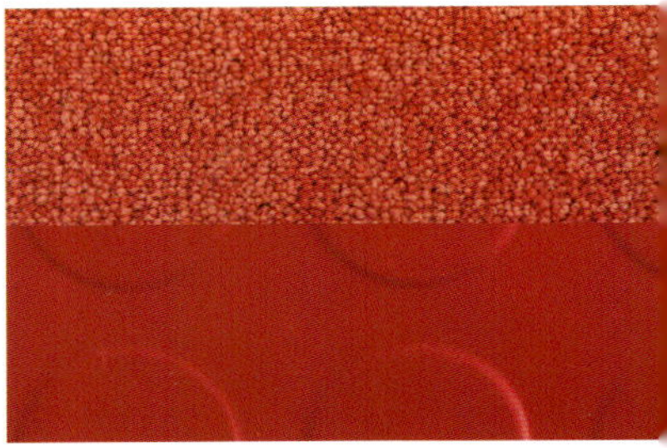

12

STOFFE

Dieser Baumwolldruck in spritzigen Zitrustönen (5) ergibt wunderschöne Vorhänge. Ein Stuhl wird mit Leinen in Taupe (6) mit korallenfarbenen Punkten aus Chenille bezogen. Das Sofa wird mit zitronengelbem Mohairsamt (7) bezogen. Die Kissen sind aus limonengrünem Filz (8) und Viskoseseide in Mandarin mit applizierten Streifen (9).

FUSSBODEN

Ein hochfloriger Velourssteppich in kräftigem Korallenrot (10) bringt einen Hauch Luxus in Wohn- und Schlafräume. Eine attraktive Alternative ist ein qualitativ hochwertiger Schnittflorteppich (11) aus Wolle und Nylon. Gummi (12) ist strapazierfähig, fußwarm und einfach zu reinigen. >>

Lebhaft

Ein Hauch von Indien

Pink- und Orangetöne aus Indien verleihen Würze.

Rothaarigen wird oft davon abgeraten, Pink zu tragen, weil verschiedene Rottöne angeblich nicht miteinander harmonieren. Die Farbpalette Indiens beweist das Gegenteil. Sind alle Farbtöne in gleichem Maße vertreten, schaffen ihre gegensätzlichen Klangfarben ein vibrierendes Gleichgewicht.

FARBPALETTE
Dieses extrovertierte Schema für einen glamourösen Wohnraum vereint anregendes Orange (1) und hinreißendes Fuchsia (2). Möbelstoffe in Rote-Bete-Ton (3) beruhigen, während spritziges Limonengrün (4) einen durchdringenden Akzent setzt.

13

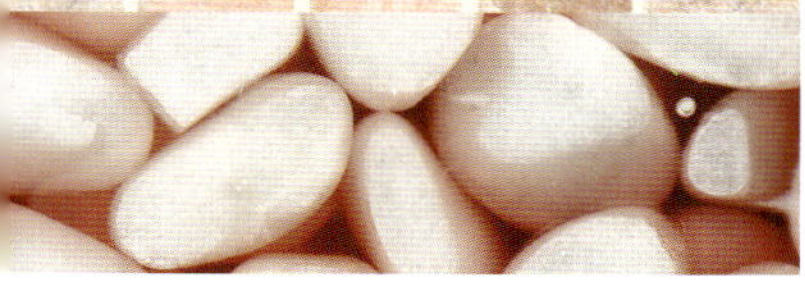

14

›› Dieses auffällige Mosaik aus rosafarbenem Rio-Ferrada-Schiefer (13) sieht in jedem Raum eines Hauses hübsch aus. Hersteller von Bodenbelägen entwickeln konstant neue aufregende Produkte; diese in eine rosa Harzschicht eingelassenen Kiesel (14) sind äußerst effektvoll.

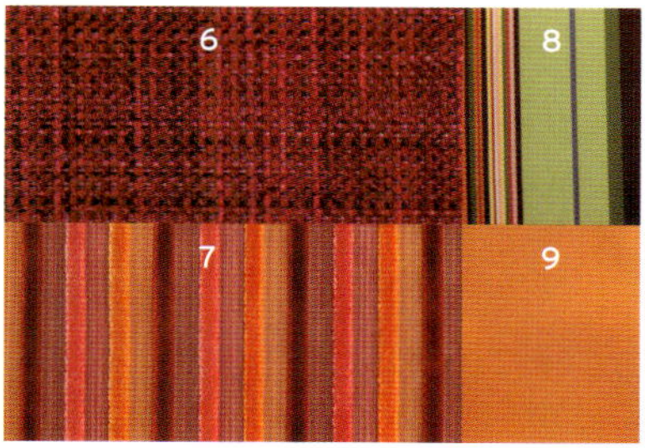

STOFFE
Bodenlange Vorhänge aus diesem schönen indischen Leinen-/Baumwolldruck wirken opulent. Als Sofabezug eignet sich Chenillegewebe in Rote-Bete-Ton (6), für Sessel luxuriös gestreifter Samt (7). Kissen mit Streifen in Limone, Pink und Roter Bete (8) und aus Seidenacetat in Orange (9) unterstreichen die Opulenz.

Neutral

Wau Wau!

Kecke Boxer beleben dieses traditionelle und doch verspielte Karo-Schema.

Wer wäre nicht erheitert beim Anblick zweier Sessel mit diesem charmanten Boxerdessin? Ein Interieur muss nicht immer ernst sein. Humoristische Stoffe oder ungewöhnliche Accessoires bringen eine verspielte Note und leichtfüßigen Charme in einen Raum.

FARBPALETTE

Die Wände in warmem, neutralem Perlweiß (1) sind mit einem altweißen Randstreifen eingefasst. Möbelbezüge in Toffee (2) wirken sehr freundlich. Tupfen in Rose (3) und Honig (4) setzen heitere Akzente in diesem vorwiegend neutralen Schema.

11

12

STOFFE

Baumwollvorhänge mit Karo- und Streifenmuster (5) schaffen eine Verbindung zu den beiden Ohrensesseln mit kariertem Baumwoll-Jacquard und Boxermotiven (6). Dazu passt ein Sofabezug aus Flachchenille in schottischem Karo (7). Die Kissen sind aus Baumwolle in Toffee (8) und Wollplaid in Rosa und Honig (9).

FUSSBODEN

Dieser Tuftingteppich aus Wolle mit Rankenmuster (10) verleiht Böden Wärme und Charakter. Weitere gemusterte Bodenbeläge sind ein karierter Wollteppich (11) oder Sisalböden aus Karogeflecht in Rot und Natur (12) oder eingewebten Streifen (13). >>

Kühl

Heim auf Zeit

Rustikale Blumenstickereien evozieren Bilder von traditionellem Landleben.

Ein Teppich wirkt wohnlich und bestickte Baumwollstoffe sorgen für eine entspannte, zwanglose Stimmung. Dieses charmante Thema passt zu einem freundlichen Familienraum im Landhausstil oder zu einem gemütlichen Wohnraum.

FARBPALETTE
Wände und Holz in Perlweiß (1) schaffen eine lichte Basis für dieses wohnliche Schema. Kühles Kaki (2) und Luftblau (3) inspirieren eine liebliche Atmosphäre. Akzente in kräftigem Rosenrot (4) sorgen für Wärme.

13

14

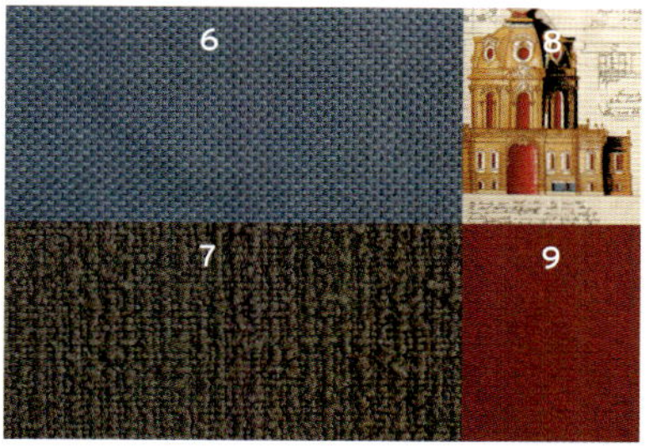

>> Mit Linoleum (14) entscheidet man sich für ein umweltschonendes Material, das für alle Räume geeignet ist, in denen ein komfortabler und gleichzeitig robuster Boden gewünscht wird.

STOFFE
Herrliche Baumwoll-Vorhänge mit Stickerei (5) schaffen eine freundliche Atmosphäre. Das Sofa nimmt das kühle Blau des Blumenmotivs (6) auf. Die Kissenbezüge sind aus Knötchenwolle in Kaki (7) und aus bedruckter Baumwolle mit bunten architektonischen Motiven (8). Ein Sessel erhält einen Alcantara-Bezug in kräftigem Rosenrot (9).

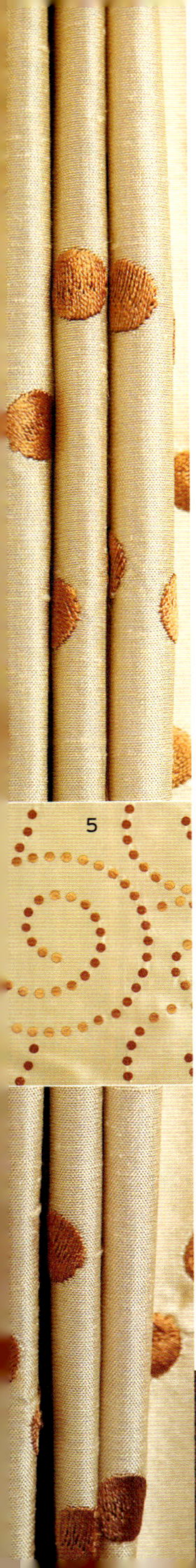

Warm

Karneval in Venedig

Seiden- und Samtstoffe: Träume von Venedig.

Harmonische Rot-, Orange- und Goldtöne schaffen ein opulentes Schema, das von den prächtigen Farben der italienischen Renaissance inspiriert ist. Verbinden Sie die vollen Farben mit sinnlichen Stoffen wie Samt und Seide und Sie bringen mondänen Glamour in ein modernes Wohnzimmer.

FARBPALETTE
Tiefes Kirschrot (1) ist der Ausgangspunkt für dieses Schema. Akzente in Flammendrot (2) halten die Temperatur hoch. Wände und Holz in Cremeweiß (3) bilden einen eleganten Hintergrund. Kräftiges Rohrzuckerbraun (4) bringt Tiefe.

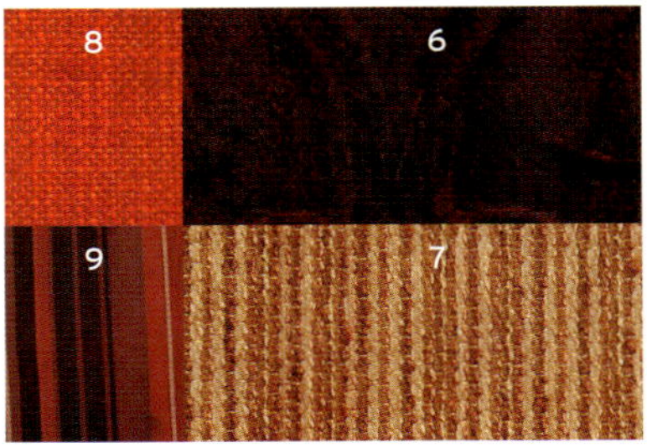

11

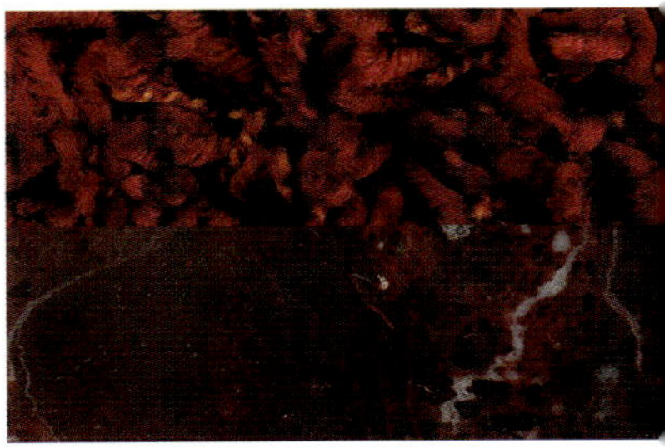

12

STOFFE
Seidenvorhänge mit Spiralenstickerei (5) sorgen für Glamour. Die Stühle sind mit kräftig kirschrotem, in sich gemustertem Mohair (6) bezogen. Das Sofa wird subtil in rohrzuckerbrauner Chenille (7) gehalten. Kissen aus Baumwolle/Leinen in Flammendrot (8) und in auffälligem Seidenacetat (9) runden das Schema ab.

FUSSBODEN
Ein flauschiger, kräftig kirschroter Teppich aus Wollvelours (10) lässt diese Schema warm und einladend erscheinen. Eine ausgefallen moderne Note bringt ein langfloriger Teppich in Kirsche und Honigton (11). Wunderschöner roter Hochglanzmarmor sorgt für beeindruckende Opulenz (12). >>

Lebhaft

Laterna magica

Der Blumenstoff ist von chinesischen Lampions inspiriert.

Lebhaftes Blau verleiht diesem femininen Schema für ein klassisch-modernes Wohnzimmer Charakter. Möbelbezüge aus in sich gemusterter Chenille schaffen visuelle Anreize ohne Kompromisse im Komfort. Dieses Farbschema eignet sich, um einem kühlen Wohnzimmer Wärme zu geben.

FARBPALETTE

Wände in Sand (1) und cremeweißes Holz erzeugen eine warme neutrale Basis. Akzentfarben sind Schwimmbadblau (2) und Rosenrot (3). Ein warmer Honigton (4) sieht an großen Möbelstücken wie Sofas hübsch aus.

13

14

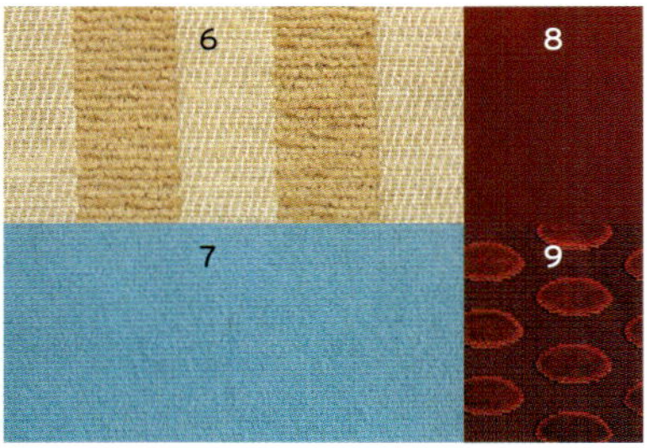

›› Ein Gießharzboden mit Struktur ist eine neuartige, moderne Option (13). Warmes Linoleum (14) ist in zahlreichen Farben erhältlich und damit eine flexible Lösung für farbenfrohe Schemata.

STOFFE

Dieser graziöse orientalische Blumendruck auf Ramie (5) ergibt herrliche Vorhänge. Auf einem eleganten, mit gestreifter Chenille (6) bezogenen Sofa liegen Kissen aus Filz in Schwimmbadblau (7) und rosenrotem Samt (8). Ein einzelner Stuhl wird mit rosenroter Flachchenille mit modernen ovalen Motiven (9) bezogen.

Orangefarbene Fußböden

Oben: Ein langfloriger orangefarbener Teppich bringt eine augenfällige Textur in ein warmes Wohnzimmerschema.

Orange hebt die Stimmung. Die Farbe eignet sich bestens für Wohn- und Eingangsbereiche.

Im Uhrzeigersinn von oben: Ein flach gewebter Läufer mit Terrakottastreifen ist die perfekte Ergänzung zum Dunkelbraun der Eichentreppe. Vinylfliesen verbinden Pflegeleichtigkeit mit schöner Terrakotta-Optik. Linoleum mit breiten Streifen in Pfirsich, Weiß, Orange und Braun ist ideal für ein Wohnzimmer im Landhausstil.

Neutral

Vergnügliches Orange

Gedeckte Orange-Töne für ein elegantes Schema.

Bei Orange stellen wir uns gewöhnlich einen hellen Zitruston vor. Gedeckte, weiche Orangetöne wirken hingegen neutralisierend und existieren in zahlreichen Schattierungen, von denen sich ein ansprechendes Raumschema ableiten lässt.

FARBPALETTE
Reifer Pfirsich (1) legt die Basis für diese Farbpalette. Ziegelstein (2) und Weinrot (3) mit Rosaanteil sorgen für subtile Kontraste. Die Wände sind als neutrale Basis in Weizenton (4), das Holz in Altweiß gehalten.

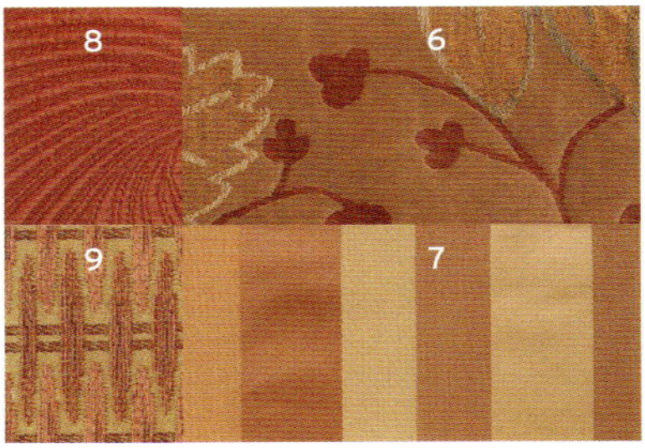

11

12

STOFFE
Aus besticktem Seidenorganza (5) sind die Vorhänge. Das Sofa in gewebtem Jacquard besitzt ein ähnlich fließendes Design (6). Ein gestreiftes Baumwoll-/Viskosegewebe (7) dient als Stuhlbezug. Die Kissen haben ein Wirbelmuster in Ziegelrot mit Rosaanteil (8) oder sind aus ziegelrot und weizenfarben gestreiftem Gewebe (9).

FUSSBODEN
Glänzender Rosso-Verona-Marmor (10) wirkt gut in Wohn- und Eingangsbereichen. Wer Holz bevorzugt, findet in kräftigem Kirschbaum (11) eine Alternative. Bringen Sie eine zurückhaltende Orange-Note (12) ins Spiel, indem Sie einen Wollteppich mit großen Karos in einer neutralen Farbe und Orange verwenden. >>

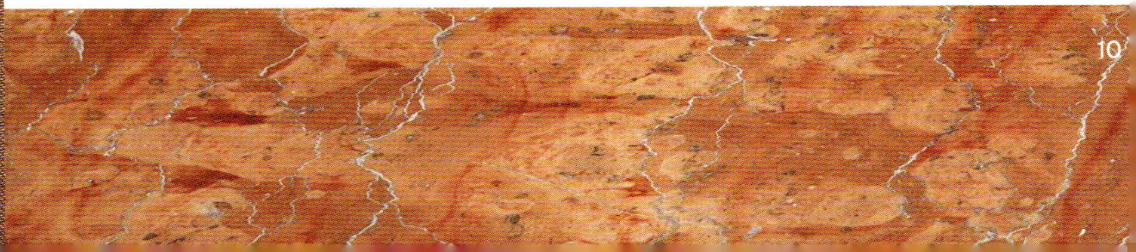

Kühl

Nachtschatten

Kühles Blaugrün und erdiges Braun legen eine ruhige Basis für ein volles Orange.

Klassisches Orange vibriert vor Energie. Es lässt sich durch seine ruhige Komplementärfarbe mildern, in diesem Fall ein ebenso vibrierendes Blau. Ein kräftiger neutraler Ton wie Dunkelbraun bringt Schwere in dieses farbenfrohe Schema für einen Familienraum.

FARBPALETTE
Bitterschokolade (1) legt die neutrale Basis. Schwimmbadblau (2) und Bergseeblau (3) setzen kühle Akzente gegenüber dem lebhaften Fußboden in Mandarin (4). Die Wände sind in Bergseeblau gehalten, das Holz in Altweiß.

13

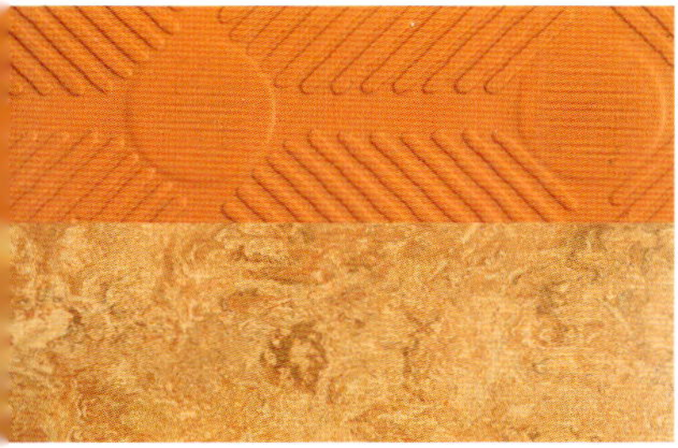

14

>> Strukturiertes Gummi (13) wirkt in einem Kinderbadezimmer sehr fröhlich. Marmoriertes Linoleum (14) sieht gut aus und ist für Familienräume äußerst praktisch.

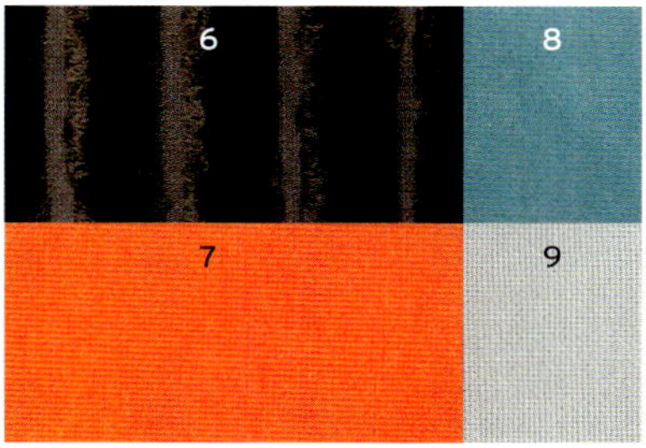

STOFFE
Als Vorhangstoff verwendet man Baumwoll-/Leinengewebe mit orientalischem Blumendruck (5). Gestreifte Chenille in Schokoladentönen (6) dient als Sofabezug. Mohairsamtkissen in Mandarin (7) und Schwimmbadblau (8) zieren keck das Sofa. Sessel werden mit Baumwolle in Bergseeblau (9) bezogen.

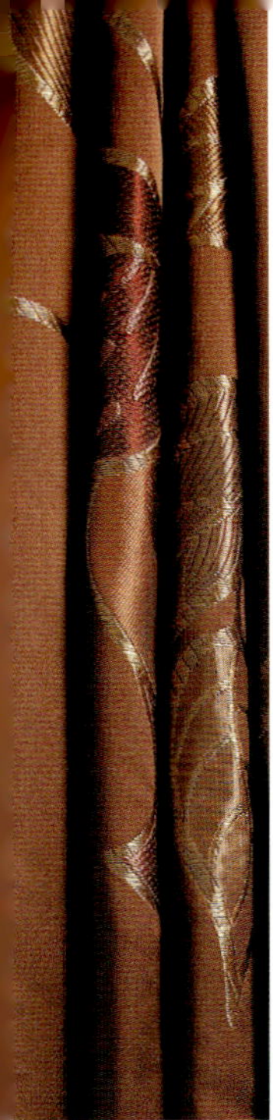

Warm

Schattenplatz in Braun

Flammende Farben auf elegantem Untergrund.

Warme Brauntöne bieten eine perfekte Folie für vibrierendes Rot und Orange. Kräftige Erdtöne beruhigen und dämpfen diese überschwänglichen Farben. Dieses vielseitige Farbschema eignet sich für Wohn-, Ess- und Familienzimmer.

FARBPALETTE

Die Orangetöne Rost (1) und Pfirsich (2) bilden die Palette. Die Wände sind in Pfirsich gehalten, Holz und Decke in Cremeweiß. Seidenvorhänge in warmem Walnussbraun (3) bilden eine neutrale Basis. Saftige Pflaume (4) ist ein kühler Akzent.

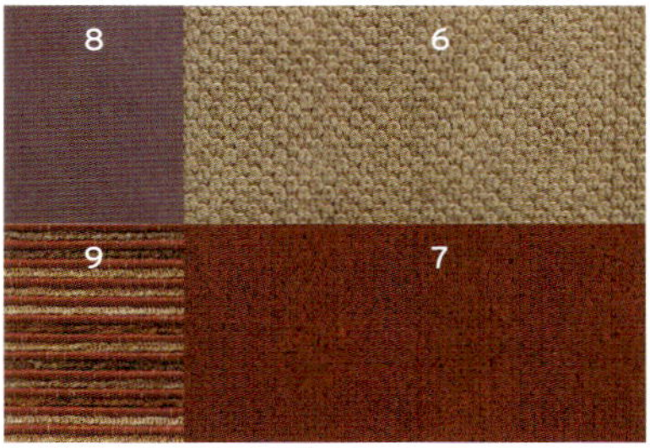

11

12

STOFFE

Ein Blickfang sind die bodenlangen Vorhänge aus Seidengewebe mit modernem Blumendesign (5). Auf dem Sofa in weicher, strukturierter Chenille in Taupe (6) liegen Kissen aus rostrotem Samt (7) und pflaumenblauer Seide (8). Die Stühle mit Ottomane in Beerenton (9) stellen eine Verbindung zu den Vorhängen her.

FUSSBODEN

Dieser glamouröse rote Travertin (10) sorgt im Wohn- und Eingangsbereich einer kultivierten Stadtwohnung für Aufsehen. Ein orangefarbener langfloriger Teppich bringt Spaß in einen Familienraum (11). »

Lebhaft

Albuquerque

Leuchtendes Orange und warme Sandtöne evozieren das sonnige Neu-Mexiko.

Ob in sonnigem Klima oder in kühleren Regionen – dieses kräftige Schema bringt Wärme in ein Heim. Gleichen Sie die warmen Rot- und Orangetöne mit Bezügen in neutralen Sandtönen aus.

FARBPALETTE
Vibrierendes Orange (1) ist die stimulierende Zentralfarbe. Sie wird mit golden Sand (2) und Kirschrot (3) kombiniert. Wände in golden Sand unterstreichen das Thema Wüste. Decke und Holz sind cremeweiß. Toffee (4) ist eine beruhigende Note.

13

14

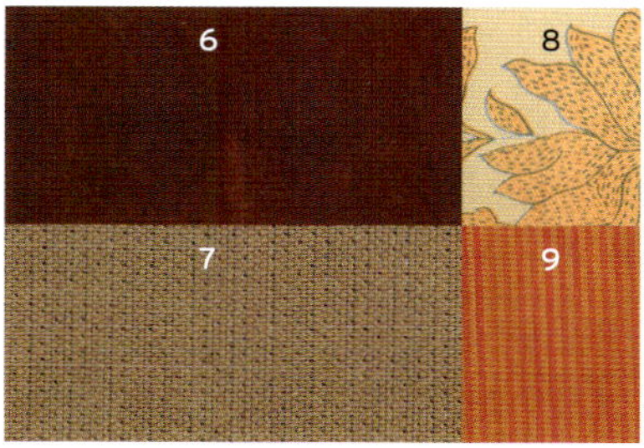

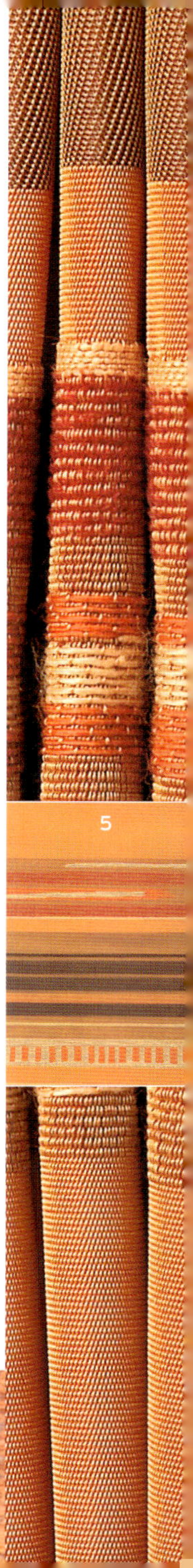

>> Ein Sisalboden in Korbflechttechnik (12) passt gut zu freundlichen Schlaf- und Wohnzimmern. Widerstandsfähiges Linoleum (13) ist für Kinderzimmer geeignet, während gestreiftes Vinyl eine moderne Küche belebt.

STOFFE
Die Vorhänge sind aus einem von einer indianischen Decke inspirierten Seidenacetat (5). Die Sessel sind mit kirschrotem Baumwollsamt (6) bezogen, das Sofa mit praktischem Leinen-/Baumwollgemisch in warmem Toffee (7). Kissen aus bedruckter Baumwolle in Orange/golden Sand (8) und gestreifter Seide (9) sind locker darauf verstreut.

Neutral

Pfirsichblüte

Weiche Pastelltöne erzeugen eine Atmosphäre vornehmer Ruhe.

Puderige Pastellorangetöne wie Koralle, Pfirsich und Lachs eignen sich bestens für Räume, die der Entspannung dienen. Diese Töne werden in traditionellen Interieurs oft mit warmen Grüntönen kombiniert, sehen aber ebenso gut an modernen Stoffen in zeitgemäßen Wohn- und Schlafräumen aus.

FARBPALETTE
Heitere Lachstöne (1) stellen die subtile, warme Farbe in diesem vorwiegend neutralen Schema. Wände und Holz sind Ekrü (2). Ein großes Sofa in Kaki (3) wirkt ruhig und neutral. Warmes antikes Gold (4) setzt einen gedämpften, warm-neutralen Akzent.

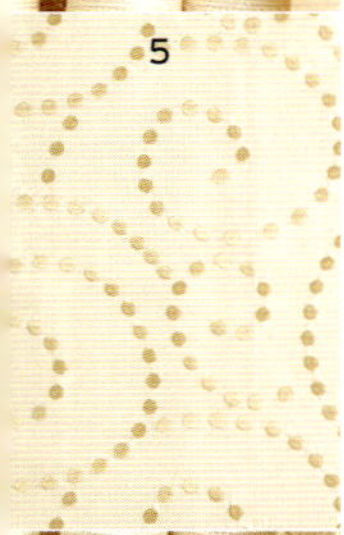

11

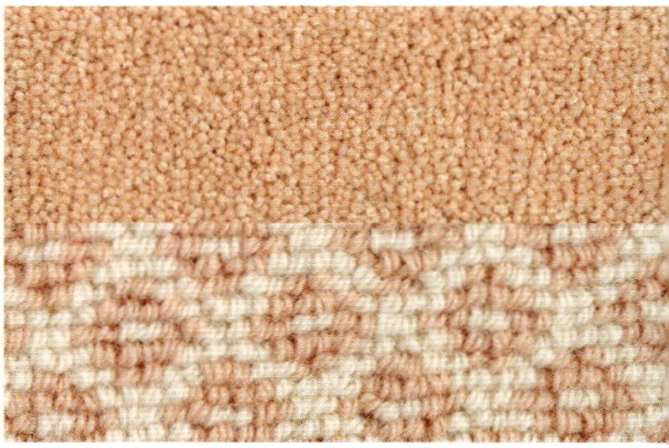

12

STOFFE
Die bodenlangen Vorhänge sind aus mit Goldspiralen bestickter Seide in Ekrü (5). Der Sofabezug aus Mohair in Kaki (6) bleibt im ruhigen Thema. Die Sessel werden mit Chenille im Lachston (7) bezogen; die Kissen sind aus Seide mit stilisiertem Blumendesign (8) und Rayon/Baumwolle mit eingewebtem Gittermuster (9).

FUSSBODEN
Dieser hübsche, flach gewebte Wollteppich mit korallenfarbenem Streifendesign (10) ist auf raffinierte Weise modern. Traditionellere Teppiche sind ein pfirsichfarbener Schnittflorteppich aus Wolle (11) und Schlingenware mit Gittermuster (12). »

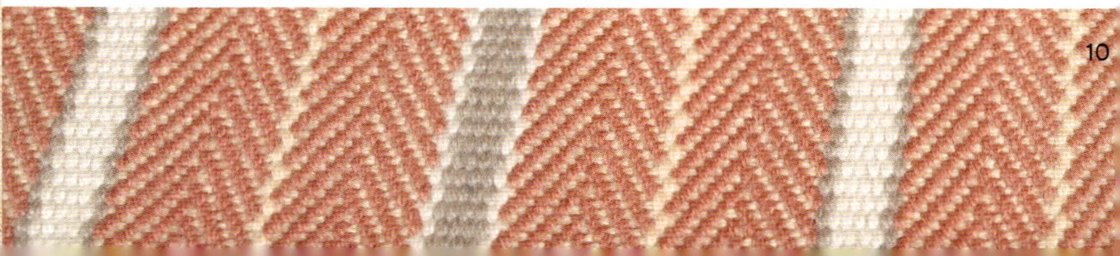

Kühl

Indischer Garten

Hier gibt ein indisches Blumenmuster den Ton an.

Flammender, stilisierter indischer Blumendruck bringt viel Energie in ein Raumschema. Gleichermaßen für Schlaf- wie für Wohnräume geeignet, kann er nach Belieben für Vorhänge, Kissen, Bettwäsche und Bettüberwürfe verwendet werden. Stets sorgt er für eine fröhliche Stimmung.

FARBPALETTE

Weiches Pfirsich (1) an Vorhängen und Kissen nimmt den Ton des flach gewebten Teppichs auf. Subtiles Kaki (2) und anregendes Glyzinienblau (3) an Möbelstoffen setzen kühlere Akzente. Knallrote Elemente (4) im Vorhang sorgen für den farblichen Kick.

13

14

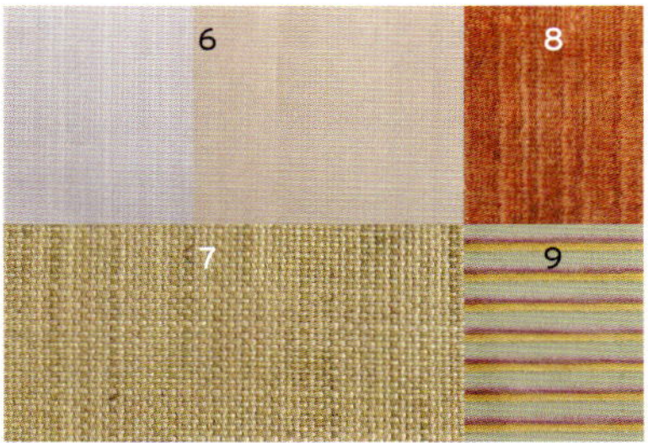

>> Eine ausgefallene Variante bietet ein Fußbodenbelag aus Leder in Naturfarben (13). Keramik in Steinoptik (14) ist besonders für Küchen und Eingangsbereiche eine attraktive Lösung.

STOFFE

Diese Kretonne mit indischem Blumendruck (5) ergibt bodenlange Vorhänge. Sessel werden mit breit gestreiftem Baumwoll-/Leinenstoff in Glyzinientönen (6), ein Sofa mit Baumwoll-/Leinengewebe in Kaki bezogen. Kissen in pfirsichfarbener Chenille (8) und gestreiftem Samt (9) bringen weitere Texturen ins Spiel.

Warm

Frühlingsgrün

Frisches Frühlingsgrün bringt fürsorgliche Wärme in ein Familienzimmer.

Grün lässt sich in der Inneneinrichtung vielseitig verwenden. Da es sowohl in warmen als auch in kühlen Schattierungen vorkommt, enthalten fast alle Schemata einen Grünton. Saftiges Spargelgrün und frisches Blattgrün sind die perfekten Komplementärfarben für fruchtige Beerentöne.

FARBPALETTE

Schillerndes Perlmutt (1) und beredtes Knospengrün (2) bringen Überschwang, während ruhiges Kaki (3) erdet. Rubinrot (4) ist eine volle Akzentfarbe. Wände und Holz sind cremeweiß gehalten; größere Tiefe erhält man durch Wände in Kaki.

11

12

STOFFE

Dieses Baumwoll/Leinengemisch mit hübschem Blumendruck (5) ist ebenso wirkungsvoll als Vorhang wie als Rollo. Seine Farben finden sich im Wollkaro (6) des Sofas wieder. Accessoires sind Kissen in knospengrüner Chenille (7) und rubinrotem Leinen (8). Sessel erhalten einen robusten gestreiften Baumwollbezug (9).

FUSSBODEN

Unverwüstliches natürliches Linoleum (10) ist praktisch für Familienzimmer und Küchen. Sisal mit Fischgrätmuster (11) eignet sich als natürlicher weicher Bodenbelag. Der in ein formelles Wohnzimmer passende pfirsichfarbene Wollveloursteppich (12) erhält durch ein eingewebtes Streifenmuster eine interessante Struktur. »

Lebhaft

Zitronengras

Leuchtende Zitrustöne schaffen die Atmosphäre eines Florida-Urlaubs.

Zurückhaltung ist fehl am Platz bei pulsierenden Zitrustönen wie Limone, Orange und Zitrone. Sie verleihen gastfreundlichen Räumen wie Küchen und Wintergärten, aber auch Kinderzimmern, eine mitreißende, festliche Energie.

FARBPALETTE

Die umwerfende Kombination von Pfirsich (1), antikem Gold (2) und Zitrone (3) erzeugt das Florida-Gefühl. Wände und Holz werden in Ekrü (4) gehalten und auch den Möbeln sind blasse Farbtöne wie Naturweide oder Ekrü vorbehalten.

13

14

›› Wer sich in stark strapazierten Bereichen Natursteinoptik wünscht, kann dies mit Keramikfliesen (13) umsetzen. Rustikale alte Terrakottaziegel (14) sind eine hübsche Wahl für Eingangsbereiche und Küchen in Landhäusern.

STOFFE

Baumwollvorhänge mit Zitronenmotiv (5) sehen herrlich aus. Passend dazu wird für die Stühle ein Baumwollgewebe mit Fischgrätstruktur (6) verwendet. Ein großes Sofa erhält einen Chenillebezug in antikem Goldton (7). Dekorativ sind Kissen aus Seidentaft in leuchtendem Zitrusgelb (8), Leinen in Pfirsich (9) und Vorhangstoff.

Neutral

Tudor-Rose

Ein modernes Design mit einem Hauch von rustikalem Charme.

Zauberhafte, mit naiven Motiven bestickte Vorhänge geben die Atmosphäre für dieses neutrale Familienzimmer mit einem Hauch rustikaler Wärme vor. Eine reduzierte Palette von Creme, Terrakotta und Honigfarbe sorgt für einladende Wärme.

FARBPALETTE

Ein voller Terrakottaton (1) ist der Ausgangspunkt dieses gemütlichen Schemas für ein Familienzimmer. Wände und Holz in Sahneweiß (2) sorgen für eine heitere Grundstimmung. Honig (3) und Kakao (4) setzen weitere warme Akzente.

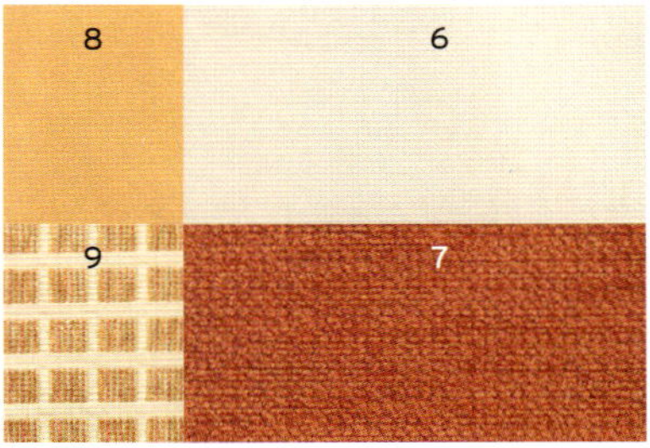

11

12

STOFFE

Dieser charmante, mit rustikalen Rosen bestickte Baumwollstoff (5) sieht als Vorhang großartig aus. Das Sofa erhält einen Baumwoll-/Leinenbezug in Sahneweiß (6). Dekorativ wirken Kissen in terrakottafarbener Chenille (7) und honigfarbener Seide (8). Die Sessel werden mit gewebter Karo-Chenille bezogen (9).

FUSSBODEN

Dieser kräftig terrakottafarbene Teppich aus Schnittflorteppich aus Wolle (10) ist robust und komfortabel. Eine ungewöhnlichere Alternative ist ein moderner langfloriger Teppich im Terrakottaton (11). ››

Kühl

Verspielte Muster

Handbedruckte Baumwollstoffe in heiteren Farben.

Und nun etwas vollkommen anderes ... Warum nicht einmal ein Schema auf Basis der Erdtöne handbedruckter Stoffe entwickeln? Charmant und einfach, sind sie die perfekte Wahl für Familien- und Kinderzimmer.

FARBPALETTE
Saftiges Orange (1) bringt Energie in dieses Schema. Neutrales Bimsgrau (2) eignet sich für ein großes Sofa. Pflaumenblau (3) ist eine ansprechende, kühle Akzentnote. Wände und Holz in Ekrü (4) lassen den Raum frisch und hell erscheinen.

13

14

>> Strukturierter Gummiboden in Dunkelorange (12) eignet sich hervorragend für Kinderzimmer, ebenso wie robustes Linoleum (13). Vorbehandelte Terrakottafliesen (14) sind ideal für Räume im Landhausstil.

STOFFE
Handbedruckte Baumwolle mit Blattrankenmotiv (5) ergibt freundliche Vorhänge. Ein bimsgraues Chenillesofa (6) erhält durch mit ähnlichen Mustern bedruckte Kissen (7) und Samtkissen in Pflaumenblau (8) lebhafte Akzente. Sessel werden mit Plaid in Ekrü, Pflaume und Orange (9) bezogen.

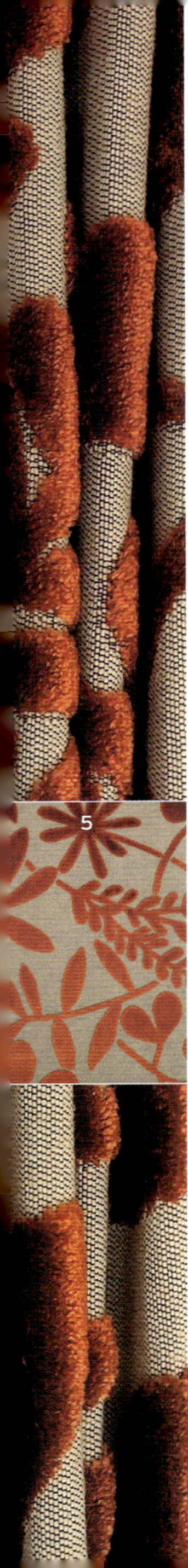

Warm

Samtige Blätter

Warmes Orange und Rot inspirieren dieses Familienraum-Schema.

Herbstliche Farbtöne sind in lebhaften Familienzimmern stets eine gute Wahl. Eine Vielzahl robuster Texturen bringt weitere interessante Elemente ein.

FARBPALETTE

Lebhaftes Mandarin (1) und Rubinrot (2) sind die Akzentfarben. Eisgraue Wände (3) und Holz und Decke in Weiß lassen einen farblichen Kokon entstehen. Dunkles Schattengrau (4) an Kissen und Polstern ist eine kräftige Neutralfarbe.

11

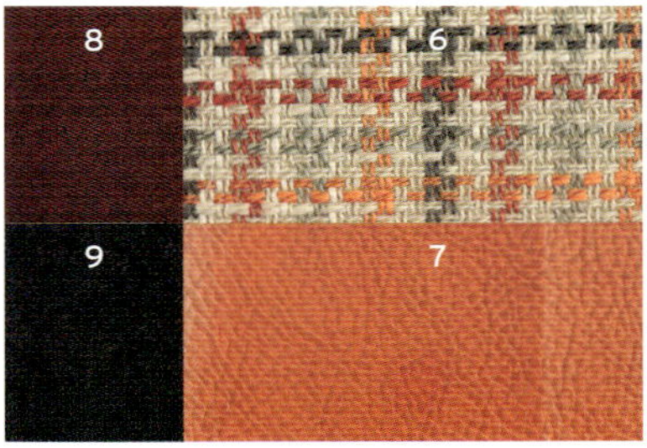

12

STOFFE

Bodenlange Vorhänge aus Samt mit Blattdekor (5) verleihen Dynamik. Das Sofa erhält einen Bezug aus Baumwoll-/Viskoseplaid (6). Ein Stuhl aus orangefarbenem Kunstleder (7) ist unwiderstehlich. Die Kissen sind aus herbstlich rubinroter Wolle (8) und schattengrauem, strukturiertem Polyester (9).

FUSSBODEN

Dieses stark strukturierte Linoleum in Terrakottafarbe (10) ist eine robuste Lösung für Familienzimmer. Eine Alternative bietet hübsches Linoleum in dunklem Terrakottaton (11). Vinyl mit Terrakottaeffekt (12) eignet sich gut für Wirtschaftsräume. >>

Lebhaft

Gartenlaube

Knospengrün und kräftige Blautöne verleihen eine kräftige Wirkung.

Lebhaftes Kadettblau mag eine ungewöhnliche Akzentfarbe für dieses von Grün und Terrakotta geprägte Schema sein. Der sorgfältig ausgewählte Möbelstoff mit feinen Streifen in Terrakotta, Grün, Kadettblau und Creme gibt die Farbpalette vor und führt zugleich das unerwartete Blau ein.

FARBPALETTE
Rosiges Terrakotta (1) und antikes Gold (2) sind die Grundfarben dieses Komplementärfarbenschemas. Warmer Sandton (3) an den Wänden wird mit Holz in Cremeweiß kombiniert. Lebhaftes Kadettblau (4) gibt dem Schema den Kick.

13

14

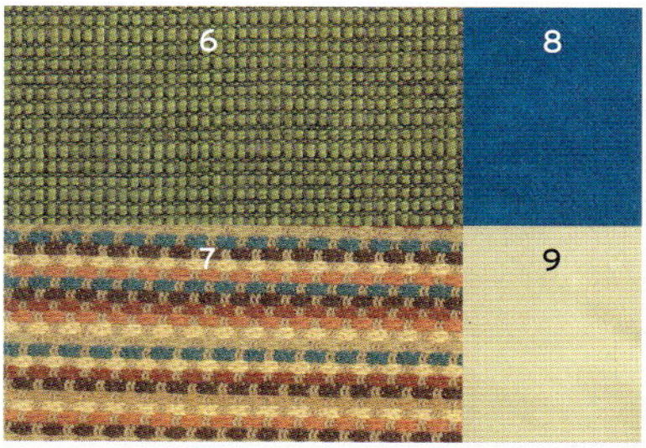

>> In Familienzimmern oder saloppen Wohnzimmern kann man ruhig mit Mustern, wie sie diese Wollveloursteppiche mit Karos (13) und Diamantenmotiv (14) besitzen, spielen.

STOFFE
Baumwolle mit Blumendruck (5) ergibt ruhige, attraktive Vorhänge. Ein Sofabezug aus grün-goldenem Baumwollgewebe (6) und Sessel in Baumwolle/Polyester in denselben Farbtönen (7) enthalten alle Farben der Palette. Kissen aus lebhaftem blauem Mohair (8) und aus Seide in antikem Gold (9) setzen zusätzliche Akzente.

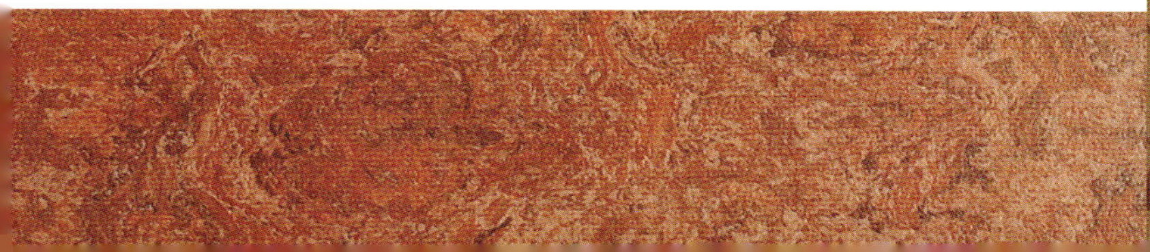

Gelbe Fußböden

Oben: Ein Linoleumboden in gelb-weißem Schachbrettmuster bringt eine sonnige Note in eine Landhausküche.

Hell, leuchtend und sonnig: Gelb verschönert jeden Raum.

Von links: Auch bei einem Teppichboden kann man mit Mustern und Farben spielen, indem man die Raummitte mit einem gemusterten Boden auslegt und diesen mit einfarbigem Teppich einfasst. Dieser Esszimmerteppich ist eine moderne Interpretation eines traditionellen Teppichs, der herkömmliche Muster neu verwendet.

Neutral

Wüstensand

Warmes Taupe bereitet eine ansprechende neutrale Basis in diesem Schema.

Basiert ein Schema auf einer neutralen Farbe, sorgt ein Spiel mit Mustern und Textur für Spannung. Kreise und ungewöhnliches modernes Karogewebe setzen optische Reize, während leuchtende Akzenttöne wie Zitrone und Rose für den optischen Kick sorgen.

FARBPALETTE

Rehbraun (1) ist die zentrale neutrale Farbe. Blassgelb (2) hellt subtil auf. Blassgelbe Wände und weißes Holz heben die warmen Töne im Vorhangstoff hervor. Kräftiges Zitronengelb (3) und Rosenrot (4) setzen weitere lebhafte Akzente.

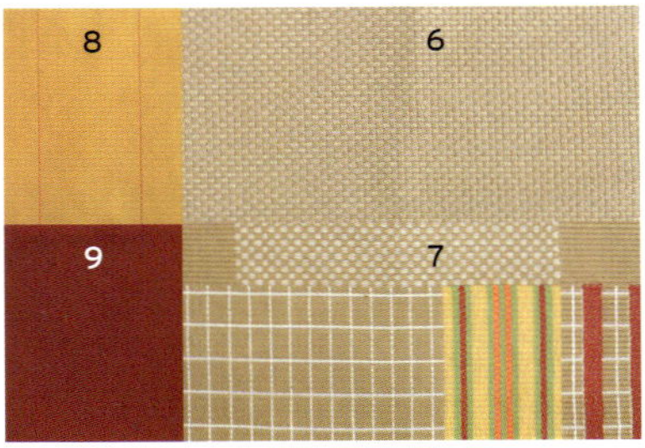

STOFFE

Bodenlange Vorhänge aus Viskose/Seide sind mit lebhaften Kreisen gemustert (5). Das neutrale Thema wird vom Baumwollbezug (6) eines großen Sofas fortgesetzt. Ungewöhnliches Baumwollgewebe (7) macht moderne Sessel zum Blickfang. Subtil gestreifte gelbe Seide (8) und rosenroter Filz (9) ergeben attraktive Kissen.

11

12

FUSSBODEN

Gelbes Linoleum (10) ist in einer modernen Küche sehr ansprechend. Ein flauschiger Teppich aus Wollvelours (11) bringt Luxus in Schlaf- und Wohnzimmer. Gussbeton muss nicht industriell aussehen, wie dieser fantastische Boden in Metallicoptik (12) beweist. >>

Kühl

Zirkus Zirkus!

Überschwängliche Baumwolldrucke rufen die Atmosphäre eines Zirkus wach.

Die Atmosphäre eines Kinderzimmers sollte von Spiel und Spaß geprägt sein. Dies fröhlich mit bunten Kreisen und Streifen bedruckten Baumwollstoffe sind dazu bestens geeignet und erfreuen jedes Kind.

FARBPALETTE
Diese lebhafte Farbpalette macht sich hervorragend in einem Kinderzimmer. Fruchtiges Zitronengelb (1) und Orange (2) werden durch Akzente in Delfinblau (3) und hübschem Apfelgrün (4) gemildert. Wände und Holz sind weiß gehalten.

13

14

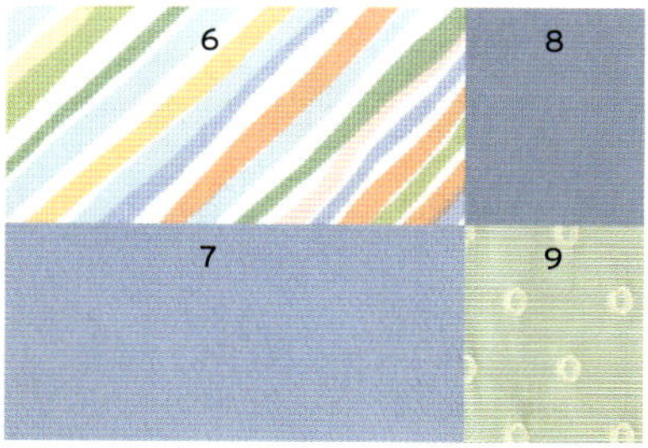

›› Onyx (13) bringt Glamour in Eingangsbereiche und repräsentative Badezimmer. Praktische Keramik (14) sieht großartig in Küchen und Wirtschaftsräumen aus.

STOFFE
Mit bunten Kreisen bedruckte Baumwolle (5) ergibt lebhafte Vorhänge. Die Bettbezüge sind diagonal gestreift (6). Filzähnliches Moleskin in Delfinblau (7) ist ein robustes Material für einen Stuhl. Die Kissen sind aus gebürsteter Baumwolle in Delfinblau (8) und aus Polyester/Baumwolle in Apfelgrün mit winzigen Kreismotiven (9).

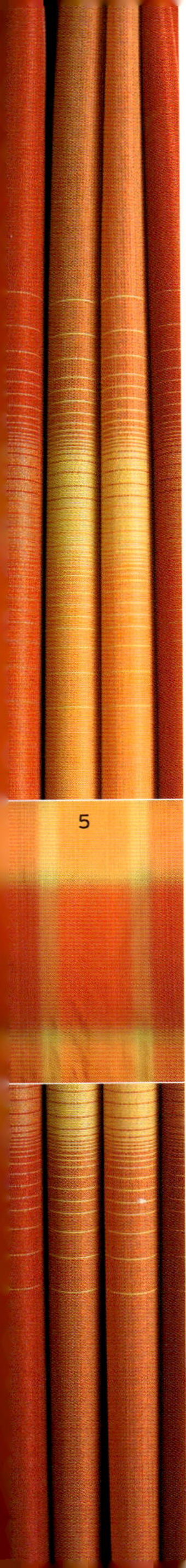

Warm

Goldnuggets

Dunkle, mit Goldnuggets übersäte Chenille inspiriert dieses warme Schema.

Warmes Honiggold ist die Basisfarbe dieses einladenden Schemas für ein gemütliches Wohnzimmer. Akzente leuchtenden Mandarins und Rubinrots an Vorhängen und auf Kissen hellen das Schema auf.

FARBPALETTE
Honig (1) an Möbelstoffen und Wänden legt eine warme Basis. Holz und Decken sind altweiß gehalten. Nugget-Gold (2) und Mandarin (3) setzen würzige Akzente, während Rubinrot (4) dem Schema Tiefe verleiht.

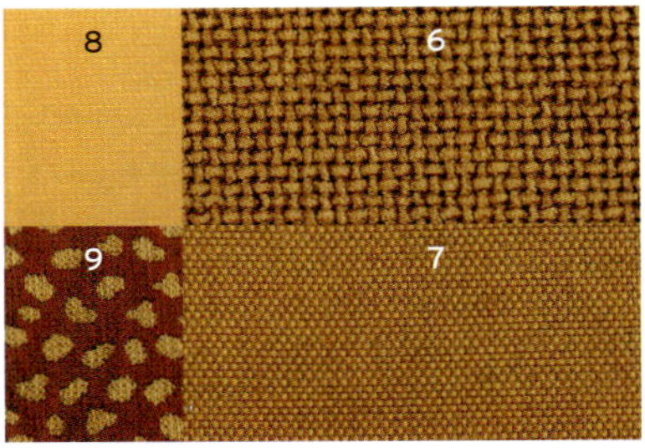

11

12

STOFFE
Opulente, groß karierte Seidenvorhänge (5) sind sehr wirkungsvoll. Honigfarbene Chenillegewebe (6) und hübsches Leinen (7) werden für Sofa und Stühle verwendet. Kissen aus Taft in Nugget-Gold (8) und aus Chenille in Rubinrot und Honigton mit Nugget-Motiven (9) sorgen für interessante weiche Texturen.

FUSSBODEN
Ein flach gewebter Wollteppich mit Streifenmuster (10) wirkt sehr hübsch in freundlichen Wohnzimmern und Familienräumen. Traditioneller sind ein Schnittflorteppich aus Wolle (11) oder ein Teppich mit eingearbeitetem Streifenmuster aus Schnitt- und Schlingenflor (12). ››

10

Lebhaft

Sonniger Mohn

Dieser mit goldenen Mohnblumen bedruckte Stoff ist sehr wirkungsvoll.

Nur Mut! Gönnen Sie Ihrem Sofa einen Bezug aus diesem umwerfenden Stoff mit goldenen Mohnblumen. Warum sollten allein die Vorhänge Muster für sich beanspruchen dürfen? Eine monochrome Farbpalette von Goldgelb bildet die Basis für dieses strahlend sonnige Schema.

FARBPALETTE
Zitronengelb (1) ist die Basisfarbe. Subtilere Töne wie Sand (2) und Haut (3) bringen ruhigere, warme Noten ein. Akzente in kräftigem Toffee (4) sorgen für Tiefe. Die Wände werden sandfarben, das Holz cremeweiß gestrichen.

13

14

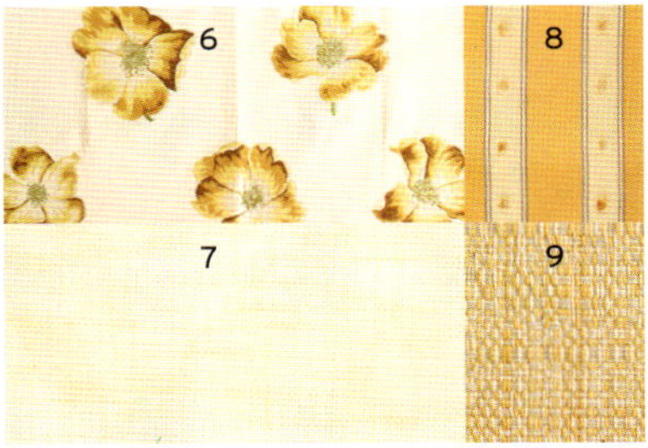

>> Gummiboden wie dieser Noppenboden ist in zahlreichen interessanten Texturen (13) erhältlich. Mit strapazierfähigem natürlichem Linoleum (14) kann man in einer Wohnküche nichts falsch machen.

STOFFE
Gelbe Seidenvorhänge (5) bringen sonnigen Glanz. Das Seidengewebe (6) auf einem großen Sofa ist der Star der Show. Kissen aus zartem Leinenstoff in sanftem Gelb (7) und gestreifter Seide (8) nehmen das Gelb auf. Die Sessel erhalten zurückhaltende Bezüge im Hautton (9).

Neutral

Unbeschwert

Gedeckte Ockertöne erzeugen eine heitere Stimmung im Wohnzimmer.

Wärmere Töne des Farbspektrums hellen kühle Räume mit wenig natürlichem Licht angenehm auf. Zurückhaltende Gelbtöne und warme Brauntöne bilden eine behagliche Farbpalette für ein gemütliches Wohnzimmerschema.

FARBPALETTE
Heiteres Honiggelb (1) und warmes Cognacbraun (2) an Vorhängen und Kissen stellen eine optische Verbindung zum ockerfarbenen Boden her. Rohrzuckerbraun (3) ist ein erdiger, neutraler Akzent. Wände und Holz sind in frischem Ekrü (4) gehalten.

STOFFE
Dieses elegante Leinen-/Seidegewebe (5) ergibt herrliche Vorhänge. Ein großes Sofa erhält einen Bezug aus freundlichem Chenillegewebe in Honiggelb, Cognac und Rohrzuckerbraun (6). Seidenkissen mit Textur (7, 8) setzen Akzente. Ein Stuhl in lebhaftem Blümchendesign (9) fügt eine unbeschwerte Note hinzu.

11

12

FUSSBODEN
Marmor in antikem Goldton (10) in Eingangsbereichen, Wohn- und Esszimmern ist betörend. Linoleum in einem warmen Farbton (11) bringt etwas Leichtigkeit in funktionale Räume wie Küchen und Wirtschaftsräume. >>

Kühl

Iris & Veilchen

Anmutige Irisblüten und zarte Veilchen rufen den Frühsommer herbei.

Ein hübscher Blumendruck verleiht einem Interieur stets eine fröhliche Note. Dieses erbauliche Design kommt in Schlafräumen, Essbereichen und gemütlichen Wohnzimmern im Landhausstil gleichermaßen gut zur Geltung.

FARBPALETTE

Jeansblau (1) und kräftiges Honiggelb (2) sind in diesem sommerlichen Schema in Blau und Gelb vereint. Polsterbezüge in Taupe (3) wirken sehr modern. Wände und Holz in Warmweiß (4) bilden einen zurückhaltenden Hintergrund.

13

14

›› Teppichboden ist in Schlafzimmern immer ein Gewinner. Die Wahl fällt auf einen gewebten Axminster mit subtilem Diamantenmuster (12) oder gesprenkelten Wollvelours (13). Dieser grobe, flach gewebte Wollteppich (14) bietet die Optik eines natürlichen Bodenbelags und den Komfort eines Teppichs.

STOFFE

Dieser klassische Leinen-/Baumwolldruck (5) ergibt schöne bodenlange Vorhänge. Das Sofa wird mit einem Wolle-Polyester-Baumwollgemisch in Taupe (6), der Sessel mit strukturiertem Chenillegewebe in kräftigem Honiggelb (7) bezogen. Die Kissen sind aus jeansblauem Samt (8) und honiggelb-weiß karierter Baumwolle (9).

Warm

Sonnige Wonne

Freundliches Maisgelb belebt dieses einladende Wohnzimmerschema.

Sanftere Gelbtöne wie helles Maisgelb eignen sich besonderes für kühlere Klimazonen, wo das Licht oft eine gräuliche Schattierung besitzt. Räume in wärmeren Ländern mit stärkerem Licht können Gelbtöne wie Kanarien- und Zitronengelb vertragen, die in kühleren Breiten zu stark wären.

FARBPALETTE
Maisgelb (1) ist die Basisfarbe. Die Wände sind Maisgelb, während Decke und Holz ein frisches Cremeweiß erhalten. Warmes Toffee (2) ist ein attraktiver neutraler Ton für Polsterbezüge. Kräftiges Granatrot (3) und Mandarin (4) sind einladende Akzentfarben.

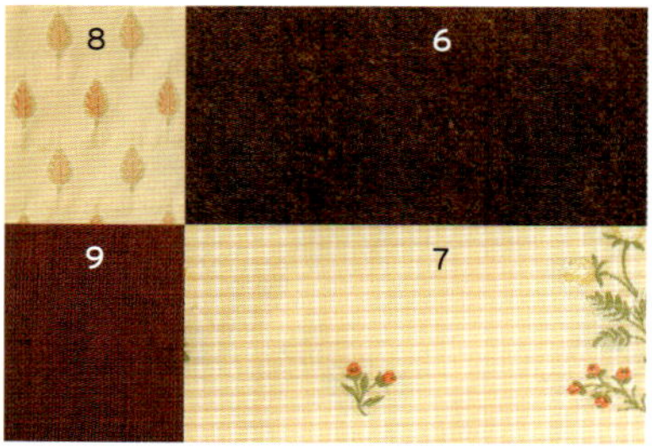

STOFFE
Vorhänge aus Seide/Viskose mit zarter Blütenstickerei (5) sehen zauberhaft aus. Seidenmohair aus warmem Toffee (6) ist ein luxuriöser Sofabezug. Die Kissen sind aus gelben Karos mit Blumenstickerei (7) und Baumwolle/Rayon mit winzigen Blättern in Mandarin (8). Sessel werden mit granatrotem Leinen (9) bezogen.

FUSSBODEN
Kalkstein in warmem Ocker (10) wirkt sehr einladend. Enkaustik-Fliesen (11) im Eingangsbereich sind von viktorianischem Dekor inspiriert. Linoleum mit subtiler Sprenkelung in Granat (12) passt perfekt zu diesen Schemata mit Gelb und Rot. >>

Lebhaft

Nelken

Pink- und Nelkentöne rufen Erinnerungen an duftende Sommergärten wach.

Dieser mit zierlichen Nelken bedruckte Stoff bringt eine erfrischende sommerliche Note in ein Wohnzimmer. Die zarten Gelbtöne des Stoffes harmonieren perfekt mit dem ockerfarbenen Boden. Die warmen Grün- und kräftigen Rottöne inspirieren die Farbwahl für Möbelbezüge und Kissen.

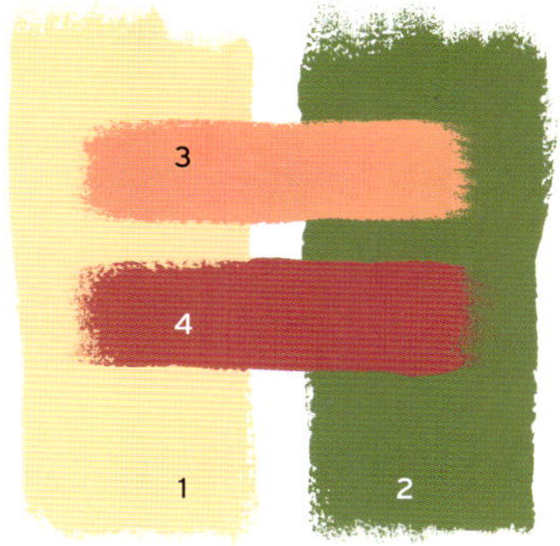

FARBPALETTE

Maisgelb (1) an Böden und Wänden kreiert einen Kokon aus sonnigen Farben. Cremeweißes Holz setzt einen erfrischenden Kontrast. Ein Sofa in warmem Farngrün (2) wirkt neutralisierend. Die Lachs- (3) und Nelkentöne (4) dienen als Akzentfarben.

13

14

›› Sisal (13) in Schlaf-, Wohn- und Familienzimmern ist sehr ansprechend. Für Wärme und Komfort sorgt dieser attraktive Wollteppich mit abwechselndem Schnitt- und Schlingeneffekt in Maisgelb und Weiß (14).

STOFFE

Vorhänge aus charmantem Baumwolldruck (5) geben das sommerliche Thema vor. Ein Sofabezug aus Chenillegewebe in dunklem Farngrün (6) erdet. Die Sessel sind mit Alcantara in Maisgelb (7) bezogen. Die Kissen sind aus Seide in Nelke (8) und weißer Polyesterseide mit Stoffstreifen (9).

Neutral

Freundliche Karos

Landhauskaros sorgen für eine behagliche Stimmung.

Karostoffe stehen für eine entspannte Landhausstimmung. Bodenlange Vorhänge aus bestickter, schimmernder Seide bringen diesen Stil in einer Stadtwohnung zur Vollendung. Hübsche Details sind eine robuste Vorhangstange aus Eiche und Vorhangschlaufen aus grobem Naturleinen.

FARBPALETTE
Honig (1) und Weizen (2) inspirieren dieses warme, neutrale Schema. Wände in Weizenton sorgen für wohnliche Wärme, Holz und Decke sind in Ekrü (3). Akzente in Rohrzuckerbraun (4) fügen einen weiteren einladenden Farbton hinzu.

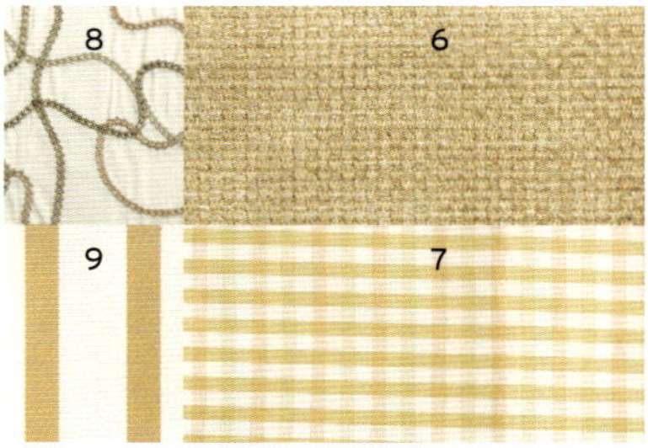

STOFFE
Diese fröhliche, bestickte Karoseide (5) ergibt charmante Vorhänge. Das Sofa erhält einen Chenillebezug in Honiggelb (6). Darauf liegen Kissen aus Baumwollkaro (7) und cremefarbener Seide mit Rankenstickerei (8). Sessel werden mit honigfarben und ekrü gestreiftem Baumwoll-/Viskosestoff (9) bezogen.

11

12

FUSSBODEN
Marmorfußboden in Kaisergold (10) zieht in einer Stadtwohnung die Blicke auf sich. Eine Alternative ist wunderschöner, rot geänderter gelber Marmor (11) in Wohnräumen und Eingangsbereichen. Ein moderner harter Bodenbelag ist strukturierter Gussbeton (12). >>

Kühl

Osterausflug

Frühlingshafte Gelb- und Lilatöne inspirieren ein anregendes Schema.

Lila und Gelb bilden ein klassisches Komplementärfarbenschema: Sie liegen sich auf dem Farbkreis gegenüber. Das sonnige Gelb belebt das Lila, während umgekehrt das Lila die vibrierenden Gelbtöne dämpft. Es sind die beredten Farben von Narzissen, Tulpen und Krokussen in einem Frühlingsgarten.

FARBPALETTE
Lebhaftes Gold (1) legt die Basis für diese sonnige Farbpalette. Kühlere Lilatöne wie Veilchenblau (2), Asternrot (3) und Fuchsia (4) schaffen einen ansprechenden Kontrast. Wände und Holz in Cremeweiß sorgen für ein frisches Ambiente.

13

14

>> Ein Teppich aus Wollvelours in goldenem Honigton (13) ist hübsch in Wohn- und Schlafzimmern. Linoleum (14) hellt ein Kinderzimmer auf.

STOFFE
Seidenvorhänge mit winzigen Karos und Blumenstickerei in Fuchsia (5) schmücken die Fenster. Sonniggelbes Chenillegewebe (6) auf dem Sofa wird akzentuiert durch Kissen aus gebürsteter Baumwolle in Veilchenblau (7) und einem lieblichen Blumenstoff (8). Der Baumwollbezug des Stuhls ist mit Blüten bedeckt (9).

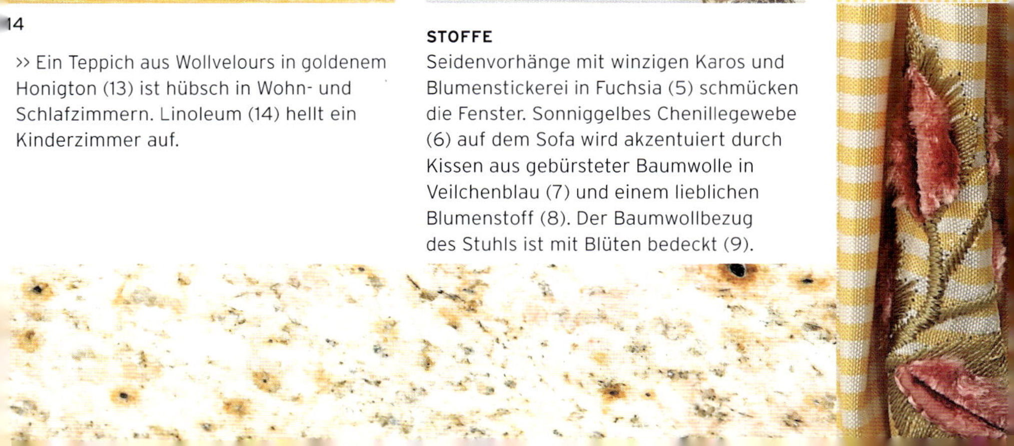

Warm

Landhaus-Charme

Blumen und Karos sorgen für fröhlichen Country-Style.

Karos und Blumen sind ein harmonisches Paar. Dieses freundliche Wohnzimmerschema ist ebenso wirkungsvoll in einer Stadtwohnung wie in einem Landhaus. In diesem Schema haben die Blumen die Kissen verlassen und sich auf den Stühlen niedergelassen.

FARBPALETTE
Honig (1) ist die einladende Basisfarbe. Wände und Holz in subtilem Ekrü (2) bilden den anregenden Hintergrund. Die warmen Akzenttöne Rubinrot (3) und Terrakotta (4) auf den Kissen und in den Blumenmotiven beleben das Schema.

11

12

STOFFE
Die Vorhänge sind aus elegantem, großkariertem Leinen-/Baumwollstoff (5). Auf einem Sofa in kräftig honigfarbenem Baumwoll-Pannesamt (6) liegen Kissen aus Seide mit Blumenstickerei (7) und aus Leinen/Baumwolle in Rubinrot (8). Ein klein gemusterter Karostoff mit Blumendekor (9) dient als Sesselbezug.

FUSSBODEN
Ein leuchtend goldgelber Schnittflorteppich aus Wolle (10) ist die perfekte Wahl für solche warmen Wohnzimmerschemata. Wer etwas ganz anderes wünscht, findet in einem Gießharzboden mit eingelassenen Kieseln (11) für eine Küche oder ein Badezimmer eine ungewöhnliche Alternative. >>

10

Lebhaft

Sommerhit

Orange-, Gelb- und Limonentöne prickeln wie ein heißer Sommertag.

Dieses harmonische Schema funktioniert, weil alle Farben nebeneinander auf dem Farbkreis liegen. Ein Wintergarten erhält durch dieses vorbehaltlos strahlende Sommerschema den letzten Kick.

FARBPALETTE
Leuchtendes Zitronengelb (1), Orange (2) und Mandarin (3) bilden die fruchtige Palette. Elegantes Raffiagrün (4) enthält Gelbtöne, die diese fruchtigen Farben ergänzen. Wände und Holz in Cremeweiß sorgen für ein frische, reine Atmosphäre.

13

14

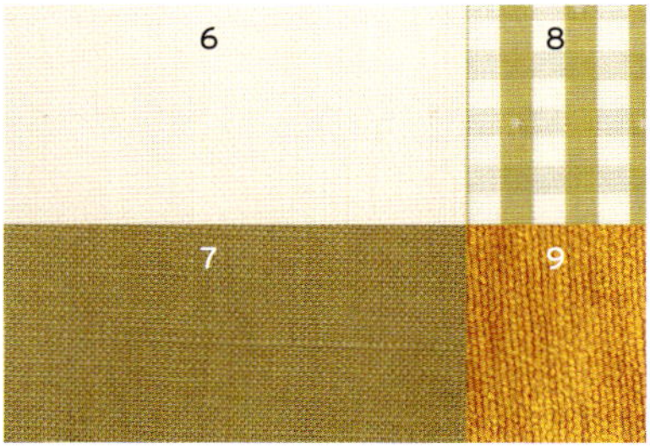

>> Keramik mit der Optik polierten Steins (12) ist eine praktische Alternative für Küchen und Wirtschaftsräume. Ein Familienzimmer wird durch diesen Vinylboden mit Korkdesign (13) aufgepeppt. Ebenfalls praktisch ist vielseitiger Gummiboden mit Struktur (14).

STOFFE
Leinen mit Blumendruck (5) ergibt hübsche Vorhänge. Ein Sofa erhält einen Schonbezug aus Baumwolle/Leinen in Creme (6). Appretiertes Leinen in Raffiagrün (7) passt zu Sitzkissen in Weidenstühlen. Kissen sind aus raffiagrün-weiß karierter Baumwolle (8) und flauschiger, zitronengelber Chenille (9).

Grüne Fußböden

Oben: Lebhafte apfelgrüne Streifen im flachgewebten Wollteppich harmonieren in diesem Komplementärfarbenschema perfekt mit dem Sofabezug.

Ob warm oder kühl, heiter oder dynamisch – für jeden Bodenbelag gibt es den passenden Grünton.

Im Uhrzeigersinn von oben: Vinylfliesen mit ungewöhnlichem Blumendesign sind eine moderne Interpretation eines gemusterten Bodenbelags. Limonengrünes Linoleum ist eine fröhliche und gleichzeitig praktische Lösung für ein Kinderzimmer. Eine Gänseblümchenwiese blüht auf dem Vinylboden eines Spielzimmers.

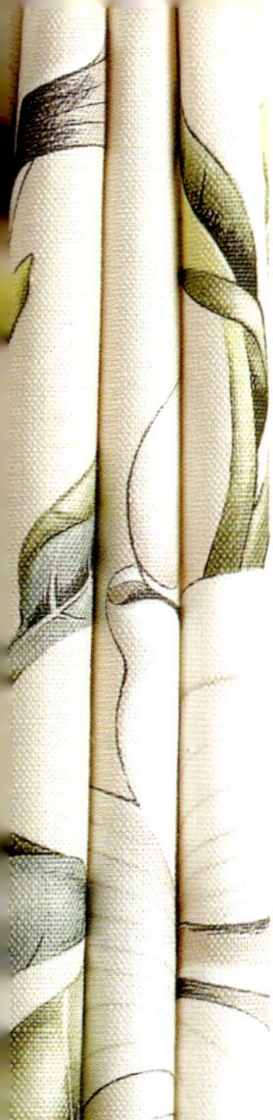

Neutral

Silberglocken & Muschelschalen

Silbrige Blumen für ein klassisches Schlafzimmer.

Neutrale Farben und Grüntöne sind eine harmonische Kombination für Schlafzimmer, weil sie große Ruhe ausstrahlen. Zurückhaltende Farben eröffnen den Spielraum für ein Spiel mit Mustern. Blumen, Karos und Streifen vereinen sich in diesem eleganten Schema für ein Schlafzimmer.

FARBPALETTE

Neutrales Taupe (1) und Sand (2) sorgen für eine ruhige Stimmung. Ekrü (3) an Wänden und Holz bildet einen hellen Hintergrund. Akzente in Wiesengrün (4) bringen einen weichen Farbton ein, der mit dem Grün des flach gewebten Teppich harmoniert.

11

12

STOFFE

Leinen mit Blumendruck (5) ist eine hübsche Wahl für Vorhänge und Bettwäsche. Der zurückhaltend in Ekrü karierte Stoff mit Blattstickerei (6) eignet sich für einen Bettüberwurf. Darauf liegen Kissen aus Baumkaro (7) und Seidenripp (8). Elegant: eine Chaiselongue in Moiré-Streifen (9).

FUSSBODEN

Ein flach gewebter Wollteppich mit Streifenmuster (10) ist ebenso angenehm wie praktisch in Schlafräumen. Alternativ bieten sich ein dicker Veloursteppich aus Wolle/Nylon (11) oder ein Teppich mit Textur mit Minikaros in Grün und Creme (12) an. >>

Kühl

Sommer-hochzeit

Sommerstimmung durch Blüten und Grüntöne.

Seide mit charmanter Blumenstickerei bringt sommerliche Stimmung in ein Wohnzimmer. Weiche Pastelltöne und zurückhaltendes Blumendekor sorgen für eine leichte, zarte Stimmung.

FARBPALETTE
Mildes Wiesengrün (1) und Farngrün (2) geben Vorhängen und Polstermöbeln eine elegante Note, die von Honigtönen (3) verstärkt wird. Kühles Lavendelblau (4) setzt Akzente. Wände und Holz in Cremeweiß betonen die ruhige Atmosphäre.

13

14

>> Dieses hellgrüne Linoleum (13) ist ein hübscher Boden für ein Kinderzimmer. Enkaustikfliesen (14) waren vor allem im Viktorianischen Zeitalter äußerst beliebt und sehen auch in modernen Küchen und Eingangsbereichen gut aus.

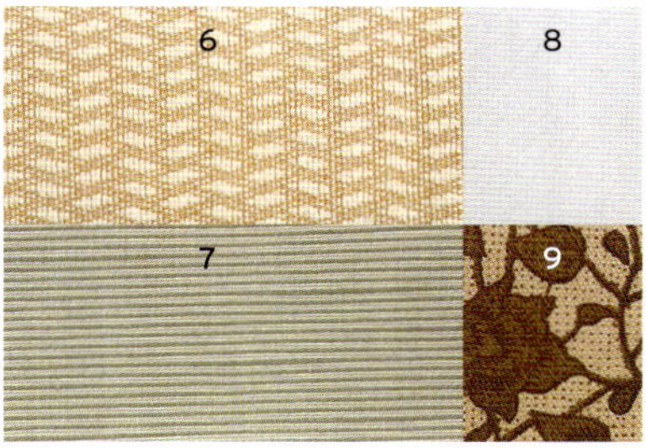

STOFFE
Bestickte Seidenvorhänge (5) sind der Star der Show. Ein Sofa mit eingewebtem Muster in Ekrü und Honiggelb (6) nimmt die freundliche Stimmung auf. Sessel in Wiesengrün (7) besitzen eine subtile Textur. Die Kissen sind aus blauer gebürsteter Baumwolle (8) oder haben einen farngrünen Blumendruck (9).

Warm

Gelbe Geranien

Fröhliches Gelb bringt Wärme in ein ruhiges Schema.

Ein auffälliger Geraniendruck sorgt für die farbliche Inspiration in diesem ansprechenden Schema für ein behagliches Wohnzimmer.

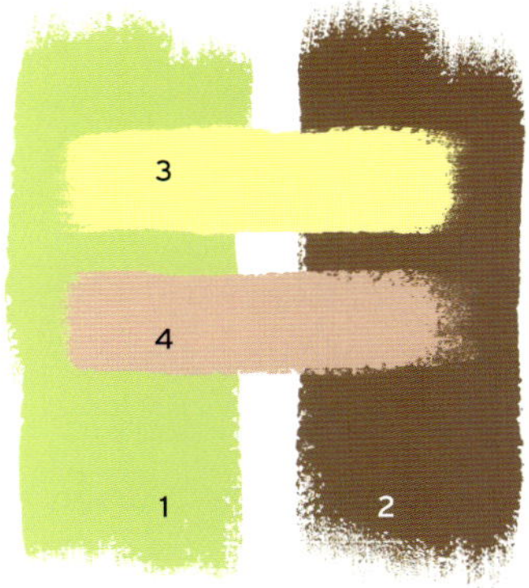

FARBPALETTE

Limone (1) und dunkles Oliv (2) legen die Basis. Überschwängliches Kanariengelb (3) fügt eine muntere Note hinzu. Ein Sofabezug in Rehbraun (4) nimmt den Ton der Geranienblätter auf. Die Wände sind in Cremeweiß, das Holz in Rehbraun.

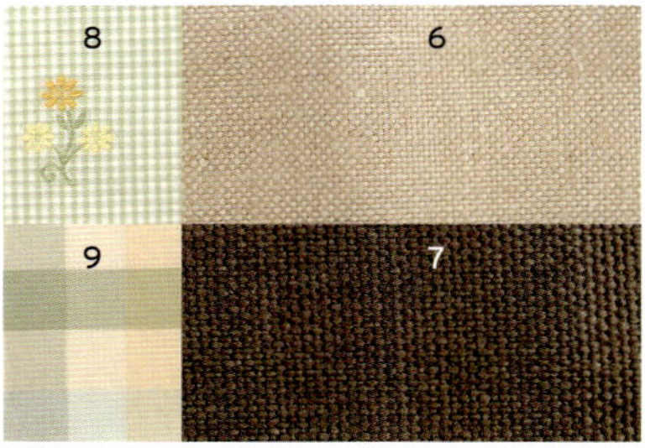

11

12

STOFFE

Dieser Stoff mit Geraniendruck (5) ergibt charmante bodenlange Vorhänge. Das Rehbraun und die Olivtöne der Blätter inspirieren die Leinenbezüge des Sofas (6) und der Sessel (7). Kissen aus grünem Gingan mit Blumenstickerei (8) und auffälligem Karo-Moiré (9) dienen als Dekor.

FUSSBODEN

Dieser Schnittflorteppich aus Wolle in sanftem Grün (10) ist hübsch in einem Wohn- oder Schlafzimmer. Ein Schlingenflorteppich mit Gittermuster (11) sorgt für zusätzliche Reize. Hellgrünes Sisal in Korbflechttechnik (12) eignet sich für Wohn-, Ess- und Schlafzimmer. >>

Lebhaft

Holländische Tulpen

Überschwängliche Tulpen inspirieren dieses Design.

Ein ungestümer Stoff wie dieser Tulpendruck entfaltet eine starke Wirkung. Die lebhaften Gelbtöne kommen am besten in einem Klima zur Geltung, in dem das natürliche Licht hell und klar ist.

FARBPALETTE

Kanariengelb (1) und Zitrone (2) bringen fruchtige Farbe in dieses Schema. Akzente in Limonengrün (3) fügen einen weiteren Fruchtton hinzu, während Aschgrau (4) an Möbelstoffen ruhig und neutral wirkt. Wände und Holz in frischem Weiß gleichen die kräftigen Gelbtöne aus.

13

14

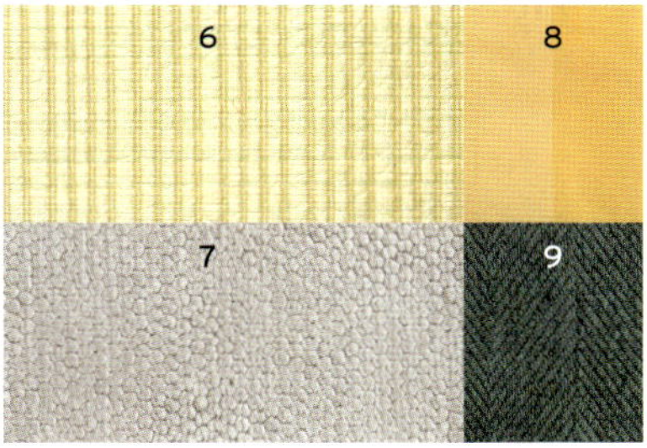

>> Ein Bodenbelag aus Gießharz (13) ist in unendlich vielen Farben erhältlich. Keramikfliesen (14) sehen in Küchen und Badezimmern stets elegant aus.

STOFFE

Der Baumwollvorhang mit sinnlichem Tulpenmuster in Gelbtönen (5) gibt das Thema vor. Ein gerippter Stuhlbezug (6) nimmt das Limonengrün wieder auf. Das Sofa erhält einen Chenillebezug in ruhigem Aschgrau (7). Kissen aus zitronengelb gestreifter Seide (8) und Polyester/Baumwolle in Dunkelgrün (9) setzen Akzente.

Neutral

Weiße Magnolien

Üppige Magnolienblüten wirken verführerisch.

Eine der besten Methoden, ein neutrales Schema interessanter zu gestalten, ist die Verwendung unterschiedlicher Muster und Texturen. Mit Magnolien bedruckte Leinenvorhänge sind ein Blickfang. Das Farbschema aus Taupe und Grün wird mit Karos und Punkten in Chenille und Leinen umgesetzt.

FARBPALETTE
Der ungewöhnliche Vinylboden mit Grasoptik führt die Akzentfarbe Grasgrün (1) ein. Ruhiges Rehbraun (2) und Ekrü (3) sorgen für eine entspannte Stimmung. Die Wände sind in Ekrü gehalten, Decke und Holz in Elfenbeinweiß (4).

11

12

STOFFE
Dieser prachtvolle Leinen-/Baumwollstoff mit Magnoliendruck (5) ergibt herrliche Vorhänge. Ein Sofa aus Leinen-/Baumwolle in Rehbraun (6) und Stühle in rehbrauner Chenille (7) nehmen die neutrale Farbe auf. Die Kissen sind aus Leinenkaros in Rehbraun und Ekrü (8) und aus grüner Seide mit Pünktchenmuster in Gold (9).

FUSSBODEN
Vinyl mit Grasoptik (10) ist ein ausgefallener Fußbodenbelag. Vielseitiges Gummi (11) ist in zahlreichen verschiedenen Farben und Texturen erhältlich. Grüne Keramikfliesen (12) sind eine schicke und praktische Wahl für Wintergärten. >>

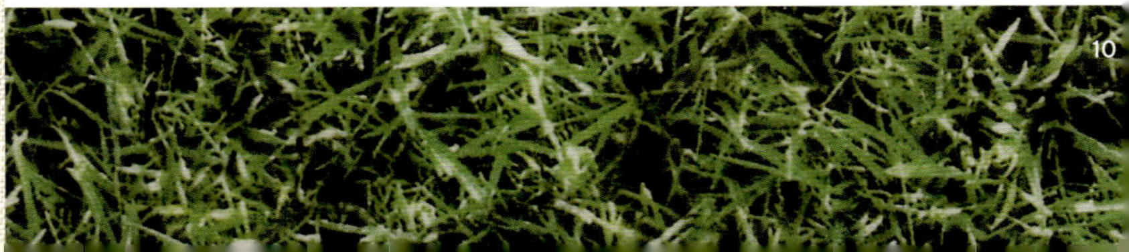

Kühl

Tropischer Garten

Flammende Blumen und Blätter sprühen vor Leben.

Ein kühles Schema muss nicht frostig sein. Lebhafte Drucke in einer Vielzahl von Blau- und Grüntönen bilden ein lebhaftes Schema für ein Wohnzimmer oder einen Wintergarten mit tropischem Thema.

FARBPALETTE
Intensives Kiwigrün (1) ist eine dominante Akzentnote, die durch kühles Bergseeblau (2) ausgeglichen wird. Kräftiges Aquamarinblau (3) ist ein ebenbürtiger Partner für Kiwigrün. Wände in Sand (4) und Holz in Creme bilden einen warmen Hintergrund.

13

14

>> Feiern Sie das Comeback des Teppichbodens mit flauschigem grünen Wollvelours (13) im Schlafzimmer. Dieser weiß-grün gefleckte Wilton-Teppich (14) kommt in Kinderzimmern und Familienräumen bestens zur Geltung.

STOFFE
Prächtig bedrucktes Leinen (5) ist nichts für Zaghafte. Die Akzentfarbe Kiwigrün wird von Kissen mit komplementärem Palmblattdesign (6) wieder aufgenommen, die von Kissen in ruhigem Blaugrün (7) ergänzt werden. Möbelbezüge aus Chenille (8) und Gewebe in Bergseeblau (9) halten das Schema im Gleichgewicht.

Warm

Olivenzweig

Warme Olivtöne evozieren Bilder mediterraner Gärten.

Satte gelbgrüne Töne wie Oliv, Raffia und Kaki verleihen kälteren Räumen die Wärme eines Kokons. Diese Töne fügen sich zu einer wohnlichen Farbpalette für ein Familienzimmer.

FARBPALETTE
Gelbgrüner Schieferboden inspiriert diese Farbpalette aus Oliv- (1), Raffia- (2) und Kakigrün (3). Geschmackvolles Cognacbraun (4) bildet eine zarte Akzentnote.

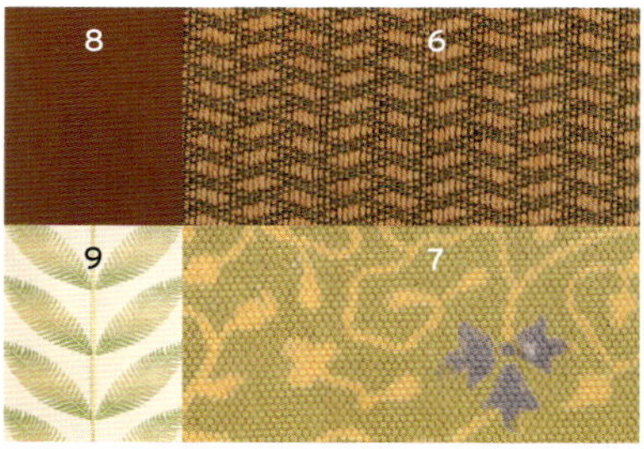

STOFFE
Dieser Baumwolldruck ergibt schöne Vorhänge (5). Ein großes Sofa aus Baumwolle/Viskose mit Diamantenmuster (6) fügt sich in den Hintergrund ein. Die Kissen sind aus winzigem handbedrucktem Blumendesign (7) und dunkelolivgrünem Satin (8). Der Stuhlbezug hat ein eingewebtes Blättermuster (9).

11

12

FUSSBODEN
Brasilianischer geschliffener Schieferboden (10) ist ein hübsches Material. Auch glänzender Marmor (11), der vor allem in Eingangsbereichen beeindruckt, enthält Grüntöne. Ein luxuriöser Teppichboden aus Wollvelours (12) ist eine gute Lösung für Wohn- und Schlafzimmer. >>

Lebhaft

Urbanes Grün

Aubergine und Grün für das Wohnzimmer einer Stadtwohnung.

Dunkles Aubergine und leuchtendes Limonengrün harmonieren so gut, weil sie im Farbkreis direkte Komplementärfarben sind. Limonengrün mit seinem Gelbanteil gibt dunkellila Farbtönen den nötigen Kick. Dieses Schema spielt mit Grün- und Lilatönen verschiedener Stoffe mit ausgeprägter Textur.

FARBPALETTE
Kühles Farngrün (1) legt eine ruhige Basis, während Raffia (2) und Limonengrün (3) mit ihrem Gelbanteil vorpreschen und für den farblichen Pepp sorgen. Dunkles Aubergine (4) ergänzt das Schema durch einen exklusiven Farbakzent.

13

14

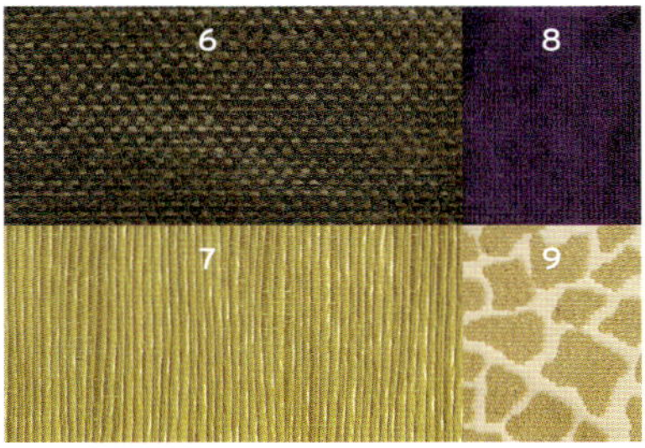

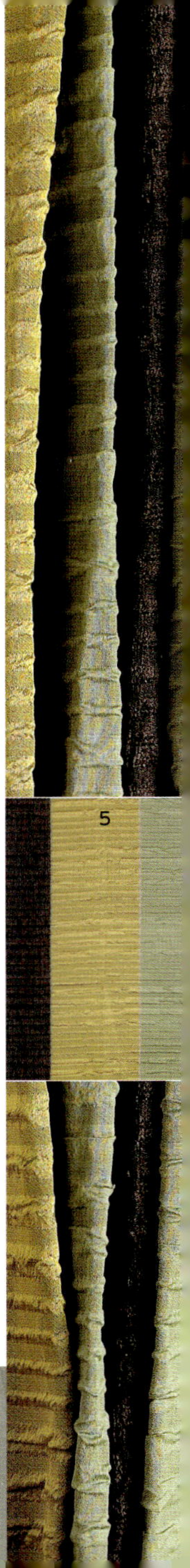

» Alternativ bietet sich ein subtil gemusterter Teppichboden an, wie dieser grüne Wollteppich mit Mini-Diamantenmuster in Cognacbraun (13). Wer sich in der Küche oder in einem Wirtschaftsraum einen Boden mit Olivton wünscht, ist mit vielseitigem Gummi (14) bestens bedient.

STOFFE
Bodenlang sind die gestreiften Vorhänge (5). Ein großes Sofa in farngrünem Chenillegewebe (6) neutralisiert. Kissen aus Baumwolle/Viskose in Limone (7) wirken als Lichtfänger und werden von Kissen in kräftigem Lila (8) ergänzt. Sessel werden mit Gewebe mit raffiniertem Steindesign in warmem Raffia (9) bezogen.

Neutral

Blattwerk

Sonnengesprenkelte Blätter rufen Erinnerungen an sommerliche Gärten wach.

Hübsche neutrale Leinenstoffe lassen an unbeschwerte Sommertage denken. Sind die Stoffe mit einem frischen Blättermuster bedruckt, schenkt dieses Schema das ganze Jahr hindurch gute Laune.

FARBPALETTE

Neutrales Sahneweiß (1) legt eine zurückhaltende Basis. Decke und Holz in Warmweiß (2) heben die Weißtöne in Vorhang und Kissen hervor. Wiesengrün (3) an Möbelstoffen bildet einen ruhigen Akzent. Kräftiges Limonengrün (4) verleiht Vorhängen und Kissen eine fruchtige Note.

11

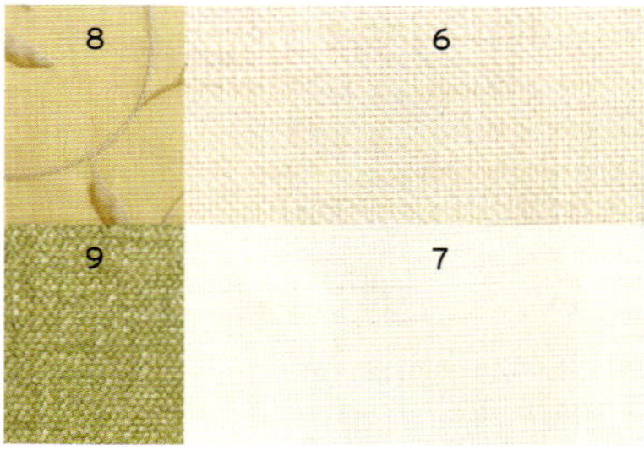

12

STOFFE

Dieser mit Blättern bedruckte Baumwollstoff (5) ergibt hübsche Vorhänge. Dazu passt neutrale Bettwäsche aus Leinen-/Baumwolle mit zurückhaltender Textur (6). Das Bett zieren Leinenkissen in Weiß (7) und Limonengrün mit bestickten Ranken (8). Ein Stuhl wird mit Chenille in sanftem Wiesengrün (9) bezogen.

FUSSBODEN

Gelbgrüner Vinylboden (10) ist ideal für Kinder- und Spielzimmer. Linoleum (11) als Alternative ist ein robuster Naturboden. Leuchtend grünes Gummi mit Noppen (12) ist ein fröhlicher Belag für eine moderne Küche. >>

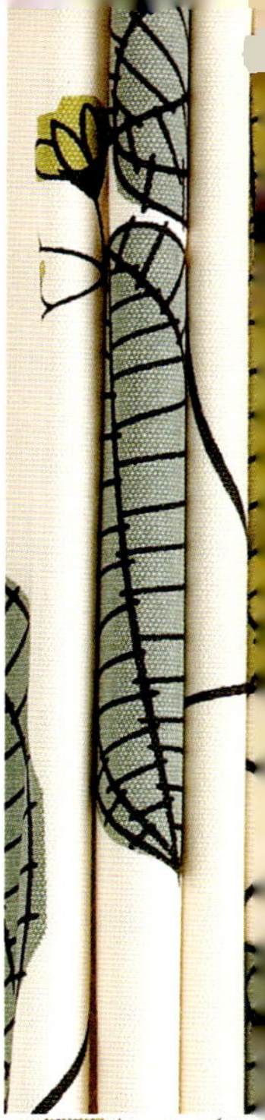

Kühl

April in Paris

Die Farben jungen Blattgrüns rufen Bilder von Paris im Frühling hervor.

Lebensfrohes Frühlingsgrün in Verbindung mit regenblauen Tönen erfreut nach einem langen Winter die Herzen. Mit diesem Bild vor Augen entsteht ein unwiderstehlich einladendes Raumschema.

FARBPALETTE

Gelbgrünes Limone (1) wirkt schön an Böden, Vorhängen und Möbelstoffen. Wässriges Ozeanblau (2) setzt frische Akzente. Delfinblau (3) verleiht Kissen eine angenehme blaue Note. Wände und Holz werden in Warmweiß (4) gestrichen.

13

14

>> Wer sich einen Hauch von Limonengrün im Bodenbelag wünscht, ist mit diesem Schlingenflor-Wollteppich im Naturlook mit Gittermotiv (13) gut beraten. Glamour bietet ein Fußboden aus grünem Onyx (14).

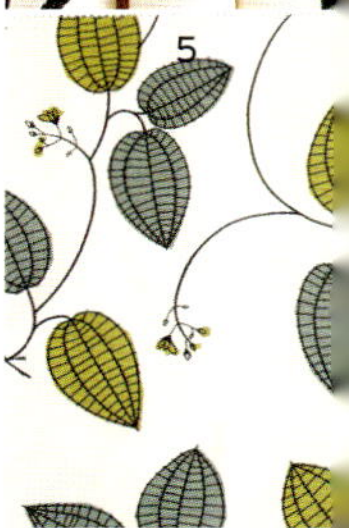

STOFFE

Bedruckte Baumwolle mit stilisierten Blättern (5) ergibt hübsche Vorhänge. Ein limonengrünes Chenillegewebe als Sofabezug (6) harmoniert mit diesem charmanten Stoff mit Punktdesign (7) an Sesseln. Die Kissen sind aus gestreifter Baumwolle (8) und gewebter Baumwolle (9).

Warm

Frisch & fruchtig

Aufeinandertreffen von Grün und Pink.

Dieses Schema baut auf dem limonengrünen Teppichboden auf. Kontrastfarben halten es unter Kontrolle. Rot liegt auf dem Farbkreis Grün direkt gegenüber, man kann sich also bei allen Rottönen bedienen. Dieses Schema eignet sich für ein Mädchen- oder Familienzimmer oder eine peppige Küche.

FARBPALETTE

Limonengrün (1) ist der Ausgangspunkt. Die kräftigen Töne Beere (2) und Pflaume (3) können für Polstermöbel verwendet werden, während intensives Himbeerrot (4) komplementär zu Limonengrün ist. Die Wände sind cremeweiß.

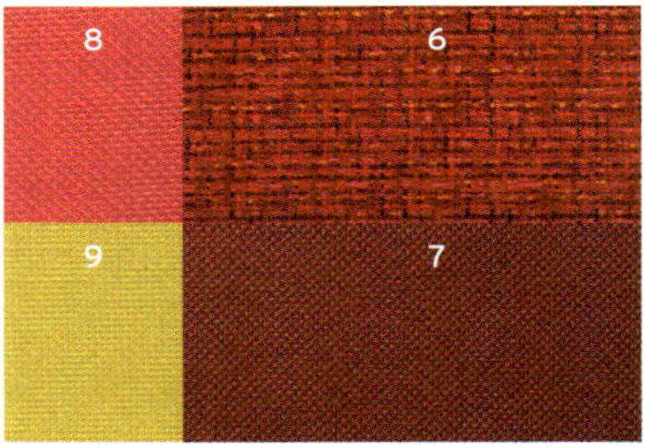

11

12

STOFFE

Vorhänge in Beere (5) sind ein Blickfang. Weiche Chenille in Beere mit Sprenkeln in Limone (6) und Leinen in Pflaume (7) sind perfekt für Polsterbezüge geeignet. Einzelne Kissen in Himbeere (8) und Limonengrün (9) ergänzen das Schema.

FUSSBODEN

Ein lebhaft gesprenkelter limonengrüner Wollteppich (10) ist ein dominantes Element. Das Material ist samtweich und fußwarm. Unverwüstlich ist fruchtfarbenes natürliches Linoleum (11) oder Vinyl mit fröhlichem Gänseblümchendruck (12). >>

Lebhaft

Raffiniertes Zitrus

Ein reifer Stil mit Zitrus-Spritzern.

Limonengrün entfaltet eine wundervolle Wirkung in einem eleganten Wohn- oder Schlafzimmer. Beerenfarbe in verschiedenen Schattierungen wird durch Grau gedämpft. Grau ist eine nützliche und oft vernachlässigte neutrale Farbe – frischer als Taupe, bringt es Kühle in ein Schema.

FARBPALETTE

Bimsgrau (1) wirkt als Wandfarbe sehr geschmackvoll und gleicht Limonengrün (2) aus. Pflaume (3) und Kaki (4) an Möbelstoffen neutralisieren das lebhafte Grün und sind starke Partner für Limonengrün.

13

14

» Helles Gummi (13) ist eine strapazierfähige Lösung für Familienräume und Küchen. Leuchtend limonengrüne Keramik (14) bringt Leben in ein Badezimmer.

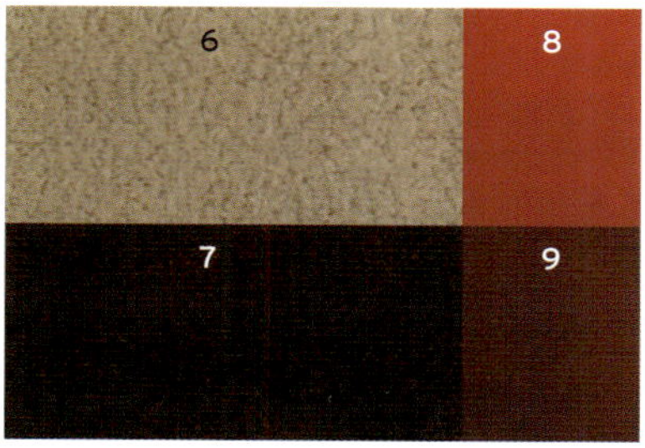

STOFFE

Durchscheinender Vorhangstoff in Limone und Grau (5) nimmt die Farben des Teppichbodens wieder auf. Das weiche Grau der Wände findet sich auch im Möbelstoff aus Alcantara (6). Stühle sind mit pflaumenblauem Samt (7) bezogen. Seidenkissen in Himbeere (8) und Pflaume (9) fügen einen Hauch Luxus hinzu.

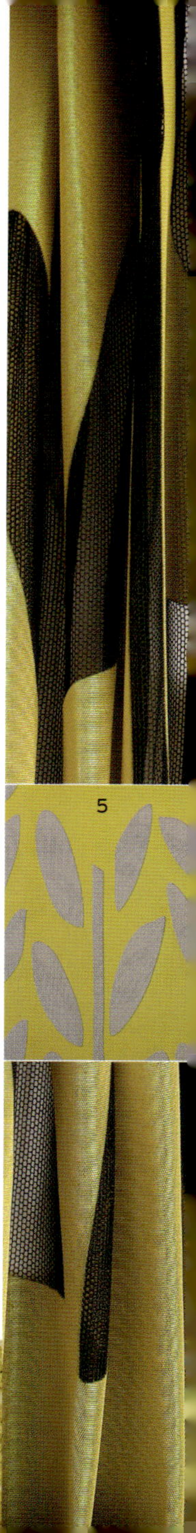

Blaue Fußböden

Oben: Ein hübscher Wollteppich mit traditionellem Blumendekor in Blau und Creme entfaltet auch in einem modernen Interieur eine frische und ansprechende Wirkung.

Blaue Fußböden sind kühl und unaufgeregt und verwandeln jeden Raum in eine Oase der Ruhe.

Im Uhrzeigersinn von links: Vinylfliesen mit Wasseroptik bringen Raffinesse in ein Badezimmer. Ein attraktiver flach gewebter Treppenläufer aus Wolle erhält durch eine blassblaue Einfassung eine weiche Note. Ein in Blautönen gestreifter Wollteppich bringt Muster und Textur in ein kühles, monochromes Schema.

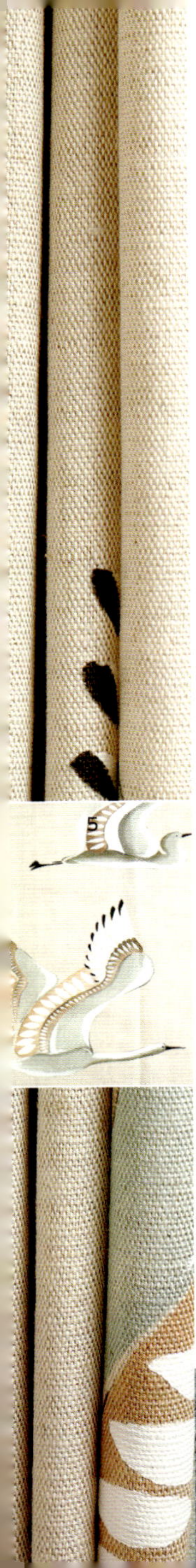

Neutral

Nantucket

Seevögel, Sand und Ozeanblau rufen Urlaubserinnerungen wach.

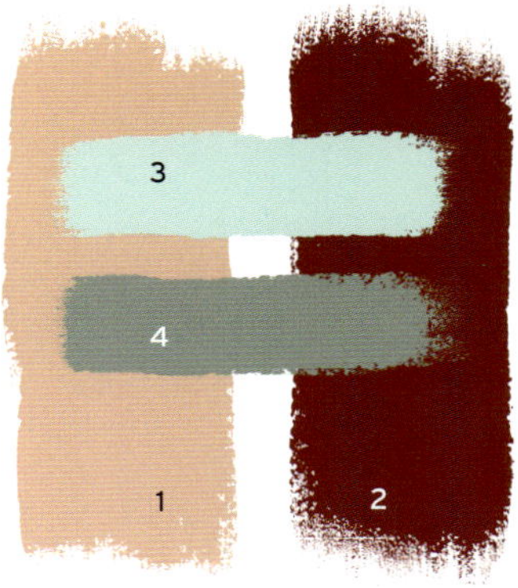

Man kann in diesem freundlichen Schema für ein Familienzimmer fast den Sand unter den Füßen spüren und die Brandung hören. Warme Beigetöne und weiches Blaugrün arbeiten in Innenräumen so gut zusammen, weil sie ein natürliches Paar sind – die Farben von Sand und Meer.

FARBPALETTE

Helles Rehbraun (1) an Wänden und Stoffen liefert die neutrale Basis. Holz und Decke in Cremeweiß wirken anregend. Kräftiger Schokoladenton (2) ist eine weitere warme Neutralfarbe. Blassblau (3) und Ozeanblau (4) holen das Meer ins Haus.

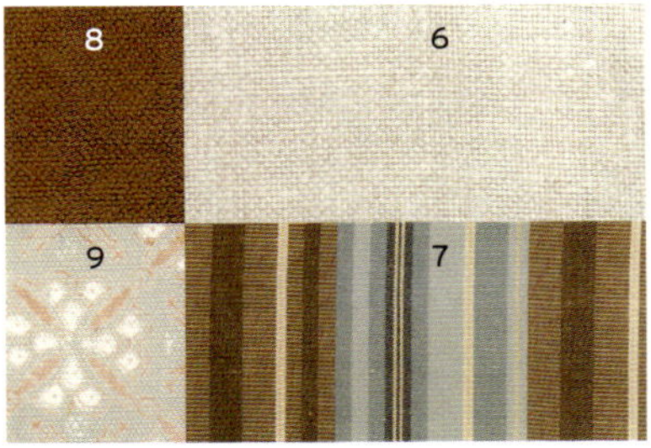

11

12

STOFFE

Mit Seevögeln bedruckter Naturleinen/Baumwollstoff (5) ergibt wundervolle Vorhänge. Ein großes Sofa wird in rehbraunem Leinen (6) bezogen. Streifen (7) auf Sesseln bringen Textur. Kissen in schokoladenbrauner gebürsteter Baumwolle (8) und subtilem blassblauem Handdruck (9) beleben die Szenerie.

FUSSBODEN

Ein Schnittflorteppich aus Wolle in Ozeanblau (10) ist eine komfortable Lösung für Familienzimmer. Strukturiertes Linoleum (11) ist praktisch in Kinderbadezimmern oder Wirtschaftsräumen. ››

Kühl

Spiralbänder

Rasante Spiralen inspirieren dieses energiegeladene Schema.

Sie stehen in einer großen, weißen, modernen Wohnung und wissen nicht, wie sie sich gestalten ließe? Als Faustregel gilt: Man wähle einen inspirierenden Vorhangstoff und lasse sich davon bei der weiteren Einrichtung leiten.

FARBPALETTE
Hier handelt es sich um eine moderne Wohnung mit kompromisslos weißen Wänden und weißem Holz. Der eklektische, durchscheinende Vorhang führt die Farbpalette Kakaobraun (1), Aubergine (2), weiches Jade (3) und Taubengrau (4) ein.

13

14

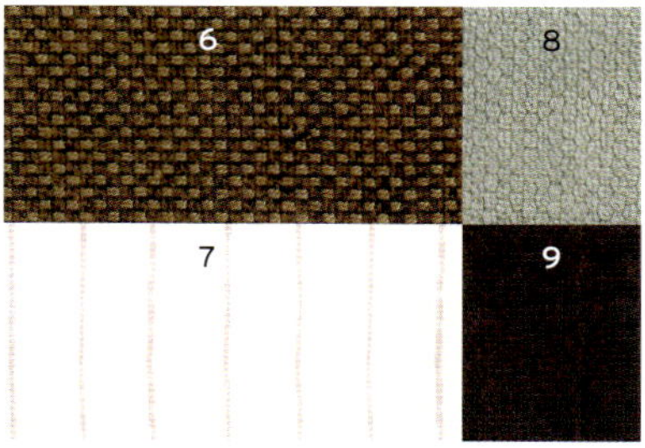

>> Ein Noppenboden aus Gummi (12) ist die zeitgemäße Lösung für moderne Küchen. Vinyl mit Wasseroptik (13) ist ein lustiges Material für ein Kinderbad. Keramikfliesen (14) erfreuen sich in Badezimmern und Küchen steter Beliebtheit.

STOFFE
Durchscheinende Leinenvorhänge mit Spiralmuster (5) eignen sich perfekt für hohe Fenster. Ein Sofa in kakaofarbener Chenille (6) wird durch Kissen in malvenfarben und weiß gestreiftem Leinen (7) und weicher jadefarbener Chenille (8) akzentuiert. Ein Stuhl in Wollsamt aus texturierter Aubergine (9) bringt Glamour.

Warm

Goldener Moment

Ein Schema mit zarten Zweigen und Blattranken.

Ein formelles Wohnzimmer muss nicht steif oder arrangiert wirken. Der Schlüssel zum Erfolg sind Farbe, Muster und Textur. Zarte Blumenmotive und eine Vielzahl von Texturen, von Seide bis Mohair, sind in diesem Schema vereint. Die Grundlage bilden die Primärfarben Blau, Rot und Gelb.

FARBPALETTE
Die gedeckten Töne Honig (1), Sturmblau (2) und Terrakotta (3) bilden die Basis dieser Farbpalette. Kaki (4) setzt nüchterne Akzente. Die Wände in Sturmblau sowie Decke und Holz in Cremeweiß unterstreichen die Atmosphäre komfortabler Opulenz.

STOFFE
Die Vorhänge sind aus honigfarbener bestickter Seide (5). Das Sofa ist mit goldfarbenem Mohair mit Rokokomuster (6) bezogen. Die Kissen sind aus sturmblauem Baumwoll-/Leinenstoff mit Blumendruck (7) und terrakottafarbener Chenille (8). Leinen mit ausgefallenem Design (9) wird für einen Sessel verwendet.

11

12

FUSSBODEN
Ein flauschiger Teppichboden aus Wollvelours (10) schafft in traditionellen wie in modernen Wohnzimmern eine Atmosphäre luxuriösen Komforts. Tonfliesen in Blassblau (11) sind eine attraktive Option für Eingangsbereiche, Küchen und Bäder. >>

Lebhaft

Schubiduubidaa

Wow! Dieses energiegeladene Schema ist Rhythmus pur.

Streifen, Wirbel und Zickzackmuster, kombiniert mit leuchtenden Tönen in Limonengrün, verleihen diesem Schema unbändige Energie. Neutrale und kühle Farben halten die einzelnen Elemente zusammen und sorgen optisch für Harmonie.

FARBPALETTE

Lebhaftes Limonengrün (1) gibt diesem modernen Wohnzimmer den farblichen Kick. Kühles Bergseeblau (2) mildert es ab. Gedecktes Rehbraun (3) wirkt als ausgleichende Neutralfarbe. Wände und Holz in warmem Weiß (4) bringen Frische.

13

14

>> Keramikfliesen (12) in gesprenkeltem Blassblau lassen Familienbäder sehr freundlich wirken. Fliesen aus Harz und Kieseln (13) sind ein Blickfang in modernen Küchen und Bädern, während zartfarbiges Linoleum (14) in einem Babyschlafzimmer sehr ansprechend ist.

STOFFE

Gestreifte Baumwolle (5) ergibt auffällige Vorhänge. Chenillegewebe in Bergseeblau mit Akzenten in Limonengrün und warmem Weiß (6) ist schön für ein Sofa. Die Kissen sind aus fruchtig limonengrünem Mohair (7) und Baumwolle mit Zickzackdruck (8). Die Stühle erhalten einen Samtbezug mit Schlaufenmotiv (9).

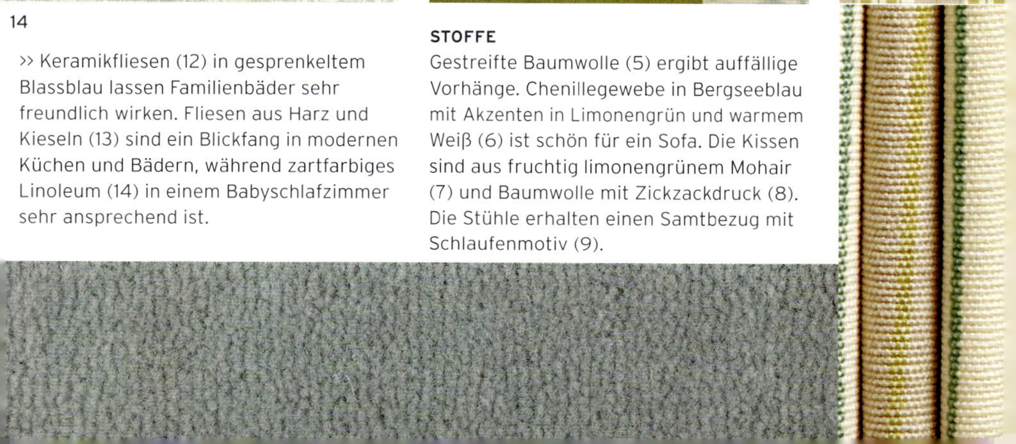

Neutral

Schwedisch

Ein luftig-leichtes skandinavisches Schema für ein Gästezimmer.

Das einzige Problem mit diesem charmanten Schema für ein Gästezimmer ist, dass Ihre Gäste vielleicht nicht mehr abreisen wollen. Diese klassische Farbpalette mit Blau und Weiß passt gleichermaßen zu Möbeln im schwedischen Stil wie zu warmer Eiche im Neuengland-Stil.

FARBPALETTE
Diesem frischen Farbschema liegen mehrere hübsche Blautöne zugrunde – Türkischblau (1), Delfinblau (2) und Parma-Veilchen (3). Sie entfalten sich vor einem warmen Ekrü (4). Holz und Wände erhalten einen klassischen schwedischen Look.

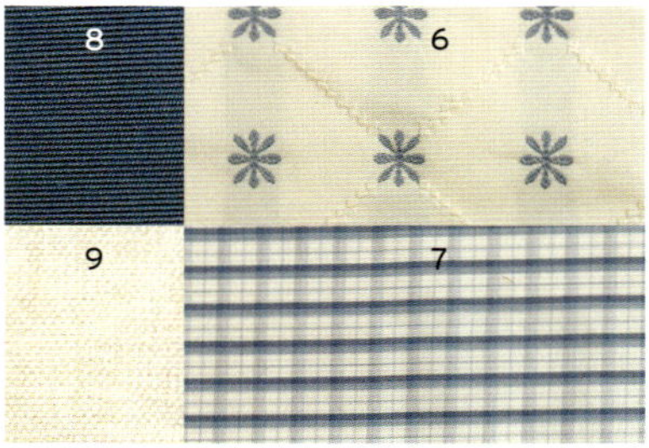

11

12

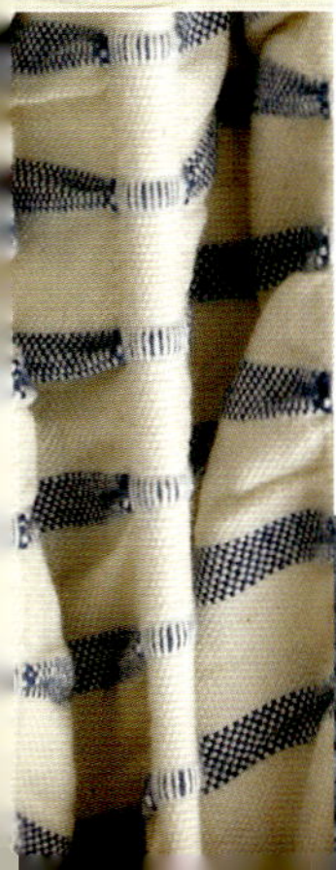

STOFFE
Der Vorhang besteht aus Streifenstoff mit eingearbeiteten Querfalten (5). Die Bettbezüge ziert ein Blumendekor auf einem Gittermuster (6). Die Kissen sind aus klassischem Baumwollkaro (7) und Baumwoll-Ottoman in Türkischblau (8). Ein Stuhl oder eine Chaiselongue wird mit strukturierter Baumwolle in Ekrü (9) bezogen.

FUSSBODEN
Tuftingteppich aus Wolle (10) ist eine klassische Lösung für Schlafzimmer. Eine ausgeprägtere Textur besitzt dieser karierte Wollteppich im Naturfaserlook (11). Quarzstein (12) gibt es in zahlreichen Farben. Er ist ein robuster, attraktiver Bodenbelag. >>

Kühl

Blaues Boudoir

Klassische Toile de Jouy in Blau und Creme inspiriert ein entzückendes Boudoir.

Mit ländlichen Szenerien bedruckte Toile de Jouy kommt wohl niemals aus der Mode. Ihr einzigartiger Charme entfaltet sich wunderbar in einem Schlafzimmer. Sie lässt sich, wie in Frankreich häufig der Fall, für jede Fläche verwenden oder mit modernen Mustern und Farben kombinieren.

FARBPALETTE

Kadettblau (1) und Ekrü (2) sind eine klassische Farbkombination auf den Kattunstoffen der Toile de Jouy. Kühles Aquamarin (3) und Aschgrau (4) kommen als weitere moderne Farbtöne hinzu. Die warme Basis sind Wände und Holz in Ekrü.

13

14

>> Marmoriertes Linoleum (13) ist unter den Füßen warm und fest. Ein Gussbetonboden in Blau mit Textur (14) sieht in einem modernen Haus fantastisch aus.

STOFFE

Baumwolle in Ekrü mit einer ländlichen orientalischen Szene in Hellblau (5) ist ein typisches Toile-de-Jouy-Motiv. Sie eignet sich für Vorhänge oder Himmelbetten. Auf der Tagesdecke in Karos mit Stecknadelmuster (6) liegen Kissen mit Blumendruck (7) und aus Leinen in Aquamarin (8). Der Stuhlbezug ist aus aschgrauer Wolle (9).

Warm

Joie de vivre

Üppiges, kräftiges Pink bringt unmittelbare Wärme in einen Raum.

Ein paar wenige aufreizende Akzente in Pink verwandeln ein ruhiges, kühles Wohnzimmer in einen warmen Raum, der vor Energie sprüht. Für ein ruhiges Raumschema, das aufgepeppt werden soll, empfiehlt sich der Tipp der Vogue-Chefredakteurin Diana Vreeland: „Think Pink!"

FARBPALETTE
Kornblumenblau (1) bildet einen hübschen Kontrast zu einer neutralen Basis in Rehbraun (2) an Wänden und Möbeln sowie zu Elfenbeinweiß (3) an Holz. Knalliges Pink (4) fügt eine unerwartete kräftige Farbe hinzu und wärmt dieses Schema auf.

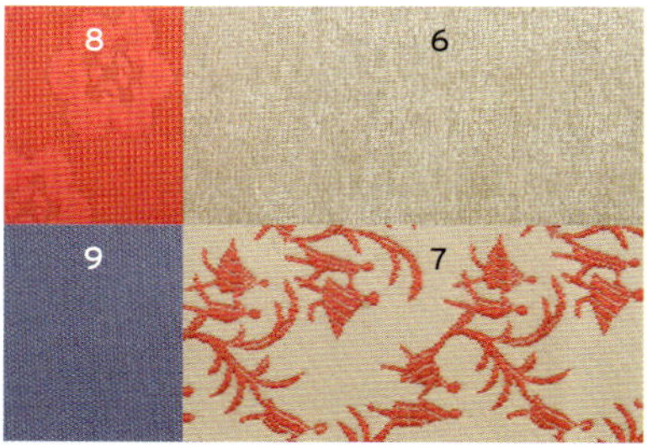

STOFFE
Naturleinen/Baumwolle mit malerischem Blumendesign (5) ergibt wirkungsvolle Vorhänge. Das Sofa erhält einen Chenillebezug in Rehbraun (6). Ein Baumwollstoff aus knalligem Pink und Ekrü (7) als Sesselbezug kommt unerwartet. Die Kissen sind aus kräftigem Pink mit eingewebtem Blumenmuster (8) und in Kornblumenblau (9).

11

12

FUSSBODEN
Dieser verblüffende blaue Marmor (10) ist im Eingangsbereich oder in einem Wohnzimmer ein echtes Highlight. Die Luftblasen auf diesem freundlichen Vinylboden (11) sorgen in einem Badezimmer für fröhliche Stimmung. >>

Lebhaft

Flippig

Ein verspielter Druck mit Slippern inspiriert ein Teenager-Zimmer.

Mädchen im Teenager-Alter wünschen sich oft ein schönes Zimmer, das nicht zu mädchenhaft ist. Dieses bunte Farbschema kann da gerade richtig liegen. Jeder fröhliche oder figurative Stoff mit ähnlichen Farben funktioniert ebenso gut.

FARBPALETTE
Wände, Holz und Bettbezug in Ekrü (1) legen eine ruhige, neutrale Basis. Der Vorhang führt eine leuchtende Palette aus Zartrosa (2), Limonengrün (3) und Delfinblau (4) ein. Kissen und Möbelbezüge nehmen diese Farben wieder auf.

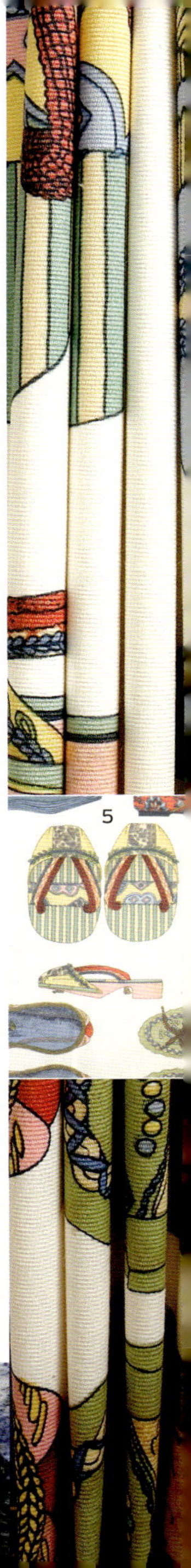

13

14

>> Eine weiße Küche wird durch einen Fußboden aus blauem Gießharz und Kieseln (12) optisch hervorgehoben. Dieser Gussbetonboden (13) bringt eine subtilen lebhaften Blauton ins Spiel. Innovatives blaues Vinyl (14) verleiht einem Spielzimmer optischen Reiz.

STOFFE
Auf einem Raffrollo sind die Slipper voll sichtbar (5). Etwas zurückhaltender ist das Muster auf einem Vorhang. Bettwäsche aus gebürsteter Baumwolle in Ekrü (6) neutralisiert. Dazu passend: Kissen aus limonengrünem Leinen (7) und gestreifter Baumwolle (8). Ein Stuhl erhält einen robusten Baumwollbezug in Delfinblau (9).

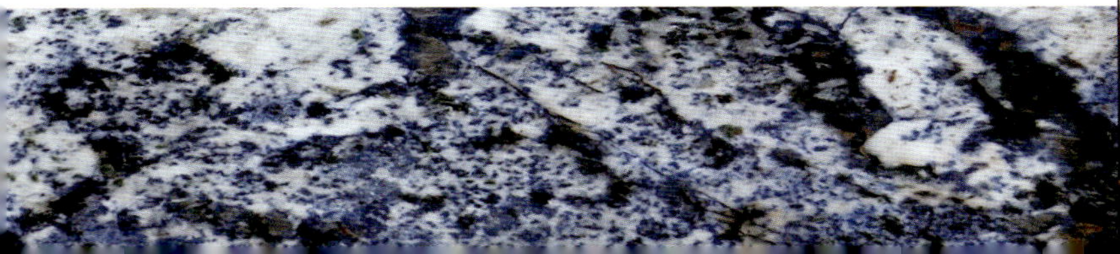

Neutral

Hey Jude

Retro-Muster und Paisley-Wirbel rufen das Lebensgefühl der 60er-Jahre wach.

Jugendlichen Schwung bringt dieses ungewöhnliche Retro-Schema in einen Familienraum. Rollos oder Vorhänge mit großen Ovalen und Kissen in Paisley-Samt inspirieren diese 60er-Jahre-Stimmung.

FARBPALETTE
Die erdigen, neutralen Töne Weizen (1), Sand (2) und Toffee (3) erzeugen ein warmes Ambiente. Lebhafte Akzente von Zartblau (4) bringen Dynamik. Die Wände in Sand und das Holz in Cremeweiß unterstreichen die entspannte Stimmung.

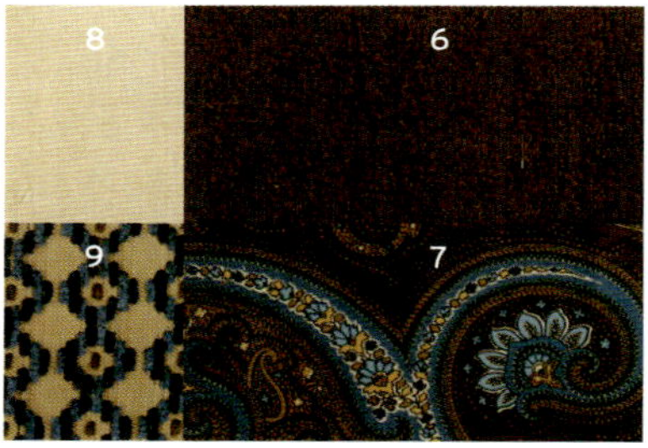

11

12

STOFFE
Zweifarbiges Baumwollgewebe in Braun mit einen Schachbrettmuster aus Retro-Ovalen (5) ergibt eindrucksvolle Vorhänge. Ein großes Sofa mit toffeebraunem Kunstlederbezug (6) erhält Kissen in Paisley-Samt (7) und sandfarbener Seide (8). Sessel in Flachchenille in Blau, Sand und Toffee (9) sorgen für Pep.

FUSSBODEN
Marineblaues Vinyl (10) bringt eine interessante Struktur in Familienräume. Marmoriertes Linoleum (11) ist eine robuste Alternative. Für einen Raum mit Retro-Feeling ist ein langfloriger Teppich (12) die perfekte Lösung. »

Kühl

Blaue Rose

Rosen in winterlichem Blau inspirieren dieses kühl-stilisierte Schema.

Blumenzüchter sind immer noch auf der Suche nach der mysteriösen blauen Rose, doch das bedeutet nicht, dass Sie weiterhin darauf warten müssen. Naturleinen mit vollen, blauen Rosenblüten inspiriert dieses winterliche Schema für ein gemütliches Wohnzimmer.

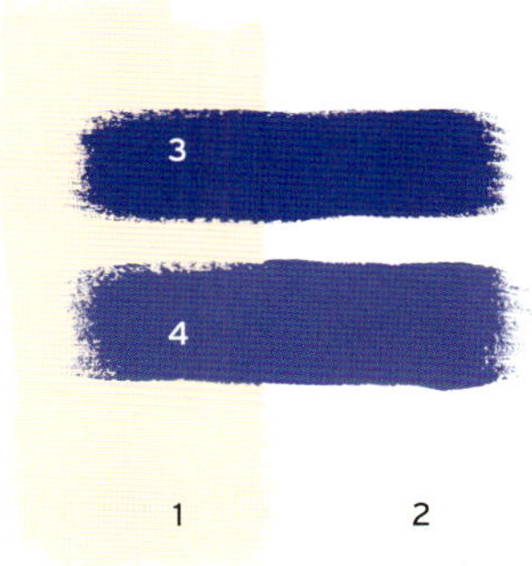

FARBPALETTE
Wände in neutralem Ekrü (1) und Holz in Elfenbeinweiß (2) legen eine ruhige Basis. Sie rücken das zentrale Farbthema mit den Tönen Matrosenblau (3) und Kornblumenblau (4) an Vorhängen, Kissen und Möbelbezügen ins Zentrum.

13

14

>> Sisal in Marineblau und Naturfarbe (13) sieht in familiären Ess- und Wohnzimmern elegant aus. Gemusterter Teppich wie dieser Axminster mit Diamantenmotiv (14) ist in Schlaf- und Wohnzimmern sehr wirkungsvoll.

STOFFE
Vorhänge aus Leinen-/Baumwollstoff mit blauem Rosendruck (5) sind sehr auffällig. Ein Sofa mit flauschiger Chenille in Marineblau (6) besitzt eine weiche Textur. Sessel werden mit neutralem Karogewebe (7) bezogen. Kissen in elfenbeinweißer Seide (8) und blau-weiß karierter Baumwolle (9) führen weitere Texturen ein.

Warm

Primärfarben

Blau, Rot und Gelb bilden ein farbenfrohes Primärfarbenschema.

Eine fröhliche Palette von Primärfarben bringt Leben in ein Familienzimmer. Ein Spiel mit Mustern und Texturen erfüllt einen Raum mit Überschwang.

FARBPALETTE
Rosenrot (1), Cognacbraun (2) und Jeansblau (3) bilden die gedeckte Primärpalette, während Puderblau (4) an Fenstern und auf Kissen leichte Akzente setzt. Wände und Holz in Ekrü bilden den frischen Hintergrund dieses farbenfrohen Schemas.

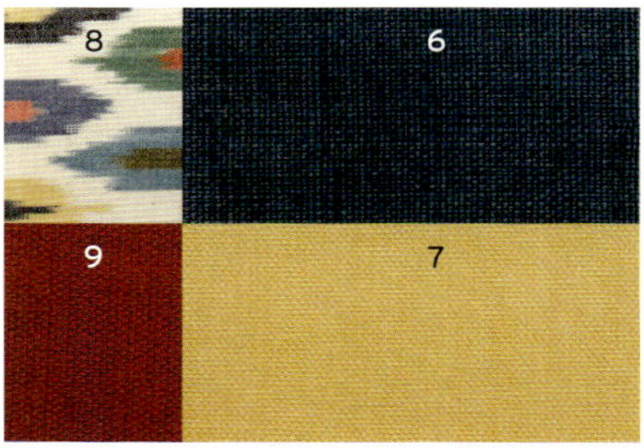

STOFFE
Baumwollmoiré mit eingewebten Kreisen und Streifen (5) ergibt großartige Vorhänge. Das Sofa ist aus jeansblauem Leinen (6). Die Kissen sind aus gebürsteter Baumwolle in Cognacbraun (7) und bunt bedruckter Baumwolle (8). Sessel werden mit robustem Baumwoll-/Leinengewebe in Rosenrot bezogen (9).

11

12

FUSSBODEN
Linoleum (10) ist eine praktische und schöne Lösung für Räume wie Küchen und Familienzimmer, die sehr stark genutzt werden. Dieser marineblaue Axminster-Wollteppich besitzt ein feines Muster mit winzigem Punktmuster (11) als subtilen Blickfang. >>

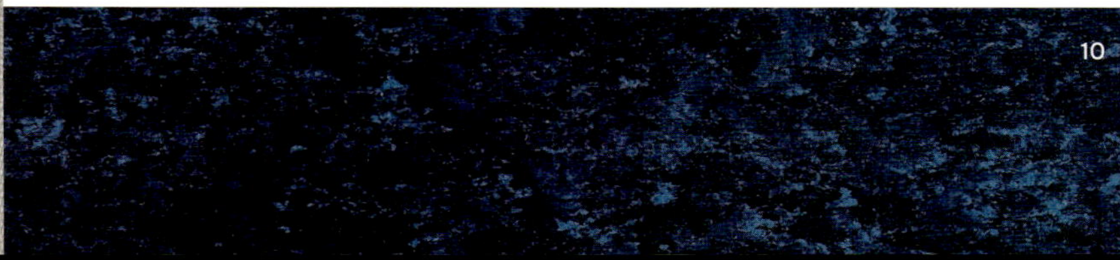

Lebhaft

Landhausküche

Blautöne in Kombination mit butterigem Gelb.

In Landhausküchen stehen das Heim und die Familie im Mittelpunkt. Fröhliche Drucke und lebhafte Farben tragen zu dieser heimeligen Atmosphäre bei.

FARBPALETTE

Die Kombination von spritzigem Zitronengelb (1) und Delfinblau (2) begründet ein klassisches Schema mit Blau und Gelb. Indigo (3) führt eine robuste Note ein, während fruchtiges Kiwi (4) Akzente setzt. Wände und Holz sind in Cremeweiß.

13

14

›› Sisalgewebe in Blau und Gold (12) ist hübsch in Familienräumen und Heimbüros. Wer eine Alternative zu einem natürlichen Bodenbelag sucht, wird mit diesem Teppich in Marineblau und Gold im Naturlook (13) fündig. Blauer Marmor (14) in einem Eingangsbereich zieht die Blicke auf sich.

STOFFE

Baumwolle mit Paisley-Druck (5) eignet sich für hübsche Vorhänge. Die Stühle werden mit robustem Baumwollstoff mit kleinem Blumenmuster (6) bezogen. In eine große Küche passt auch ein Sofa mit Baumwollgewebe aus robustem Indigo und Delfinblau (7). Dekorativ sind Kissen in kräftigem Kiwigrün (8) und Baumwollkaro (9).

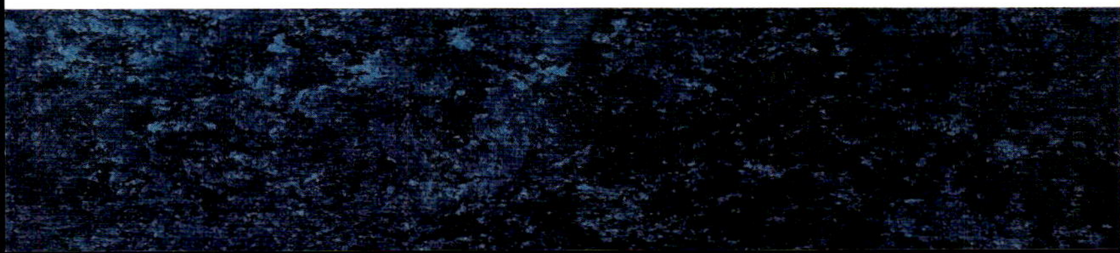

Violette Böden

Oben: Ein kräftig auberginefarbener Teppich in der Raummitte bringt Farbe in ein neutrales Schema.

Violett inspiriert die Kreativität und verleiht jedem Raumschema eine starke Wirkung.

Von links: Gold- und Violetttöne an den Möbeln und ein Teppich in dunklem Aubergine legen die Basis für ein komplementäres Farbschema. Purpurfarbener Gummiboden mit Hochglanzeffekt sorgt in einem modernen Esszimmer für einen tollen Effekt.

Neutral

Traum in Lila

Reizvolle frische Lilatöne inspirieren ein unwiderstehliches Interieur.

Frische Lila- und Purpurtöne in Innenräumen wirken äußerst ansprechend. Dieser vielseitige, aber oft ignorierte Farbton ist in Wohn-, Schlaf- und Esszimmern gleichermaßen eindrucksvoll. Wie zur Viktorianischen Zeit wird Malvenfarbe mit all ihren vollen, fruchtigen Schattierungen verwendet.

FARBPALETTE

Die stimulierenden Farbtöne Violett (1), Malve (2) und Asternrot (3) werden in diesem monochromen Schema als Neutralfarben verwendet. Wände und Holz in Elfenbeinweiß (4) stellen eine Verbindung zu den weichen Weißtönen in Vorhängen und Sofabezug her.

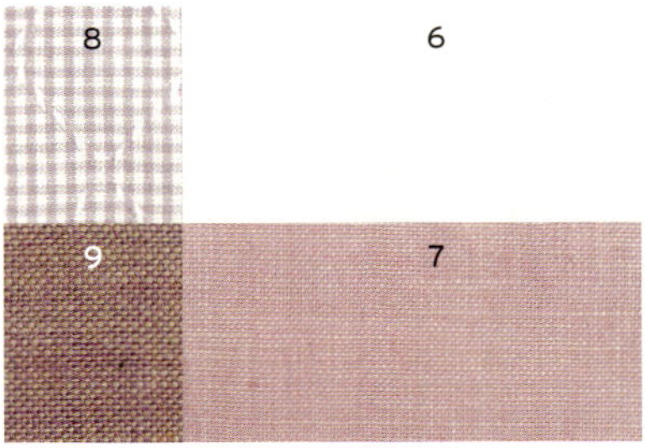

11

12

STOFFE

Ein frischer Baumwolldruck mit lila Blüten (5) ergibt opulente Vorhänge. Ein großes Sofa in elfenbeinweißem Leinen (6) wirkt frisch und einladend. Dekorativ sind Kissen aus Kattun in Malve (7) und aus Gingan in Violett und Weiß (8). Sessel werden mit Leinen in Asternrot und Violett bezogen (9).

FUSSBODEN

Dieser ansprechende lila Wollteppich mit weißen Tupfen (10) ist hübsch in Wohn- und Schlafzimmern. Einfarbiger Tuftingteppich in Lila (11) ist eine elegante Lösung für eine moderne Einrichtung. Der gerippte und gestreifte Teppich in Sisaloptik kombiniert Dunkellila und Naturtöne (12). ››

Kühl

Frühlings-spaziergang

Junge Knospen und Krokusse bringen den Frühling.

Eine Palette frühlingshafter Grüntöne und vibrierender Lilatöne inspiriert dieses leichte, luftige Schema für ein gemütliches Wohnzimmer.

FARBPALETTE

Heiteres Wiesengrün (1) ist die zurückhaltende Basisnote in diesem frischen Schema. Farngrün (2) holt die Natur ins Haus. Kühles Lupinenviolett (3) und kräftiges Asternrot (4) setzen Akzente. Wände und Holz sind in Altweiß gehalten.

13

14

» Bekennen Sie Farbe in der Küche mit einem Noppenboden aus kräftigem Lila (13). Mehrere Purpurtöne vereinen sich in diesem farbigen Linoleumboden (14) für ein Kinderzimmer.

STOFFE

Frische, elegante Streifen (5) zieren die bodenlangen Vorhänge. Der horizontal gestreifte Baumwoll-/Leinenstoff (6) auf einem großen Sofa und ein charmantes Baumwollgewebe mit Blattmotiv (7) an Sesseln nehmen die Grüntöne auf. Die Kissen sind aus lupinenfarbener Seide (8) und asternrotem Leinen (9).

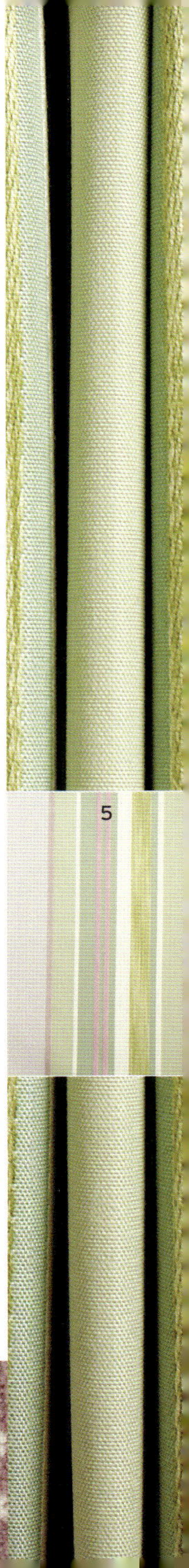

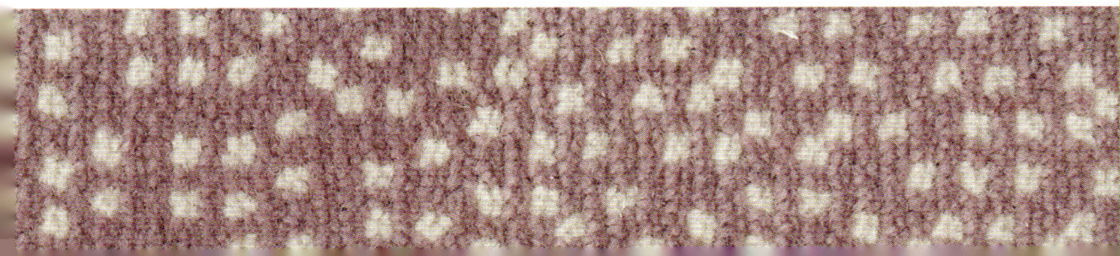

Warm

Toskana-Urlaub

Verlockende toskanische Farben bringen Wärme in ein Wohnzimmerschema.

Erdtöne, von der Sonne geküsst, Blätter und heranreifende Trauben an den Weinstöcken inspirieren eine wohlige Atmosphäre. Machen Sie daraus ein heiterentspanntes Wohnzimmer.

FARBPALETTE

Honig (1) ist die zentrale neutrale Farbe an Wänden, Vorhängen und Möbelstoffen. Holz und Decke in Cremeweiß bringen Helligkeit. Lavendel (2) und helles Limonengrün (3) setzen Akzente, dunkleres Asternrot (4) bildet ein Gegengewicht.

11

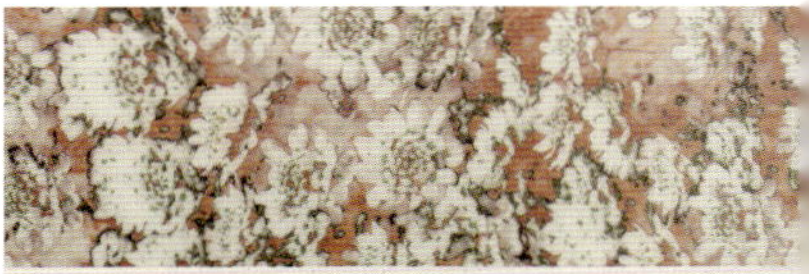

12

STOFFE

Die zierlichen Blätter dieses Vorhangstoffs aus Leinen/Seide (5) legen den Grundstein für die entspannte Atmosphäre. Ein Sofa in honigfarbenem Samt (6) ist ein warmes Element. Die Sessel sind aus elegantem Leinen mit Samtstreifen (7), die Kissen aus Kattun in Lavendel (8) und Leinen in hellem Limonenton (9).

FUSSBODEN

Geschliffener Schieferboden mit weichem, rosigen Lilaton (10) ist eine attraktive Lösung in einem modernen Ambiente. Vinylboden ist in einer Vielzahl von Farben und Mustern erhältlich, wie dieses Sommerblumenmuster (11). Noppenboden aus Gummi (12) wirkt in einem Familienbad sehr fröhlich. »

10

Lebhaft

Sommer in der Provence

Limone und Azalee verheißen sonnige Tage.

Knisterndes Leinen und leuchtende Farben lassen an schöne Sommertage denken, an denen man an den Lavendelfeldern der Provence entlangradelt. Ein lebhafter Blumendruck und kräftige, fruchtige Farben – gemildert durch beruhigendes Taupe – holen diese unbeschwerte Stimmung in Ihr Heim.

FARBPALETTE
Rehbraun (1) an Wänden, Vorhängen und Möbeln legt die neutrale Basis, ergänzt durch Holz in Altweiß. Prickelnde Azalee (2) setzt kräftige Akzente. Würziges Limonengrün (3) sorgt für Wärme, während Lupine (4) eine kühle Note hinzufügt.

13

14

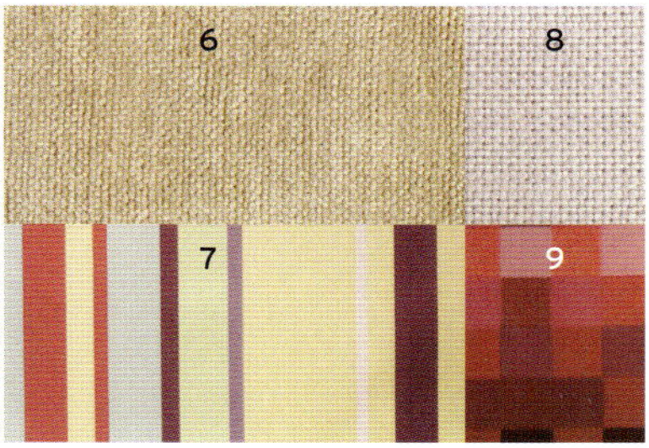

›› Wunderschöner venezianischer Marmor mit Wolkenmuster (13) bringt einen üppigen rosigen Ton in Wohn- und Essbereiche. Blasslila Kiesel (14) im Badezimmer sorgen für Aufsehen.

STOFFE
Vorhänge aus Leinen/Baumwolle mit prächtigem Gladiolendruck (5) sind ein Blickfang. Ein Sofa in flauschiger, rehfarbener Chenille (6) beruhigt. Die Kissen sind aus bunt gestreifter Seide (7) und blasslupinenfarbenem Leinen (8). Sessel werden mit Wolle-/Viskosekaro (9) bezogen.

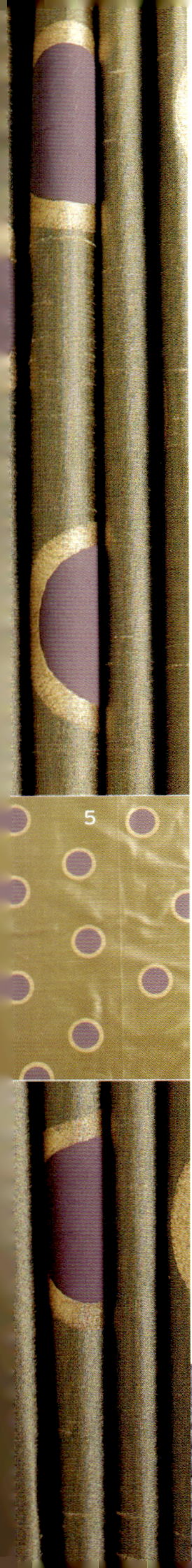

Neutral

Königliches Purpur

Purpur und Gold sind eine majestätische Verbindung.

Strukturierte Seidenstoffe und luxuriöse, von Damast inspirierte Möbelstoffe liefern das prachtvolle Dekor für dieses glamouröse Wohnzimmerschema.

FARBPALETTE
Warmes Weiβ (1) an Wänden und Holz erzeugt ein kokonähnliches wohliges Ambiente. Golden Honig (2) und Moos (3) legen die neutrale Basis für dieses anpassungsfähige Schema. Distel (4) setzt einen eleganten Akzent.

11

12

STOFFE
Die Vorhänge sind aus honigfarbener Seide mit Kreismotiven in Distel und Gold (5). Ein Jacquard-Sofa in Distel, Honig und Moos (6) bildet den glanzvollen Mittelpunkt. Sessel erhalten einen Chenillebezug in Honiggelb (7). Die Kissen sind im Distelton mit gleichfarbigem Kreismuster (8) und aus Seide in Honig (9).

FUSSBODEN
Ein robuster Schnittflorteppich aus Wolle (10) in kräftigem Distelton definiert das kräftige Farbschema in Lavendel. Eine subtilere Alternative bietet ein in Honig und Heide karierter Wollteppich (11). »

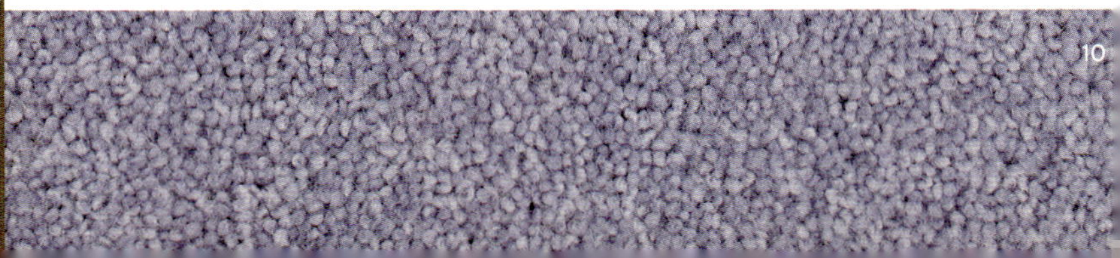

Kühl

Der Duft von Lavendel

Ein zartes Schema aus Pastelltönen und Blumen.

Zarte Zuckerwattefarben inspirieren ein leichtes, luftiges Sommerschema für ein Mädchenzimmer. Vorhänge und Bettwäsche aus freundlichen Leinen- und Baumwollstoffen sorgen für eine frische und unbeschwerte Atmosphäre.

FARBPALETTE
Leinenvorhänge aus neutralem Rehbraun (1) sorgen für eine rustikale Note. Diese feminine Farbpalette besteht aus Distel (2), Blassblau (3) und Pfingstrose (4) aus der Vorhangstickerei. Die Wände sind distelblau gestrichen, das Holz altweiß.

13

14

>> Keramikfliesen in heller Lavendelfarbe (12) sind eine attraktiver Bodenbelag für Badezimmer. Gummiboden mit Struktur (13, 14) ist eine vielseitige Lösung für Spielzimmer, Küchen und Kindertagesstätten.

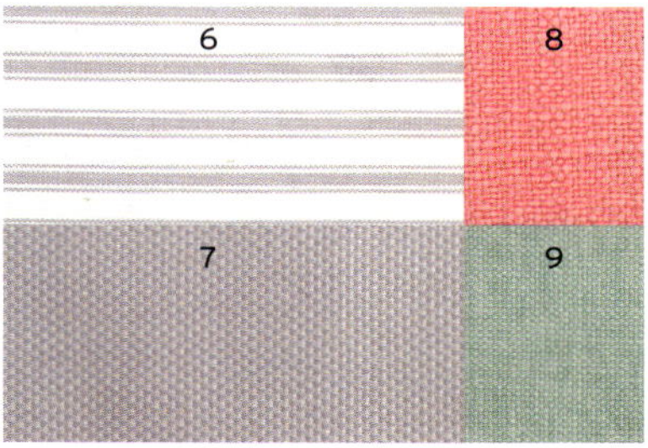

STOFFE
Rustikales Leinen mit bunter Blumenstickerei (5) ergibt hübsche Vorhänge. Für Bettwäsche eignet sich Baumwolldrillich in Distel und Weiß (6). Kissen aus Baumwolle in Distelblau (7) und aus Leinen in Pfingstrose (8) zieren das Bett. Ein Stuhl wird mit zartblauer gebürsteter Baumwolle (9) bezogen.

Warm

Maisonne

Sonnengelb und süße Malve inspirieren ein fröhliches Frühlingsschema.

Man kann die feuchte Erde und den Duft der Frühlingsknospen in diesem erhebenden Wohnraumschema fast riechen. Es ist maßgeschneidert für einen Landhausstil in einer Stadtwohnung.

FARBPALETTE
Sonniges Honiggelb (1) und Blassgelb (2) erhalten durch Distel (3) als Farbakzent einen Hauch Kühle. Antikgold (4) an Möbelstoffen ist ein frischer neutraler Ton. Die Wände sind hellgelb gehalten, das Holz in Altweiß.

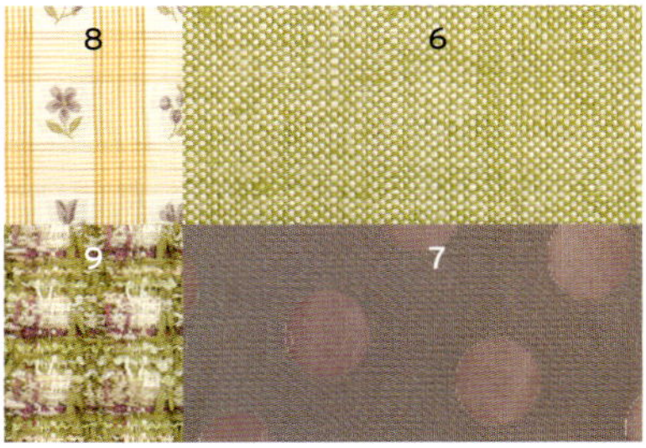

11

12

STOFFE
Groß karierte Vorhänge in Goldtönen (5) sorgen für sonniges Licht. Ein Sofa wird mit Leinen in Antikgold (6) bezogen. Darauf liegen Kissen mit Kreismotiven in Distel (7) und mit Veilchen auf honigfarbenem Karo (8). Stühle erhalten einen Bezug aus rustikalem Baumwollgewebe (9).

FUSSBODEN
Strukturierter, dunkellavendelfarbener Schnittflorteppich aus Wolle (10) in Schlaf- und Wohnbereichen ist äußerst ansprechend. Ein Wollteppich im Naturlook mit lavendelfarbenem Gittermotiv (11) hat rustikalen Charme. »

Lebhaft

Prunk & Pracht

Flammende Stiefmütterchen ergeben ein Schema voll Überschwang.

Fehlt ein Kamin als Mittelpunkt in einem Wohnzimmer, rückt das Sofa ins Zentrum des Interesses – mit einem aufregenden Bezug, der neugierig macht. Das einzige Problem mag sein, dass Gäste nicht mehr gehen möchten.

FARBPALETTE

Wände und Holz sind in ruhigem Ekrü (1) gehalten. Die Stiefmütterchenfarben des Sofabezugs inspirieren die Komplementärfarbenpalette aus Gold (2) und Distel (3). Antikgold (4) auf den Kissen setzt ruhige Akzente.

13

14

>> Keramikfliesen in dunkler Lavendelfarbe (12) bringen Verve in eine moderne weiße Küche. Gerippter Gummiboden (13) ist eine ausgefallene Lösung für ein Spielzimmer. Eine Alternative bietet Linoleum mit Marmoroptik (14).

STOFFE

Rollos oder Vorhänge in Distelblau mit Kreismotiven (5) sind Blickfänger. Im Zentrum steht das mit Stiefmütterchendruck bezogene Sofa (6). Dekorativ sind Seidenkissen in Gold (7) und Antikgold (8). Sessel werden neutral mit goldfarbenem Baumwoll-Pannesamt (9) bezogen.

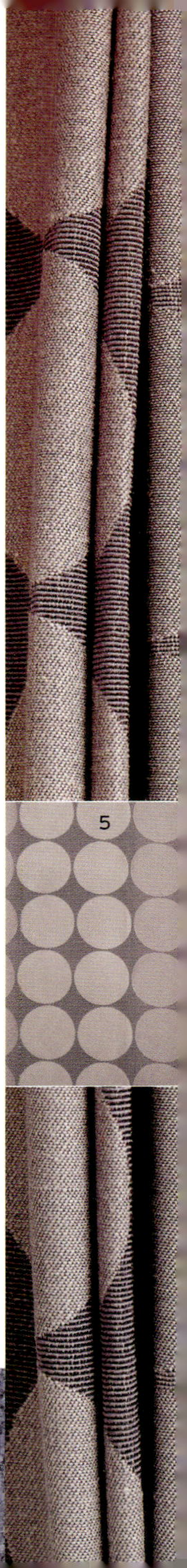

Neutral

Holländische Szene

Verführerische Tulpen stehen im Mittelpunkt.

Ein Spiel mit den neutralen Farben und den Beerentönen dieses ausdrucksvollen Vorhangstoffs mit Tulpendruck lässt ein unwiderstehliches Schema für ein Wohnzimmer entstehen.

FARBPALETTE
Ruhiges Rehbraun (1) ist die zentrale Neutralfarbe. Wände in Rehbraun und Holz in Altweiß schaffen die neutrale Basis. Üppige Töne wie Fuchsia (2), Dunkelrot (3) und Asternrot (4) setzen geschmackvolle Akzente.

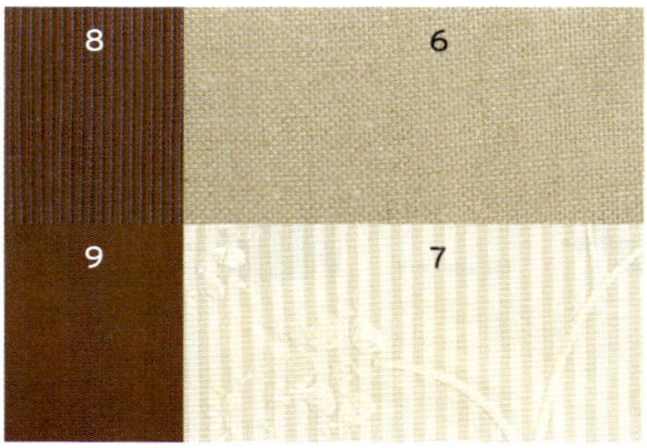

11

12

STOFFE
Vorhänge aus diesem Tulpendruck auf Leinen/Baumwolle (5) sind die Stars der Show. Ein Sofa in rehbraunem Leinen (6) zeugt von Eleganz. Die Kissen sind aus dezent gestreifter, bestickter Seide (7) und Samt in würzigem Dunkelrot (8). Stühle in Asternrot (9) beweisen klassischen Chic.

FUSSBODEN
Vielfarbiger polierter Granit (10) wirkt in Eingangsbereichen, Wohn-, Esszimmern und Küchen äußerst repräsentativ. Geschliffener Schiefer in Purpur (11) ist ein moderner Boden mit einer kräftigen Farbe. Teppichboden (12) ist besonders in Schlafzimmern beliebt. >>

Kühl

Florale Fantasie

Fantastische Blumen inspirieren ein Schema von prunkvollem Glamour.

Ein mit flammenden, übergroßen Blumen aufreizend bedruckter Seidenstoff inspiriert ein kühles, reifes Wohnzimmerschema mit einem betörenden Ambiente.

FARBPALETTE
Wiesengrün (1) und Oliv (2) bilden die grüne Basis. Üppiges Pfauenblau (3) und Asternrot (4) setzen anspielungsreiche Akzente. Wände in Wiesengrün und Holz in Altweiß sorgen für Harmonie.

13

14

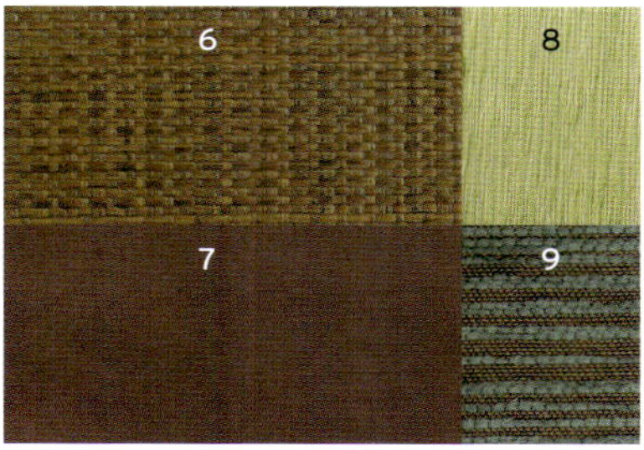

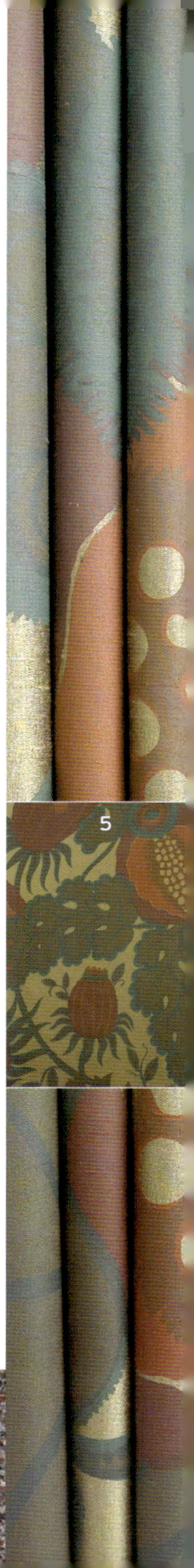

>> Für eine Küche eignet sich ein kräftig auberginefarbener Gummiboden (13). Ein Badezimmer wird durch einen strukturierten Gummiboden mit verspieltem Fischschuppenmuster (14) verschönert.

STOFFE
Vorhänge aus Seide in Wiesengrün mit Fantasieblumendruck (5) wirken glamourös. Ein Sofa in olivfarbener Raffia (6) besitzt eine geschmeidige Textur. Seidenkissen sind asternrot (7) und wiesengrün (8). Sessel erhalten einen Baumwollbezug mit Querstreifen in Pfauenblau und Oliv (9).

Warm

Purpurschleier

Kräftiges Purpur inspiriert ein eklektisches, modernes Wohnzimmer.

Erdiges Aubergine ist in modernen Interieurs beliebt. Seine mondänen dunklen Töne machen es zur perfekten Wahl für ein elegantes Wohn- und Esszimmer.

FARBPALETTE
Aubergine (1) und Asternrot (2) begründen dieses kraftvolle Farbschema auf der Basis von Purpur. Leuchtendes Limonengrün (3) als Akzentfarbe auf Kissen verleiht Wärme. Wände und Holz in Ekrü (4) gleichen die kräftigen Purpurtöne aus.

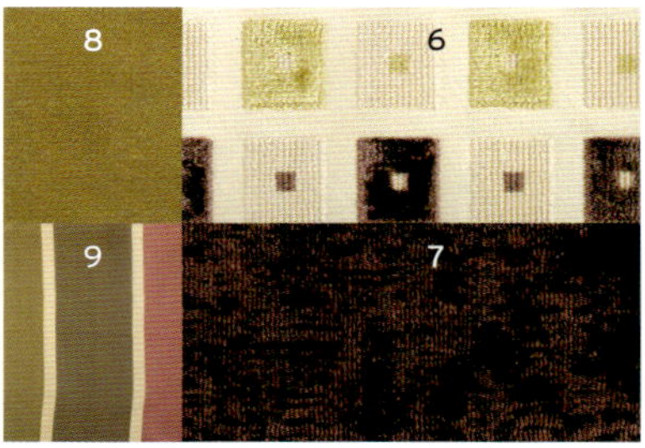

11

12

STOFFE
Bodenlange Vorhänge aus Leinen in Ekrü mit purpurfarbenem Rankendruck (5) sind äußerst reizvoll. Ein Sofa in Flachchenille mit Quaderdesign (6) führt einen limonengrünen Akzent ein. Sessel werden in gedeckt auberginefarbenem Samt (7) bezogen. Seidenkissen sind limonengrün (8) und breit gestreift (9).

FUSSBODEN
Geschliffener brasilianischer Schieferboden in Purpur (10) ist ein exklusiver Belag für moderne Innenräume. Enkaustikfliesen (11) sind schön in Küchen und Eingangsbereichen. Ein hochfloriger Veloursteppich in Amethyst mit hellen limonenfarbigen Tupfen (12) ist reizvoll in einem Wohnzimmer. »

10

Lebhaft

Lime Cordial

Fruchtiges Limonengrün ergänzt dieses Schema um kräftige Farbspritzer.

Die kräftigen Purpurtöne von Aubergine bilden einen sehr schönen Kontrast zu Limonengrün. Diese Farbkombination kann man selbstbewusst einsetzen, dabei sollte man aber bedenken, dass bereits kleine limonengrüne Akzente eine starke Wirkung entfalten.

FARBPALETTE

Die fruchtigen Pflaumentöne (1) gehen in diesem behaglichen Wohnzimmer eine harmonische Partnerschaft mit Limonengrün (1) ein. Wände in Rehbraun (3) und Decken und Holz in Ekrü (4) legen eine neutrale Basis für dieses Schema.

13

14

>> Bouclé Sisal (13) ist ein robuster Bodenbelag für ein Spielzimmer. Für ein modernes Badezimmer bietet glänzendes Granit mit starker Struktur (14) eine Lösung.

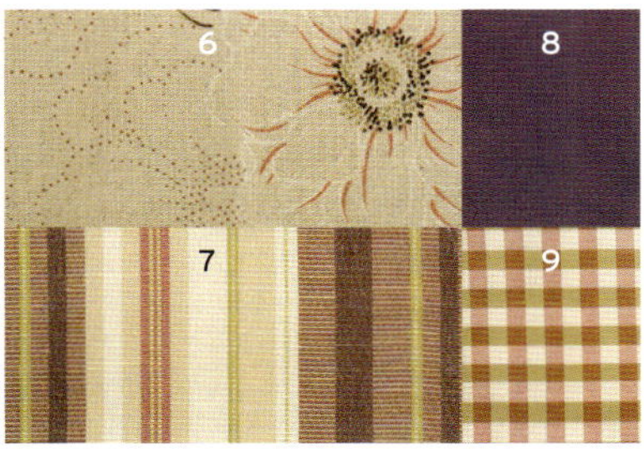

STOFFE

Ein Baumwollvorhang in Limone mit Rankenwirbeln und Blumen (5) steckt voll fröhlicher Energie. Ein großes Sofa erhält einen Überwurf aus rehfarbenem Leinen-/Baumwollstoff mit zartem Blumendruck (6). Elegantes Streifenmuster (7) ist ideal für Sessel. Kissen sind aus Samt in Pflaume (8) und aus karierter Seide (9).

Bezugsadressen

Von den nachfolgend aufgeführten Lieferanten stammen alle Stoffe, Bodenbeläge und Innendekorationen, die in diesem Buch vorgestellt werden. Die Abkürzungen in Klammern nach den jeweiligen Namen werden in der Quellenliste auf den Seiten 240–253 verwendet, um die genannten Produkte zu identifizieren. Die Raumschemata sind auf Seite 256 erklärt.

Abbott & Boyd Ltd
[A&B]
UK Showroom
1/22 North End Extension
Chelsea Harbour Design Centre
Lots Road
London SW10 0XE
T: +44 (0)20 7351 9985
F: +44 (0)20 7823 3127
E: sales@abbottandboyd.co.uk
www.abbottandboyd.co.uk

Amtico
[AMT]
UK Corporate Office
Amtico
Kingfield Road
Coventry CV6 5AA
T: +44 (0)870 350 4090
www.amtico.com

In Deutschland:
Amtico International GmbH
Im Taubental 11
41468 Neuss-Grimlinghausen
T: +49 (0)2131 359 160
F: +49 (0)2131 359 1650

Beacon Hill
[BEA]
UK Showroom
Chelsea Harbour Design Centre
Lots Road
London SW10 0XE
T: +44 (0)20 7352 0931
F: +44 (0)20 7352 0935
E: showroom@robertallendesign.co.uk
www.robertallendesign.com

Bill Amberg
[BIL]
UK Showroom
Unit 14 Grand Union Centre
West Row
London W10 5AS
T: +44 (0)20 8964 9100
F: +44 (0)20 8964 5400
www.billamberg.com

Bowloom
[BOW]
UK Showroom
Salisbury House
4 Manor Road
Medomsley
County Durham DH8 6QW
T: +44 (0)1207 561 153
F: +44 (0)1207 561 465
E: info@bowloom.co.uk
www.bowloom.co.uk

Brintons
[BRI]
UK Corporate Office
Brintons Fine Carpet
PO Box 16
Exchange Street
Kidderminster
Worcestershire DY10 1AG
T: 0800 505 055
E: samples@brintons.co.uk
www.brintons.net

Christopher Farr
[CHR]
UK Showroom
6 Burnsall Street
London SW3 3ST
T: +44 (0)20 7349 0888
F: +44 (0)20 7349 0088
E: cloth@christopherfarrcloth.com
www.christopherfarrcloth.com

Colefax & Fowler
[C&F]
einschließlich Jane Churchill **[JC]**,
Manuel Canovas **[MC]** und
Larsen **[LA]**

UK Showroom
110 Fulham Road
London SW3 6HU
T: +44 (0)20 7244 7427
www.colefax.com
www.janechurchill.com
www.manuelcanovas.com
www.larsenfabrics.com

In Deutschland:
Colefax & Fowler GmbH
Georgenstr. 34
80799 München
T: +49 (0)89 3399 720
F: +49 (0)89 3399 7225

Crucial Trading
[CRU]
UK Showroom
The Plaza
535 King's Road
London SW10 0SZ
T: +44 (0)1562 743 747
www.crucial-trading.com

UK Showroom
79 Westbourne Park Road
London W2 5QH
T: +44 (0)20 7221 9000

Handelsvertretung in Deutschland:
Crucial Trading
Glenn Fulton
Gneisenaustr. 42 a
33330 Gütersloh
T: +49 (0)5241 337 500
F: +49 (0)5241 337 502

Dalsouple Rubber Flooring
[DAL]
UK Corporate Office
Showground Road
Bridgwater
Somerset TA6 6AJ
T: +44 (0)1278 727 733
F: +44 (0)1278 727 788
E: info@dalsouple.com
www.dalsouple.com

In Deutschland:
René Heischling
Elastic Bodenbelag Handels-GmbH
DALSOUPLE Deutschland
Bobenheimer Str. 4
67547 Worms
T: +49 (0)6241 36155
F: +49 (0)6241 3483
E: dalsouple@heischling.de
www.dalsouple.de

Donghia
[DON]
UK Showroom
23 The Design Centre
Chelsea Harbour
London SW10 0XE
T: +44 (0)20 7823 3456
F: +44 (0)20 7376 5758
www.donghia.com

In Deutschland:
Donghia Möbel
Grüner Sand 51
32107 Bad Salzuflen
T: +49 (0)5222 91290
F: +49 (0)5222 912949
E: info@donghia.de
www.donghia.de

Donghia
Showroom Berlin
Fasanenplatz
Meierottostr. 1
10719 Berlin
T: + 49 (0)30 8485 0150
F: +49 (0)30 8485 0170
E: info@donghia.de

Fired Earth
[FIR]
UK Corporate Office
Twyford Mill
Oxford Road
Adderbury
Oxfordshire OX17 3SX
T: 0845 366 0400
Export sales: +44 (0)1295 814 316
F: +44 (0)1295 810 832
www.firedearth.com

In Deutschland:
Fired Earth
Showroom Hannover
Königstr. 5
30175 Hannover
T: +49 (0)51 3989 3715
F: +49 (0)51 3989 3714

Flowcrete
[FLO]
UK Office
Flowcrete UK Ltd
Booth Lane
Sandbach
Cheshire CW11 3QF
T: +44 (0)1270 753 000
F: +44 (0)1270 753 333
E: uk@flowcrete.com
www.flowcrete.com

Forbo Flooring
[FOR]
UK Corporate Office
Forbo Nairn Ltd
PO Box 1
Kirkcaldy
Fife KY1 2SB
T: +44 (0)1592 643 777
F: +44 (0)1592 643 999
E: info.uk@forbo.com
www.forbo-flooring.co.uk

In Deutschland:
Forbo Flooring GmbH
Steubenstr. 27
33100 Paderborn
T: +49 (0)5251 1803 0
F: +49 (0)5251 1803 200
E: info.germany@forbo.com
www.forbo-flooring.de

Harvey Maria
[HAR]
UK Corporate Office
Acorn House
74-94 Cherry Orchard Road
Croydon
Surrey CR0 6BA
T: +44 (0)845 680 1231
F: +44 (0)845 680 1241
E: info@harveymaria.co.uk
www.harveymaria.co.uk

Junckers Ltd
[JUN]
UK Showroom
Unit A, 1 Wheaton Road Witham
Essex CM8 3UJ
T: +44 (0)1376 534 700
F: +44 (0)1376 514 401
E: brochures@junckers.co.uk
www.junckers.co.uk

In Deutschland:
Junckers Parkett GmbH
Halskestr. 23
40880 Ratingen
T: +49 (0)2102 99 7570
F: +49 (0)2102 99 75799
E: info@junckers.de
www.junckers.de

Kirkstone
[KIR]
UK Showroom
128 Walham Green Court
Moore Park Road
Fulham
London SW6 2DG
T: +44 (0)20 7386 5600
F: +44 (0)20 7381 0434
www.kirkstone.com

Limestone Gallery
[LIM]
UK Showroom
Arch 47 South Lambeth Road
London SW8 1SS
T: +44 (0)20 7735 8555
F: +44 (0)20 7793 8880
E: info@limestonegallery.com
www.limestonegallery.com

Linwood
[LIN]
UK Corporate Office
15 Headlands Business Park
Salisbury Road
Ringwood
Hampshire BH24 3PB
T: +44 (0)1425 461 176
F: +44 (0)1425 461 196
E: sales@Linwoodfabric.com
www.linwoodfabric.com

In Österreich:
Linwood
Interselect Vertriebsgesellschaft
M.B.H.
Stuckgasse 2
1070 Wien
T: +43 (0)1523 5163
F: +43 (0)1523 516322

MgLW London
[MGL]
UK Corporate Office
44 Linford Street
London SW8 4UN
T: +44 (0)20 7720 9944
F: +44 (0)20 7498 9259
E: contact@naturalstonefloor.com
www.naturalstonefloor.com

The Natural Wood Floor Company
[NAT]
UK Showroom
20 Smugglers Way
Wandsworth
London SW18 1EG
T: +44 (0)20 8871 9771
F: +44 (0)20 8877 0273
E: sales@naturalwoodfloor.co.uk
www.naturalwoodfloor.co.uk

UK Showroom
Unit 6B Freshfield Business Park
Stevenson Road
Brighton BN2 0DF
T: +44 (0)1273 605 800
F: +44 (0)1273 605 799

Osborne & Little
[O&L]
einschließlich Nina Campbell **[NC]**,
Liberty Furnishings **[LF]** und
Lorca **[LO]**

UK Showroom
304 King's Road
London SW3 5UH
T: +44 (0)20 7352 1456
F: +44 (0)20 7351 7813
www.osborneandlittle.com

Führen Osborne & Little
in Deutschland:
Villa Stulz
Klarastr. 1
01099 Dresden
T: +49 (0)351 804 5862

Deko Art Müller
Wehlenerstr. 18
01279 Dresden
T: +49 (0)351 257 070

Schwarzmeier
Hauptstr. 10
01475 Arnsdorf
T: +49 (0)352 0024 279

Kallenbach-Leipzig
Gohliser Str. 20
04105 Leipzig
T: +49 (0)341 910 2603

Robert Allen
[ROB]
UK Showroom
Chelsea Harbour Design Centre
Lots Road
London SW10 0XE
T: +44 (0)20 7352 0931
F: +44 (0)20 7352 0935
E: showroom@robertallendesign.
co.uk
www.robertallendesign.com

Roger Oates
[ROG]
UK Showroom
1 Munro Terrace
Riley Street
London SW10 0DL
T: +44 (0)20 7351 2288
E: london@rogeroates.com
www.rogeroates.com

UK Showroom
Eastnor
Ledbury
Herefordshire HR8 1EL
T: +44 (0)1531 632 718
E: sales@rogeroates.com

Ryebrook Resins Ltd
[RYE]
UK Corporate Office
Unit 4 Kelvin Business Centre
Kelvin Way
Crawley
West Sussex RH10 9SF
T: +44 (0)1293 565 500
F: +44 (0)1293 565 472
E: sales@ryebrook.co.uk
www.ryebrook.co.uk

Sanderson
[SAN]
UK Showroom
Chelsea Harbour Design Centre
Lots Road
London SW10 0XE
T: +44 (0)870 830 0060
www.sanderson-uk.com

Scalamandre
[SCA]
UK Showroom
Chelsea Harbour Design Centre
Lots Road
London SW10 0XE
T: +44 (0)20 7795 0988
F: +44 (0)20 7795 0989
E: sue@scalamandre-eu.demon.
co.uk
www.scalamandre.com

Siesta Cork Tile Co.
[SIE]
UK Corporate Office
Unit 21, Tait Road
Gloucester Road
Croydon CR0 2DP
T: +44 (0)20 8683 4055
F: +44 (0)20 8683 4480
E: siestacork@aol.com
www.siestacorktiles.co.uk

Surface Tiles
[SUR]
UK Showroom
60 Queenstown Road
Battersea
London SW8 3RY
T: +44 (0)20 7819 2300
F: +44 (0)20 7819 2301
E: info@surfacetiles.com
www.surfacetiles.com

Turnell & Gigon
[T&G]
UK Showroom
Chelsea Harbour Design Centre
Lots Road
London SW10 0XE
T: +44 (0)20 8971 1711
F: +44 (0)20 8971 1716
E: sales@turnellandgigon.com
www.tandggroup.com

Zimmer & Rohde
[Z&R]
einschließlich Ardecora **[AR]**,
Etmine **[ET]** und
Hodsoll McKenzie **[HM]**

UK Showroom
Zimmer & Rohde
Chelsea Harbour Design Centre
Lots Road
London SW10 0XE
T: +44 (0)20 7351 7115
F: +44 (0)20 7351 5661
E: info.uk@zimmer-rohde.com
www.zimmer-rohde.com

In Deutschland:
Zimmer & Rohde GmbH
Zimmersmühlenweg 14-18
61440 Oberursel/Frankfurt
T: +49 (0)6171 632 02
F: +49 (0)6171 632 244
E: info@zimmer-rohde.com
www.zimmer-rohde.com

Zoffany
[ZOF]
UK Showroom
Chelsea Harbour Design Centre
Lots Road
London SW10 0XE
T: +44 (0)870 830 0060
www.zoffany.com

Web-Adressen zur eigenen Themenrecherche:

Allgemein:
www.baumarkt.de
www.obi.de
www.hornbach.de
www.globus-baumarkt.de
www.knauber.de
www.maxbahr.de
www.bauhaus-ag.de
www.bauklotz.de
www.werkmarkt.de

Deutschland und Österreich:
www.hagebaumarkt.de
www.hellweg.de
www.praktiker.de

Österreich:
www.oebau.at
www.quester.at

Schweiz:
www.doitbaumarkt.ch
www.jumbo.ch

Fußböden:
www.bambus.com
www.barit.de
www.beseke.de
www.floorteam.de/terrazzo/index.html
www.natur-steinteppich.de/steinteppich/start.html
www.sika.de/con/con-fussboden.htm
www.parkettmeister.de/beratung/parkett.htm

Teppiche:
www.allnatura.de/ratgeber/index.html/ratgeber/teppiche/panamabindung.html
www.baumarkt.de/b_markt/fr_info/teppichb.htm
www.htv-hamburg.de
www.proteppichboden.de/index.php
www.vaeverie.com/teppichboden.html
www.wissenbach.de/de/teppiche/infothek/herstellung/index.html

Textilien:
www.fashion-base.de/gewebegrundbindungen.htm
www.textilien-portal.de/
www.waschbaer.de

Quellenliste

Die Zahlen in Klammern beziehen sich auf die Stoff- und Fußbodenmuster des jeweiligen Raumschemas. Der Code in Großbuchstaben nach der Zahl bezieht sich auf den Lieferanten; dessen Adresse finden Sie auf den Seiten 236–239.

Die Information nach dem Code des Lieferanten identifiziert das individuelle Produkt. Jeder Stoff oder Fußboden lässt sich durch ein anderes Material mit ähnlicher Textur oder Farbe ersetzen, wenn das angegebene Material schwer erhältlich ist.

WEISSE FUSSBÖDEN

Crème Deluxe, S. 22
(5) Z&R; 8252 920 Medi. (6) LIN; Structures II LF0467FR/001 Ivory. (7) Z&R; 3925 801. (8) Z&R; 6025 872. (9) O&L; Papilio Prints Chrysanthe F5324/04. (10) LIM; 2500 Ivory Premium Honed. (11) SUR; Skin Avorio. (12) BOW; Wool Classics Carpets Prague Neige 101-14. (13) CRU; Harry Silver D701. (14) AMT; Ivory Maple W747E.

Kreisbewegung, S. 23
(5) ROB; Wafer Tide. (6) BEA; Sulcas Pewter. (7) O&L [LF]; Galatea Palins LF4160/21. (8) T&G; Decortex 2362/1 Yo Yo. (9) DON; Glace 8900-02 Daiquiri.

Blaue Stunde, S. 24
(5) ZOF; Water Garden Blue WAT01001. (6) CHR; Linoto Indigo. (7) LIN; Talisker LF0495C/Sugar. (8) LIN; Casablanca LF0640C/004 Bilberry. (9) C&F [JC]; Silk Plain J321F-14 Blue. (10) JUN; 14mm Arctic Lacquered. (11) BRI; Life Core Calico Ivory L92/34589. (12) CRU; Sisool Tric Cream M802. (13) FOR; Cushionflor Classic 20250. (14) LIM; 3100 Bianco Neve Honed.

Scandyland, S. 25
(5) ZOF; Gingko Indigo WAT06002. (6) C&F [JC]; Foxton Mid Blue J475F-10. (7) C&F [JC]; Foxton White J475F-03. (8) ROB; Summer Picnic Pool. (9) BEA; Light Linen Natural.

Crème Caramel, S. 26
(5) DON; Calvin 1214 Brussels Gauze Acorn. (6) O&L [NC]; Bovary Chenille NCF3690/08. (7) Z&R; New York 10142 183. (8) A&B; Mercure 69770-764. (9) DON; Gatsby Seersucker 10040 13 Winthrop Gold. (10) NAT; Rustic Maple Boards. (11) LIM; 6003 Classic White Honed. (12) SUR; Slate White. (13) CRU; Tillia Cream WT101. (14) CRU; Sisool Big Boucle Classics Aran Royal Oat G600.

Honig & Zitrone, S. 27
(5) Z&R; 10 06025 122 Seta. (6) Z&R; 1939 173. (7) Z&R; Metropolitan 18 10041 183. (8) O&L; Papilio Prints Lysander F5325/03. (9) LIN; Mirimar LF0389C/007 Harvest.

Frisch und grün, S. 28
(5) C&F; Snow Tree Cream F3332-01. (6) C&F [JC]; Hepworth Green J461F-02. (7) Z&R; 21009-992. (8) O&L; Papilio Plains Papilio F5310/17. (9) C&F [JC]; Rodeo Check J329F-05 Green. (10) NAT; Maple Engineered 3-Strip Boards. (11) BOW; Euro Imports Fleece 12. (12) BOW; Godfrey Hirst Merino Image Colonial White. (13) LIM; 1007 Limeira Honed. (14) SUR; Stontech Stonwhite.

Pflanzenleben, S. 29
(5) ZOF; Water Garden Green WAT01004. (6) C&F [JC]; Foxton Cream J475F-05. (7) ZOF; Chambord Emerald POL03008. (8) O&L; Cartouche Plain F1341/07. (9) ZOF; Links Green WAT05003.

ALTWEISSE & BEIGE FUSSBÖDEN

Rokoko-Garten, S. 32
(5) A&B; Lins Brodes LZ76206. (6) BEA; Heart Leaves Biscuit. (7) LIN; Pimlico Weaves LF0457C/002 Linen. (8) Z&R; 10 10077 891 Dunsford. (9) DON; Glace Sateen 8900 10 French Vanilla. (10) LIM; 91 Pietra Romana Filled Honed. (11) SUR; Stone Gallery Indian Gold Natural. (12) JUN; 14mm Ash Nordic Ultra Matt Lacquered. (13) BOW; Abetone 4215 Avorio. (14) FOR; Marmoleum Fresco 3861.

Japanischer Traum, S. 33
(5) O&L; Papilio Prints Chrysanthe F5324/04. (6) T&G; Charles Burger Velours de Soie B2512/001 Crème. (7) C&F [JC]; Silk Plain Ivory J321F-01. (8) C&F [JC]; Silk Plain Beige J321F-07. (9) LIN; Torridon/Torridon II LF0262FR/001 Biscuit.

Ruhige Klassiker, S. 34
(5) LIN; Casablanca Prints LF0640C/001 Sandstone. (6) LIN; Casablanca Velvets LF0648C/004 Hemp. (7) LIN; Structures I LF0558FR/001 Chocolate. (8) DON; Relaxed Linen 7900 58 Siena. (9) LIN; Casablanca Velvets LF0645C/001 Vanilla. (10) NAT; Rustic Maple Board. (11) LIM; 9001 Jerusalem Grey Gold Honed. (12) SUR; Wave Gold. (13) CRU; Sisal Panama. (14) CRU; Sisool Big Boucle Classics Aran Royal Oat G600.

Warm und einladend, S. 35
(5) LIN; Ollaberry LF0692FR/004 Sumburgh. (6) LIN; Structures II LF0471FR/002 Nutmeg. (7) LIN; Ollaberry LF0690FR/001 Sandwick. (8) LIN; Tresco LF0335C/014 Opaline. (9) DON; Relaxed Linen 7900 58 Siena.

Symphonie in Blaugrün, S. 36
(5) O&L; Boheme Wilde Chrysanthemum F5440/02. (6) Z&R; 1925 594. (7) O&L; Modello Puntino F5053/10. (8) LIN; Kinloch Weaves LF0478FR/004 Yorkstone. (9) O&L; Asuka Weaves Kikko F5401/03. (10) LIM; 9001 Jerusalem Grey Gold Antique. (11) SUR; Skin Senape. (12) BOW; Karastan 41233 Fifth Ave 18827 Patrician. (13) BRI; Life Core Twill Almond L122/34590. (14) FOR; Marmoleum Dual 713.

Wildblumen, S. 37
(5) O&L; Tara Kilkea F5595/01. (6) LIN; Rhum FR Weaves LF0546FR/012 Aquamarine. (7) O&L; Modello Puntino F5053/09. (8) ROB; Michiba Stripe Surf. (9) O&L; Papilio Ottoman F5311/01.

Wiesenrosen, S. 38
(5) LIN; Bamburgh LF0682C/003 Adam Green. (6) ROB; Earthy Angle Tide. (7) O&L [NC]; Fandango Stripes Foxtrot NCF3601/03. (8) T&G; Gr 3428000. (9) C&F [JC]; Silk Plain J321F-06 Red. (10) JUN; 14mm Nordic Beech Ultra Matt Lacquer Finish. (11) CRU; Arran Cobweb WA101. (12) BOW; Jacaranda Carpets Palana Wheat. (13) SIE; Ambiente Vanilla. (14) LIM; 4001 Burgundy Limestone Honed.

Weinranken, S. 39
(5) LIN; Casablanca Prints LF0639C/004 Chappell. (6) LIN; Pimlico Weaves LF0453C/001 Natural. (7) O&L [NC]; Bovary Chenille NCF3690/13. (8) C&F [JC]; Silk Plain J321F-04 Rose. (9) C&F [JC]; Silk Plain J321F-16 Pink.

Exotische Aubergine, S. 40
(5) O&L; Asuka Weaves F5400/02. (6) A&B; Haryana Shantun 3286-6. (7) Z&R [AR]; Praline 5107 876. (8) O&L; Zameen Silks Tigre F5351/01. (9) O&L; Clipper Jigger F5300/01. (10) MGL; Travertino Veined. (11) LIM; 9001 Jerusalem Grey Gold Gloss. (12) SUR; Travertino Romano Beige. (13) BOW; Godfrey Hirst Marlborough Velvet Antique Cream. (14) AMT; Limestone LK14.

Leidenschaft in Pink und Purpur, S. 41
(5) A&B; Solstice LA 113-56. (6) O&L; Zameen Silks Banyan F5350/01. (7) O&L [NC]; Bovary Chenille NCF3690/05. (8) O&L [LO]; Lahore ML601/02. (9) O&L; Podio F5540/13.

Liebliche Lupinen, S. 42
(5) T&G; Jean Monro Albertina Vanilla HH 3460A. (6) ROB; Bonelli Wisteria. (7) SCA; 26665-004 Charron. (8) O&L [LO]; Caresse ML801/07. (9) Z&R; 1939 834. (10) ZOF; Trilogy Diamond Parchment. (11) ZOF; Trilogy Lattice Parchment. (12) BOW; Nature Wool 62224 Flax. (13) JUN; 14mm Ash Nordic Ultra Matt Lacquered. (14) LIM; 2006 Antique Pearl Honed.

Altrosa Traum, S. 43
(5) T&G; Jean Monro Passion For Peace Charcoal HH 2257A. (6) DON; Onde Matelasse 10016 37 Cormorant. (7) A&B; Sabatini 3231-002. (8) ZOF; VPL16 Glyndebourne. (9) SCA; 36212-038 Shangri-la.

Passionsblumen, S. 44
(5) LIN; Bamburgh LF0683C/002 Antique Gold. (6) LIN; Cocktail LF0568FR/025 Greyhound. (7) LIN; Loxley LF0577C/004 Rose. (8) LIN; Koko LF0464FR/006 Thistle. (9) O&L [LO]; Velours Madrigal ML804/07. (10) BOW; Godfrey Hirst Marlborough Velvet Camellia. (11) SUR; Travertino Romano Walnut. (12) SUR; Wave Gold. (13) LIM; Limestone Mosaic. (14) AMT; Limestone LK14.

Magentafieber, S. 45
(5) CHR; Carnival Ruby. (6) ROB; Contentment Parchment. (7) Z&R; 10142 884. (8) SCA; 36212-005 Shangri-la. (9) CHR; Palma Ruby.

Rhapsody in Blue, S. 46
(5) T&G; Jean Monro Jean Teal JM 1106. (6) A&B; Cadiz 3000784. (7) O&L; Papilio Plains F5310/16. (8) C&F [JC]; Campion Check JP01F-03 Light Green. (9) O&L [LF]; Rhythms Gillespie LF4310/02. (10) BOW; Westex Westend Velvet Collection Supreme Ivory. (11) BOW; Fleece 14. (12) LIM; 1006 Scala Beige Honed. (13) FIR; Sicilian Mosaic Fiora SMFIORA. (14) AMT; Ivory Maple M747E.

Kräftige Streifen, S. 47
(5) ZOF; POL01001 Etiennes Emerald/Chartreuse. (6) ZOF; GRA04003 Meander Duck Egg. (7) A&B; Alamo Lino 3605-02. (8) Z&R [ET]; 9215 713. (9) DON; Calvin Fabrics 10293 Hoops & Loops.

OCKERFARBENE FUSSBÖDEN

Schokoladentoffee, S. 50
(5) A&B; Alcudia 3472-01. (6) O&L [NC]; Matadero NCF3470/01. (7) BEA; Checker Block Golden Espress. (8) Z&R; 9006 173. (9) O&L [NC]; Ptarmigan Weaves Quail NCF3613/03. (10) SIE;

Ambiente Natural. (11) JUN; 14mm Oak Oiled. (12) FOR; Marmoleum Dual 793. (13) BRI; Finepoint Spencer Harvest F46. (14) MGL; Giallo Ornamenta.

Verspielte Rosetten, S. 51
(5) O&L; Boheme Pom Pom Dahlia F5445/01. (6) O&L [NC]; Ptarmigan Weaves Quail NCF3613/03. (7) LIN; Kinloch Weaves LF0478FR/003 Caramel. (8) T&G; Schumacher Gweneth Linen 79776 Gold. (9) A&B; Formentor 3473-01.

Sonne und Tau, S. 52
(5) O&L [NC]; Nina's Favourites Braulen NCF3640/03. (6) Z&R; 1927 632. (7) O&L [NC]; Chambord Ottoman Chenille NCF3171/25. (8) DON; Glace Sateen 8900 12 Hyacinth. (9) ZOF; Sanderson Gingham COPTGI304. (10) LIM; 9000 Jerusalem Gold Honed. (11) JUN; 14mm Ash Ultra Matt Lacquered. (12) BRI; Marquis Coronet Gold Flake 36/25404. (13) BOW; Natural Harmony Rainbow 055 Mais Sisal. (14) AMT; Australian Sandstone AU44.

Bukett in Grau, S. 53
(5) LIN; Bamburgh LF0680C/001 Pumice. (6) Z&R; 18 1940 188. (7) LIN; Casablanca Velvets LF0648C/003 Bronze. (8) O&L; Papilio Plains F5310/18. (9) LIN; Casablanca Velvets LF0645C/006 Marine.

Blütenschauer, S. 54
(5) O&L; Papilio Prints Sylphe F5322/03. (6) O&L; Clipper Cotton F5390/26. (7) LIN; Loxley LF0584C/006 Peridot. (8) O&L [LF]; Rhythms Joplin LF4311/03. (9) O&L [LO]; Velours Madrigal II ML808/07. (10) FOR; Marmoleum Vivace 3411. (11) SIE; Ambiente Malt. (12) CRU; Wide Bamboo Natural WB02. (13) CRU; Mississippi Stripe Orange/Gold WS104. (14) BOW; Edel Telenzo Carpets Florentino 542.

Hans und die Bohnenranke, S. 55
(5) LIN; Kalika LF0591C/004 Antique. (6) O&L; Papilio Plains F5310/07. (7) LIN; Jura LF0375FR/001 Paprika. (8) C&F [JC]; Foxton Aqua J475F-14. (9) C&F [JC]; Foxton Moss Green J475F-08.

Orangenblüten, S. 56
(5) O&L; Adara Eranthe F5502/05. (6) CHR; Linoto Ecru. (7) O&L [NC]; Grosgram NCF3310/11. (8) CHR; Range Ruby. (9) O&L [NC]; Vaucluse Stripe NCF3450/03. (10) BRI; Finepoint Turner Clouds F266. (11) CRU; Sisal Big Boucle Romo Mixed Spice E500. (12) NAT; Rustic Oak Wood Block Parquet. (13) FOR; Marmoleum Real 3173. (14) LIM; Verona Stone.

Mandarinenträume, S. 57
(5) O&L [NC]; Amazonas Weaves Orinoco NCF3741/01. (6) C&F [JC]; Ross Cinnamon J474F-12. (7) C&F [MC]; Bilbao 4545/17. (8) O&L; Savanna F5060/10. (9) O&L [NC]; Vaucluse Stripe NCF3450/03.

TERRAKOTTABÖDEN

Verblichene Eleganz, S. 60
(5) Z&R [HM]; Faded Poppies 10 21018 473. (6) Z&R [HM]; Falling Leaf 10 21011 846. (7) BEA; Extended Edge Pearl. (8) DON; Relaxed Linen 0244/7900-04. (9) O&L; Lamorna Linen F1650/05. (10) ROG; Warren Coral. (11) BOW; Abetone Pesca. (12) FIR; Antique Pammet. (13) FIR; Turin Stone Burnt Cotto. (14) FOR; Marmoleum Real 3163.

Milchkaffee und Erdbeeren, S. 61
(5) O&L; Spinnaker F1720/07. (6) Z&R [HM]; Indian Stripe 10 20932 502. (7) DON; Palazzo Taffeta 18 Bole. (8) O&L; Lamorna Linen F1650/12. (9) Z&R [HM]; Burlington 10 21015 484.

Charmantes Korallenrot, S. 62
(5) LIN; Ollaberry LF0692FR/001 Carsaig. (6) O&L [NC]; Fustian Weaves NCF3340/02. (7) LIN; Kinloch LF0478FR/007 Flamingo. (8) C&F; Langridge Red F3333/01. (9) A&B; Mercure 69770-908. (10) BRI; Finepoint Rubens Flame F167. (11) BOW; Westex Carpets Westend Velvet Collection Supreme Nectarine. (12) LIM; 2506 Rojo Alicante Honed. (13) JUN; 14mm Beech Sylvared Oiled. (14) FIR; Umbria Terracotta.

Terrakotta-Toile, S. 63
(5) DON; Relaxed Linen 0254/7900-20 Oyster. (6) A&B; Gaston y Daniela Flores y Pajaros Lacre 3036041. (7) C&F [JC]; Foxton Cream J475F-05. (8) BEA; Ribbed Dot Tiger Lily. (9) BEA; Wren Marble.

Herbsteis, S. 64
(5) ZOF; ZCPF06002 Java. (6) O&L [NC]; Chevalier Braulen NCF3122/05. (7) DON; Vice Versa 10070 01 Cream-red. (8) ZOF; VPL01 Glyndebourne. (9) O&L; Doge F1780/09. (10) FIR; Antique Paver. (11) AMT; Venetto Rosso TS54. (12) JUN; 14mm Beech Sylvared Oiled. (13) BOW; Westex Carpets Westend Velvet Collection Supreme Terracotta. (14) CRU; Mississippi Stripe Gold/Amber WS102.

Frostiger Farn, S. 65
(5) Z&R [HM]; 10 20021 469 Palm. (6) DON; Meru 10023 04 Elgon. (7) ROB; Desert Shadow Tide. (8) DON; Karuka-02 10061. (9) ZOF; VPL01 Glyndebourne.

Ingwerknospen, S. 66
(5) DON; Karuka Block Print 10061 04 Green-rust. (6) DON; Victoria Jacquard 10084-04 Linden. (7) O&L [LO]; Velours Madrigal ML804/04. (8) O&L; Jangala Silk F5110/05. (9) O&L; Modello Puntino F5053/10. (10) BRI; Renaissance Classics Khali Bronze 177/30373. (11) BOW; Karastan 41282 Cherbourg 29041 Autumn In. (12) BIL; Natural Bubbly. (13) JUN; 14mm Merbau Oiled. (14) FIR; Old Terracotta.

Herbstgarten, S. 67
(5) Z&R [HM]; 10 20936 502 Tropical. (6) O&L; Savanna F5060/15. (7) LIN; Woodgridge LF0364FR/008 Flame. (8) DON; Victoria Jacquard 10084 02 Hydrangea. (9) A&B; Mercure 69770-781.

Jahrmarktsattraktion, S. 68
(5) CHR; Broken Stripe Brown. (6) CHR; Broken Stripe Honey. (7) Z&R; Spirit 10170 891. (8) CHR; Vertical Orange. (9) CHR; Linoto Berry. (10) NAT; Kempas 3-Strip. (11) FOR; Marmoleum Vivace 3403. (12) CRU; Oriental Dark Honey E104. (13) BRI; Majestic Canyon M97. (14) FIR; Honey Terracotta.

Pfadfinder, S. 69
(5) CHR; Range Gold. (6) LIN; Ollaberry LF0690FR/005 Quendale. (7) BEA; Meru Pleat Willow. (8) C&F [JC]; Foxton Rust J475F-15. (9) ROB; Nebulous Mango.

Hobbithöhle, S. 70
(5) T&G; Jean Monro Adrian Multi 2572A. (6) A&B; Cadiz 3000781. (7) T&G; PET 15486-7. (8) ZOF; VPL 16 Glyndebourne. (9) T&G; Schumacher Gweneth Linen 79783 Mist. (10) FIR; Handmade Terracotta. (11) JUN; 14mm Jatoba Oiled. (12) BOW; Natural Harmony Serenade S166. (13) BRI; Galleria Diamond Rust 7/18061. (14) CRU; Basket Dark Honey T305.

Wollig wohl, S. 71
(5) C&F; Oban Plaid Beige F3308/01. (6) C&F; Tay Stripe Tomato F3309/02. (7) O&L; Papilio Plains F5310/06. (8) O&L; Podio F5540/11. (9) C&F; Lanark Plain F2617/02 Aqua/Beige.

Brady Bunch, S. 72
(5) ROB; Spinneret Mango. (6) LIN; Torridon LF0262FR/011 Greengage. (7) LIN; Madura LF0679C/028 Catkin. (8) C&F [MC]; Tivoli Chaudron 4486/28. (9) ROB; Full Moon Mango. (10) NAT; Cherry 1-Strip. (11) DAL; Pastille Alpha Paprika. (12) FOR; Marmoleum Fresco 3870. (13) BOW; Plages et Dunes 28 Saumon. (14) SUR; Stontech Stonred.

Kreise und Quadrate, S. 73
(5) C&F [JC]; Circa Multi J476F-03. (6) Z&R; Paris 10153 324. (7) LIN; Loxley LF0586C/004 Lime. (8) T&G; Veraseta Taffetas Ninon 5249. (9) O&L; Modello Puntino F5053/09.

Dahlienzauber, S. 74
(5) C&F; Petworth Tomato/Leaf F3328/02. (6) ROB; Desert Shadow Mango. (7) LIN; Westray LF0306C/015 Mango. (8) C&F [MC]; Brasilia Anis 4563/02. (9) O&L [NC]; Fandango Stripe Rumba NCF3602/04. (10) BOW; V&A Twist Collection Sambal 70. (11) FOR; Walton Crocodiles C168. (12) LIM; 2719 Rosso Verona. (13) FIR; Geometric Red Base. (14) BOW; Natural Harmony Rainbow 008 Terra.

Summer in the City, S. 75
(5) O&L [NC]; Fandango Stripes Rumba NCF3602/04. (6) BEA; Even Spaces Citrus Multi. (7) O&L; Savanna F5060/01. (8) O&L; Tara Chenille F5560/01. (9) LIN; Vienne LF0501C/014 Peony.

GRÜNE FUSSBÖDEN

Lebensbaum, S. 78
(5) ZOF; ORC01002 Coppice. (6) O&L; Lamorna Linen F1650/03. (7) LIN; Jura LF0373FR/004 Chilli. (8) ZOF; VPL08 Glyndebourne. (9) ROB; Unbowed Java. (10) BRI; Bell Twist Wilton Scottish Pine 49482. (11) AMT; Honister Slate HS83. (12) CRU; Herringbone Green Weft SGH1. (13) KIR; Rio Verde Honed. (14) ROG; Paris Willow.

Weinland, S. 79
(5) T&G; Clarence House 33725-1 Calvados Cream. (6) T&G; GR 3442001. (7) T&G; Schumacher Prestwick Bark 51531. (8) Z&R; Glamosa 10177 814. (9) A&B; Glamour RM 310-79.

Ländlicher Charme, S. 80
(5) LIN; LF0690FR/006 Hillswick. (6) LIN; Casablanca Velvets LF0648C/013 Peridot. (7) LIN; Calypso LF0631C/004 Ocean. (8) LIN; Koko LF0464FR/029 Forget-me-not. (9) LIN; Koko LF0464FR/019 Brick. (10) KIR; Rio Verde Honed. (11) LIM; 5002 Jura Grey Gloss. (12) CRU; Harry Accents Silver Leaf D708. (13) AMT; Honister Slate HS83. (14) BRI; Bell Twist Wilton Silver Sage 57482.

Ruhig und entspannt, S. 81
(5) A&B; Lin ou l'autre 70013-008. (6) A&B; Loch Ness 70080 Etain 003. (7) LIN; Colorado Dark Brown Leather. (8) A&B; Mohair Sensuel LW406-7. (9) LIN; Ollaberry LF0690FR/007 Olna.

Paradies unter Palmen, S. 82
(5) Z&R [HM]; Palm 10 20021 420. (6) LIN; Jura LF0370FR/002 Golden Brown. (7) DON; Lavali Block Print 10062 08 Cinnamon. (8) O&L; Ghillie Wool F1241/02. (9) DON; Henry Calvin 9129 Empress Silk Claret. (10) FIR; Multi Slate. (11) KIR; Sea Green Honed. (12) LIM; 2528 Verde Guatemala. (13) BRI; Galleria 44/18569. (14) BOW; Natural Harmony Tudor Court 2816 Raleigh Green.

Herbstzweige, S. 83
(5) ZOF; 7804001 Exotic Tree. (6) LIN; Kielder LF0208FR/021 Flamingo. (7) O&L [NC]; Contarini Barozzi Damask NCF3502/02. (8) C&F [JC]; Foxton Biscuit J475F-07. (9) SCA; 36212-037 Shangri-la.

Sherwood Forest, S. 84
(5) T&G; Jean Monro HH1543A Crewel. (6) SCA; SC60108-010 Samba. (7) BEA; Silky Strands Citrine. (8) O&L [LO]; Velours Madrigal II ML808/19. (9) Z&R; Spirit 10170 474. (10) BOW; Westex Carpets Westend Velvet Collection Supreme Greenfinch. (11) BOW; Natural Harmony Rainbow 004 Green. (12) FIR; Pale Classic 30 x 30. (13) KIR; Rio Verde Honed. (14) FIR; Unsealed Encaustic Olive.

Frühlingsstrauß, S. 85
(5) T&G; Jean Monro Petworth Beige 3069C. (6) Z&R; 1927 755. (7) LIN; LF0364FR/023 Mouse. (8) Z&R; 6006 184. (9) ZOF; Sanderson Gingham DOPTG1301.

HELLBRAUNE FUSSBÖDEN

Crème Vanille S. 88
(5) A&B; Treillieres LY 753-03. (6) Z&R; 8253 162. (7) LIN; Skye LF0565FR/005 Camel. (8) DON; Fleece Heavy Cotton Boucle 8410 10 Natural. (9) A&B; Lins Brodes LI64740. (10) ROG; Hampton Biscuit. (11) BRI; Duet Almond D272. (12) BOW; Alternative Flooring Co. Sisal Stripes Spencer 1253. (13) FIR; Large Limestone Mosaic. (14) MGL; Quartz Nougat.

Maurischer Sand, S. 89
(5) CHR; Venecia Toile. (6) LIN; Cocktail LF0568FR/002 Palm Beach. (7) CHR; Moroni Ecru. (8) BEA; Village Weave Travertine. (9) C&F [JC]; Silk Plain J321F-03 Cream.

Calypso, S. 90
(5) DON; Sunbrella Serengeti 10021 03 Giraffe. (6) LIN; Tresco LF0335C/008 Coffee. (7) O&L; Papilio Plains F5310/11. (8) DON; Henry Calvin 9506 High Life Bloody Mary. (9) ROB; Satellite Lava. (10) JUN; 14mm Oak Ultra Matt Lacquered. (11) BIL; Oak Bark Shoulder. (12) BRI; Life Central Pearl Mustard L98/34593. (13) CRU; Rafiki Golden Sun R502. (14) MGL; Imperador.

New York Feeling, S. 91
(5) ROB; Danburry Walnut. (6) A&B; Glamour RM 310-71. (7) DON; Silkwood Silk Chenille 6470 28 Cedar. (8) T&G; Veraseta Satin Athena. (9) BEA; Multi Chevron Caramel.

Schmetterlingsbusch, S. 92
(5) O&L; Boheme Bernhardt F5442/03. (6) O&L [NC]; Grosgram NCF3310/22. (7) T&G; GR 3439000. (8) O&L; Adelphi Astor F5375/05. (9) BEA; Silk Velvet Mushroom. (10) FIR; Umbria Sandstone Glaze Ceramic. (11) LIM; 2200 Bernini Fine Honed. (12) JUN; 14mm Beech Sylvaket Ultra Matt Lacquered. (13) ZOF; Trilogy Check Parchment. (14) CRU; Small Boucle Classics Bronze C654.

Seidenblätter, S. 93
(5) BEA; Leaf Whisper Ocean. (6) ROB; Obernai Tide. (7) O&L [NC]; Chambord Ottoman Chenille NCF3171/25. (8) O&L; Jangala Silk F5110/20. (9) O&L; Jangala Silk F5110/08.

Indigo Jones, S. 94
(5) ROB; Lenox Lounge Navy. (6) ROB; Darby Lane Linen Navy. (7) O&L [NC]; Ptarmigan Weaves Quail NCF3613/02. (8) SCA; 36212-020 Shangri-la. (9) C&F [JC]; Ross Beige J474F-09. (10) NAT; Rustic Oak Board. (11) AMT; Washed Teak W599. (12) BRI; Life Core Trellis Berber L18/34632. (13) ROG; Warren Hemp. (14) CRU; Herringbone Natural HBN.

Blaue Früchte, S. 95
(5) O&L; Tara Benvarden F5590/05. (6) Z&R; 10 10077 592 Dunsford. (7) O&L [LF]; Tailleur St Honore LF4423/04. (8) Z&R; 10068 593. (9) C&F [JC]; Foxton Nutmeg J475F-11.

Poliertes Gold, S. 96
(5) C&F [JC]; Silk Plain Olive J321F-12. (6) Z&R; Spirit 10170 734. (7) O&L; Jangala Silk F5110/13. (8) ROB; Keltic Grass. (9) O&L; Taransay F5520/10. (10) NAT; Maple Engineered Strip. (11) LIM; 2020 Verona Fine Honed. (12) LIM; Honed Limestone Mosaic. (13) BRI; Llewelyn-Bowen Rococo 6/32239. (14) BOW; New Colourpoint 471 Biscuit.

Freizeitpark, S. 97
(5) C&F [JC]; Ellipse Sand J454F-04. (6) C&F [JC]; Portobello Red J478F-02. (7) LIN; LF0679FR/028 Catkin. (8) O&L; Jangala Silk F5110/06. (9) BEA; Patricia Plaid Multi.

Englischer Garten, S. 98
(5) O&L; Shah Jahan Sunita F1805/02. (6) T&G; Schumacher Papillon Brocade 25416 Peony. (7) O&L; Clipper Mizzen F5301/02. (8) LIN; Casablanca LF0647C/010 Opaline. (9) ROB; Nezumi Bk Jasmine. (10) NAT; Beech Engineered 3-Strip. (11) KIR; Cappuccino Limestone. (12) CRU; Big Boucle Accents Cinder Toffee E671. (13) BRI; Finepoint Canaletoo Sand F296. (14) BOW; Telenzo Carpets Broadway 12925.

Jelängerjelieber, S. 99
(5) O&L [NC]; Rosenkavalier Lonicera NCF3436/03. (6) BEA; Leaf Matelasse Lily Pink. (7) A&B; Lequeitio Rosa 3036224. (8) BEA; Thornvalley Primrose. (9) LIN; Jura LF0376FR/004 Chive.

Goldene Blüten, S. 100
(5) O&L; Sakura Asuka F5234/03. (6) CHR; Linoto Lime. (7) CHR; Range Natural. (8) T&G; Veraseta Taffetas Ninon 5102. (9) T&G; Veraseta Taffetas Ninon 5231. (10) NAT; Rustic Oak Board. (11) FOR; Marmoleum Dual 779. (12) SUR; Buxy Caramel Natural. (13) CRU; Wool Herringbone Pale Chestnut WH802. (14) BOW; Natural Harmony Rainbow 115 Natural.

Blumentanz, S. 101
(5) O&L; Susani Prints Asha F1950/03. (6) O&L [NC]; Chambord Ottoman Chenille NCF3171/21. (7) ROB; Pop Bk Avocado. (8) ROB; Fashion Flair Green Tea. (9) C&F [JC]; Silk Plain J321F-11 Ochre.

Hollandaise, S. 102
(5) LIN; Loxley LF0585C/002 Springtide. (6) LIN; Rhum LF0546FR/009 Fuchsia. (7) O&L [NC]; Cha Cha Weaves Quickstep NCF3570/13. (8) O&L [LF]; Rhythms Joplin LF4311/02. (9) O&L [LF]; Plume Chenille LF4280/01. (10) ROG; Jaspe Birch. (11) BOW; Wool Classics 161-04. (12) CRU; Boucle Natural BN. (13) NAT; Rustic Oak Board. (14) LIM; 2002 Pietra Antica Filled Honed.

Rubinrote Klematis, S. 103
(5) ZOF; Sanderson Pop Art DOPTPA201. (6) LIN; Ollaberry LF0692FR/010 Ronay. (7) O&L; Saura Linens F5210/02. (8) ZOF; Sanderson DNETNE305 Netherfield Stripe Linen/Ivory. (9) ZOF; Verdi-Citrus PUC02003.

MITTELBRAUNE FUSSBÖDEN

London Flair, S. 106
(5) LIN; Casablanca LF0640C/001 Sandstone. (6) BEA; Boxed Scroll Champagne. (7) CHR; Moroni Brown. (8) LIN; Structures II LF0476FR/002 Parchment. (9) ZOF; Montcel Linen POL02005. (10) FIR; Artesh Tireh. (11) NAT; Walnut Board. (12) BOW; Jacaranda Carpets Hand Made Wool Collection Panchun Oatmeal 4739. (13) ROG; Ashby Beaven. (14) CRU; Woven Paper Calico WP001.

Savile Row, S. 107
(5) Z&R; 21014-888. (6) LIN; Ollaberry LF0691FR/001 Duart. (7) ROB; Soft Suede Java. (8) Z&R [HM]; 21010 883. (9) LIN; Woodbridge LF0364FR/003 Pampas.

Himmel & Erde, S. 108
(5) O&L [NC]; Grosgram Weaves NCF3310/01. (6) T&G; VG Normandie-14. (7) O&L [LF]; Rhythms Holiday LF4315/03. (8) C&F [JC]; Silk Plain J321F-14 Blue. (9) O&L; Jangala Silk F5110/12. (10) BRI; Bell Twist Wilton Camel 7282. (11) CRU; Sisool Tric Biscuit M803. (12) CRU; Papaflat Dark PFD. (13) FIR; Turin Stone Burnt Cotto. (14) FOR; Marmoleum Dual 769.

Jagdhütte, S. 109
(5) LIN; Loxley LF0583C/001 Truffle. (6) A&B; Opium LI 770-70. (7) LIN; Torridon LF0262Fr/009 Juniper. (8) O&L [NC]; Ptarmigan Weaves Woodcock NCF3611/02. (9) A&B; Sur Mesure LZ803-77.

Orientalischer Mohn, S. 110
(5) O&L [NC]; Amazonas Weaves Teresina NCF3743/02. (6) DON; Henry Calvin 10032 Novella Chenille Incas Gold. (7) O&L [NC]; Chambord Ottoman Chenille NCF3171/18. (8) A&B; Mercure 69770-923. (9) A&B; Mercure 69770-787. (10) MGL; Imperador. (11) MGL; Quartz Compac Petra Nougat. (12) RYE; Rustic Natural Stone EBB. (13) BOW; Edel Telenzo Carpets Florentino 542. (14) CRU; Harry Accents Cinder Toffee D707.

Feder & Papier, S. 111
(5) LIN; Casablanca LF0693C/003 Sahara. (6) O&L; Lamorna Prints Tintagel F1664/01. (7) ROB; Success Chestnut. (8) LIN; Torridon LF0262FR/002 Bronze. (9) O&L; Savanna F5060/06.

Charme in Chintz, S. 112
(5) T&G; Jean Monro Autumn Roses Stone/Green/Lime JM710. (6) O&L; Savanna F5060/15. (7) LIN; Zanzibar LF0572C/016 Hemp. (8) SCA; 36182-015 Bonard. (9) T&G; Veraseta Faille du Barry

5001. (10) FIR; Artesh Tirech Limestone. (11) AMT; Teak W699. (12) BRI; Bell Twist Wilton Teasel 4882. (13) BRI; Life Central Henna Stitch L58/29673. (14) BOW; Colourpoint 473 Barley.

Die Rosen der Josephine, S. 113
(5) T&G; Jean Monro Byron H/B Linen Chartreuse Ribbon JM1046. (6) C&F [JC]; Ross Sea Blue J474F-10. (7) O&L; Doge F1780/13. (8) C&F [JC]; Foxton Moss Green J475F-08. (9) O&L; Sakura Linen F5210/09.

DUNKELBRAUNE FUSSBÖDEN

Barockes Taupe, S. 116
(5) Z&R [AR]; 10 15222 882 Plaisir. (6) LIN; Structures I LF0463FR/007 Porto. (7) Z&R; 10141 884. (8) Z&R; 10 10066 884 Lumina-Riga. (9) O&L; Sakura Linens Tatami F5211/06. (10) JUN; 14mm Black Oak Ultra Matt Lacquered. (11) BIL; Moro Fix. (12) SUR; Skin Sandal. (13) BOW; Fleece 19. (14) CRU; Rafiki Chocolate R500.

Wüstenblumen, S. 117
(5) Z&R; 10 10080 891 Dermott. (6) T&G; Greeff 3344011 Georgica Floral Sand. (7) LIN; Structures II LF0473FR/001 Biscuit. (8) C&F [JC]; Silk Plain Stone J321F-08. (9) O&L; Tara Chenille F5560/08.

Kapstadt, S. 118
(5) BEA; Linen Weave Light Natural. (6) CHR; Range Brown. (7) T&G; Decortex 2134 Elara 1. (8) BEA; Briarwood Espresso. (9) O&L [NC]; Grosgram NCF3310/03. (10) MGL; Baltic Brown. (11) JUN; 14mm Black Oak Ultra Matt Lacquered. (12) AMT; Black Walnut W701. (13) CRU; Small Boucle Accents Brown C715. (14) BRI; Bell Twist Hazelnut B18.

Jenseits von Afrika, S. 119
(5) O&L; Savanna F5060/02. (6) O&L [NC]; Matadero NCF3470/01. (7) DON; Shinana Textured Weave 5900 03 Tsuki Gold. (8) O&L; Jangala Silk F5110/09. (9) ZOF; MIR01002 Sahara.

Eine schattige Lichtung, S. 120
(5) O&L [LF]; Florencia Lucita LF4381/04. (6) T&G; DX 1927-46. (7) O&L; Orimono F5470/09. (8) C&F [JC]; Silk Plain J321F-15 Aqua. (9) C&F [JC]; Ross Aqua J474F-14. (10) BIL; Mocca Shrunken Bull. (11) BOW; Victoria Carpets Executive Square Wilton Chocolate ES7. (12) BOW; Edel Telenzo Carpets Broadway 129. (13) CRU; Mahale Chocolate M500. (14) JUN; 22mm Sylvacolor Umbra Lacquered.

Treppengeländer, S. 121
(5) CHR; 362436 Brown. (6) CHR; Moroni Chocolate. (7) C&F [JC]; Foxton Ocean J475F-02. (8) Z&R; 10 10070 585 Dixon Stripe. (9) CHR; Diva Pale Blue.

Geißblattranken, S. 122
(5) O&L [NC]; Rosenkavalier Lonicera NCF3430/02. (6) DON; Relaxed Linen 7900 04 Storm. (7) O&L; Doge F1780/02. (8) C&F [JC]; Ross Red J474F-04. (9) ROB; Fashion Flair Lagoon. (10) LIM; 2505 Marron Emperador Gloss. (11) JUN; 14mm Black Oak Ultra Matt Lacquered. (12) FOR; Marmoleum Fresco 3874. (13) BOW; Alternative Flooring Co. Sisal Metallics Bronze 2516. (14) BRI; Bell Twist Wilton Cocoa 12882.

Die chinesische Dame, S. 123
(5) T&G; Jean Monro Donovan's Chinese Lady Original JM621. (6) O&L [NC]; Nina's Favourites Chequers NCF3641/02. (7) O&L; Papilio Plains F5310/18. (8) ZOF; Sanderson DNETNE301 Netherfield Stripe Duck Egg/ Cream. (9) DON; Henry Calvin 8918 Casey Corduroy Oak.

Gemalte Gänseblümchen, S. 124
(5) O&L; Adara Calista F5505/04. (6) CHR; Linoto Orange. (7) O&L; Komaka Maru F5494/03. (8) A&B; Sevilla 1911-56. (9) O&L; Orimono F5470. (10) LIM; Classic Brown Gloss. (11) MGL; Quartz Compac Petra Colorado. (12) BIL; Moro Fix. (13) JUN; 22mm SylvaColor Umbra Lacquered. (14) AMT; Wenge Wood W749.

Deco Drama, S. 125
(5) O&L; Adara Iola F5503/04. (6) O&L; Adelphi Eltham F5374/01. (7) O&L [NC]; Bovary Chenille NCF3690/20. (8) O&L; Orimono F5470/13. (9) Z&R; 18 6025 236.

A la Mode, S. 126
(5) O&L [NC]; Vaucluse Plain NCF3451/03. (6) O&L [LO]; Velours Madrigal ML804/05. (7) ZOF; Meander-Chocolate GRA04001. (8) DON; Henry Calvin 10353 Hypnotic Brown Study. (9) DON; Henry Calvin 10035 Novella Chenille Emperator Brown. (10) JUN; 14mm Black Oak Ultra Matt Lacquered. (11) BOW; Georgian Carpets Geo Cathedral Latte 799. (12) CRU; Mississippi Stripe Coffee/Cream WS106. (13) CRU; Rafiki Scorched Earth R503. (14) SUR; Skin Sandal.

Seide aus Shanghai, S. 127
(5) DON; Philippe Parent Shanti Gold 04. (6) DON; Shinano 5900 05 Yuhi Orange. (7) Z&R; Seta 6025 233. (8) O&L [NC]; Bovary Trouville NCF3730/05. (9) O&L; Zingara Weaves Rajko F1891/04.

Don Quixote, S. 128
(5) A&B; Asuka LA 115-34. (6) O&L; Derby Plain F1090/26. (7) Z&R; Seta 6025 236. (8) A&B; Alcudia 3472-02. (9) ZOF; Sanderson Starlight DOPTST317. (10) FOR; Marmoleum Real 784. (11) DAL; Marron Daim. (12) AMT; Black Walnut W701. (13) LIM; 2400 Marron Stone Honed. (14) BOW; Alternative Flooring Co. Sisal Metallics Bronze 2516.

Mardi gras, S. 129
(5) A&B; Tutti Frutti TV504-36. (6) O&L [LF]; Galatea Plains LF4160/02. (7) A&B; Campina 3228-02. (8) O&L [LF]; Galatea Plains LF4160/12. (9) Z&R; 186025 236.

Mexikanische Rose, S. 130
(5) ZOF; Antibes PRV02003. (6) O&L [NC]; Dromana Scroll NCF3530/02. (7) O&L; Asante Almasi F5073/03. (8) O&L; Jangala Silk F5110/07. (9) A&B; Mercure 69770-116. (10) NAT; Walnut Board. (11) AMT; Palisander W738. (12) CRU; Mahale Scorch Earth M503. (13) BOW; Abertone Club Contra 9220. (14) BOW; Classic Rib 425 Peat.

Weihnachtskaktus, S. 131
(5) ZOF; Cactus Flower ZCPF02001. (6) C&F [JC]; Ditto Red J457F-03. (7) LIN; Zanzibar LF0572C/014 Chocolate. (8) DON; Gabrielle Boucle 10034 14 Herbe Grass. (9) ROB; Gold Rush Wasabi.

GRAUE & SCHWARZE FUSSBÖDEN

Schattenblumen, S. 134
(5) O&L; Adara Zaria F5500/04. (6) ZOF; Sanderson Fancy Free DOPTFA203. (7) ZOF; Sanderson Jasper DOPTJA302. (8) CHR; Cotonoto Ecru. (9) A&B; Haryana Santun 3286-8. (10) SIE; Ambiente Steel. (11) SUR; Stonetech Stongrey. (12) LIM; 2718 Classic Brown Gloss. (13) BOW; Jacaranda Carpets Berber Taupe. (14) CRU; Taupo Natural/Stone WU701.

Waldteich, S. 135
(5) ZOF; Water Garden Black WAT01003. (6) ZOF; Verdi Linen PUC02006. (7) ZOF; Sanderson Gingham DOPTGI307. (8) O&L; Podio F5540/17. (9) ZOF; Sanderson Harris DOPTPL305.

Havanna, S. 136
(5) CHR; Broken Stripe Smoke. (6) CHR; Peonies Smoke. (7) ZOF; Sanderson Gingham DOPTGI313. (8) ROB; Minnow Brook Chocolate. (9) DON; Zambezi 10020 05 Chirundu. (10) BOW; Jacaranda Carpets Swaledale Wool Honeycomb Taupe 170. (11) BOW; Edel Telenzo Carpets Broadway 129. (12) SIE; Ambiente Onix. (13) LIM; 1008 Corcovado Honed. (14) AMT; AH38.

Silbriges Blatt, S. 137
(5) ZOF; Canna Lily Charcoal WAT03003. (6) ZOF; Sanderson China Blue Linen/Black DPEMCH306. (7) O&L; Papilio Plains F5310/10. (8) O&L; Podio F5540/02. (9) ROB; Soft Suede Praline.

Fruchtgummi, S. 138
(5) O&L [NC]; Broadway Helzapoppin NCF3630/01. (6) ROG; Moleskin 4105 Dark Taupe. (7) O&L; Doge F1780/12. (8) O&L [NC]; Broadway Rio Rita NDF3631/01. (9) C&F [JC]; Tula J318F-04 Russet. (10) FOR; Cushionflor Super Luxury 88000. (11) BOW; Natural Harmony Wexford WX316. (12) SUR; Newstone Vison Lappato. (13) RYE; Ryescreed Quartz Nebula. (14) RYE; Ryedec Morning Mist.

Blaue Laube, S. 139
(5) O&L [NC]; Chevalier Braulen NCF3122/05. (6) DON; Henry Calvin 10175 Zanzibar Leopard. (7) CHR; Range Mist. (8) SCA; 36212-015 Shangri-la. (9) O&L; Marmara Andaman F5134/04.

Kreise und Spiralen, S. 140
(5) CHR; Mistral Smoke. (6) DON; Brinkman Eve 5020-02-03. (7) ROB; Hayworth Flint. (8) CHR; Range Sky. (9) ROB; Microchip Gravel. (10) KIR; Rio Neblina Honed. (11) SUR; Lifestone Musgo Lappato. (12) FOR; Marmoleum Vivace 3405. (13) AMT; JS38. (14) BOW; Ryalux Desert Tones Gobi Rockface.

Meeressand, S. 141
(5) T&G; Jean Monro Hydrangea & Rose Coffee/Fawn JM769. (6) O&L [LF]; Macaw LF4270/04. (7) Z&R [HM]; Paris Pinstripe 21020592. (8) O&L; Orimono F5470/14. (9) ROB; Trance Flint.

Schwarze Magie, S. 142
(5) A&B; Joy LZ768-32. (6) Z&R; 10039 984. (7) CHR; Ravenna Ruby. (8) A&B; Velours de Mohair LB920-83. (9) LIN; Zanzibar LF0572C/011 Scarlet. (10) ROG; Paris Ebony. (11) LIM; 2729 St. Michel Honed. (12) LIM; Classic Brown Gloss. (13) SIE; Ambiente Lead. (14) BRI; Life Central Moss Shale L40/34591.

Mitternachtsrose, S. 143
(5) ZOF; Sanderson Pop Art DOPTPA204. (6) A&B; Ermitage LZ76741. (7) A&B; Lins Brodes LI64840. (8) A&B; Lequeitio Rojo 3036223. (9) O&L; Jangala Silks F5110/22.

Architektonische Details, S. 144
(5) CHR; 36-24-36 Sage. (6) CHR; Span Olive. (7) LIN; Oban LF0700C/009. (8) BEA; Kazvin

Platinum. (9) CHR; Venecia Sage. (10) FOR; Cushionflor Futura 81203. (11) RYE; Ryeflow Mid-Grey. (12) SUR; Slate Blue. (13) BOW; Georgian Carpets Geo Midnight Twist Silver Grey. (14) CRU; Small Boucle Accents Aluminium C658.

Erdbeerfelder, S. 145
(5) A&B; Birebo 3669-09. (6) CHR; Cotonoto Ecru. (7) DON; Palazzo Taffeta 4910 13 Jonqui. (8) O&L [LF]; Rhythms Joplin LF4311/03. (9) LIN; Kinloch LF0478FR/010 Claret.

Limonengrüne Spirale, S. 146
(5) CHR; Mistral Honey. (6) ROB; Lilo Mojito. (7) T&G; Decortex 1927/92 Millefoglie. (8) ROB; Wheaton Lemongrass. (9) O&L [NC]; Vaucluse Stripe NCF3450/04. (10) FOR; Cushionflor Futura 81303. (11) SUR; Icestone Anthracite. (12) RYE; Ryeflow Flec Light Grey. (13) BOW; Wool Classics Plages et Dunes 48 Nouette. (14) BOW; Belakos Carpets Verona Anthracite 750.

Achterbahn, S. 147
(5) CHR; Mistral Aqua. (6) C&F [JC]; Graffiti Moss Green M458F-03. (7) CHR; Abrigo Ecru. (8) C&F [MC]; Barcelona 4551/10. (9) CHR; Alto Turquoise.

Santa Fe, S. 148
(5) ZOF; Sanderson Lyme Linen/ Coral DPEMLY303. (6) A&B; Glamour RM 310-37. (7) ZOF; Zenith Coral/Linen GRA01004. (8) Z&R; Setara 4809 236. (9) Z&R; Como 10 10136 893. (10) KIR; Bathay Honed. (11) SUR; Stontech Stonblack. (12) BIL; Black Bubbly. (13) FOR; Walton Crocodile C123. (14) BOW; Victoria Carpets Reflection 8813 Black.

Orangefarbene Würze, S. 149
(5) CHR; Twist Orange. (6) CHR; Abrigo Charcoal. (7) ROB; Roycroft Tide. (8) LIN; Cocktail LF0568FR/013 Orange Blossom. (9) CHR; 36-24-36 Orange.

ROTE FUSSBÖDEN

Saftige Erdbeeren, S. 154
(5) O&L [NC]; Nina's Favourites Whistler NCF3642/04. (6) Z&R [HM]; Albemarle Check 21010 383. (7) LIN; Palermo LF281FR/016 Rowan. (8) BEA; Satin Plaid Berry. (9) O&L [LF]; Florencia Weaves Fresa LF4372/01. (10) ROG; Paris Rouge V40.04. (11) BRI; Marquis Regal Red Diamond 41/14827. (12) BOW; Broadway 129, Edel Telenzo Carpets Ltd. (13) FOR; Marmoleum Dual 512. (14) FLO; Peran SL Fruity Plum.

Geishas, S. 155
(5) C&F [MC]; La Ronde 01482-02 Terracotta. (6) BEA; Scotney Mist Multi. (7) O&L [LF]; Plume Chenille LF4280/08. (8) BEA; Sylvane Holly. (9) O&L; Ratio Weaves Spheres F5011/07.

Schmetterlinge & Gänseblümchen, S. 156
(5) O&L; Boheme Painted Lady F5443/01. (6) C&F [JC]; Carnaby J460F-03. (7) BEA; Elliot Stripe Rhubarb. (8) DON; Glace Sateen 8900 14 Guava. (9) A&B; Touchers de Lin LI 619-65. (10) MGL; Rubi Quartz. (11) DAL; Sigma 1 Fuchsia. (12) FOR; Marmoleum Real 3127. (13) BOW; The V&A Twist Collection 62 Bridal Red Ryalux Carpets. (14) BOW; Natural Harmony Tudor Court 2818 Renaissance Red.

Marienkäfer, S. 157
(5) A&B; Desfile 3675-03. (6) A&B; Cuentacuentos 3661-01. (7) C&F [MC]; Eloi Anis 4555/04. (8) C&F [JC]; Helston Green J477F-04. (9) LIN; Vienne LF0501C/011 Pillar Box.

Herrliche Magnolien, S. 158
(5) ZOF; CAM01003 Leoni Pink. (6) Z&R [AR]; 5089 815. (7) BEA; Covais Stripe Canary Green. (8) A&B; Effets de Siege LB702-43. (9) O&L [LF]; Florencia Weaves Novia LF4375/02. (10) MGL; Icaro Quartz. (11) LIM; 2504 Rosa Tea Gloss. (12) BOW; Ryalux The V&A Twist Collection 66 Pink Glaze. (13) BOW; Wool Classics Plages et Dunes 38 Azalee. (14) HAR; Soft Stripes Powder Pink.

Pfingstrosen, S. 159
(5) C&F [MC]; Serena (metis) Cyclamen 1491/01. (6) O&L [NC]; Waltz Cross Check NCF3752/01. (7) A&B; Medina Arena 1607-001. (8) O&L; Komaka Maru F5494/01. (9) O&L [NC]; Fandango Prints Paintbox NCF3591/03.

Köstliche Frucht, S. 160
(5) ROB; Granville Multi. (6) C&F [JC]; Helios J390F-07 Russet. (7) A&B; Velours de Mohair LB 920-27. (8) ROG; Moleskin 4113 Apple Green. (9) Z&R; Fantasia 10169 223. (10) BOW; Westex Westend Velvet Collection Supreme Rouge. (11) BOW; Ryalux Ryasilk Twist Strawberry Hill. (12) DAL; Pastille Alpha Geranium. (13) KIR; Rio Ferrada Mosaic. (14) SUR; Icestone Rosa.

Ein Hauch von Indien, S. 161
(5) C&F [MC]; Sari Fuchsia 1458/01. (6) O&L; Papilio Plains Papilio F5310/01. (7) C&F [MC]; Mazare Berlingot 4542/01. (8) A&B; Alcudia 3472-03. (9) A&B; Mercure 69770-620.

Wau Wau!, S. 162
(5) ROB; Salt Pond Plaid Acorn. (6) Z&R; Porter 10 18111 834.

(7) Z&R; Paxton 18102 833. (8) LIN; Tresco LF0335C/008 Coffee. (9) T&G; Greeff Dorchester Plaid 3376013 Terra Cotta. (10) BRI; Designer Collection 7/13486 Salsa Trellis. (11) ZOF; Trilogy Check Russet. (12) BOW; Natural Harmony Rainbow 001 Red. (13) BOW; The Alternative Flooring Company Sisal Boucle Red Natural 1203. (14) FOR; Marmoleum Dual 527.

Heim auf Zeit, S. 163
(5) T&G; Schumacher 52090 Vanessa Embroidery Chamois/ Multi. (6) LIN; Tresco LF0335C/ 023 Reseda. (7) DON; Gabrielle 10034-24. (8) A&B; Edificios 1180-001. (9) O&L; Savanna F5060/12.

Karneval in Venedig, S. 164
(5) C&F [JC]; Spiral Beige J466F-04. (6) Z&R [AR]; Evidence 15217 336. (7) BEA; Cobble Ridge Apricot. (8) A&B; Bantou LR260-32. (9) DON; Horizon 10024-01. (10) BRI; Finepoint Rothko Red F41. (11) BOW; Edel Telenzo Carpets Florentino 542. (12) LIM; 2733 Rosso Lepanto Gloss. (13) RYE; Ryeflor HF Tile Red. (14) FOR; Marmoleum Real 3203.

Laterna magica, S. 165
(5) LIN; Kalika LF0592C/004 Antique. (6) O&L; Helmsdale Orrin F1752/02. (7) A&B; Focus LW236-44. (8) A&B; Sevilla 1911-14. (9) Z&R; New York 10142 335.

ORANGEFARBENE FUSSBÖDEN

Vergnügliches Orange, S. 168
(5) Z&R [AR]; 10 15223 254 Envie. (6) ZOF; NTR01002 Ham House Damask. (7) BEA; Tonal Stripe Spice Melon. (8) BEA; Sand Imprint Rhubarb. (9) BEA; Lancang Mulberry. (10) MGL; Rosso Verona. (11) NAT; Cherry 1-Strip. (12) BRI; Pure Living Mandarin Plaid 186/29994. (13) DAL; Epsilone Orange. (14) FOR; Marmoleum Real 3174.

Nachtschatten, S. 169
(5) O&L; Tara Dunloe F5591/06. (6) LIN; Zanzibar LF0574C/007 Mole. (7) A&B; Velours de Mohair LB920-35. (8) A&B; Velours de Mohair LB920-41. (9) O&L; Clipper Cotton F5390/26.

Schattenplatz in Braun, S. 170
(5) Z&R [AR]; 10 15227 827 Fatale. (6) O&L; Doge F1780/02. (7) O&L; Podio F5540/12. (8) Z&R; 18 6025 435. (9) O&L [NC]; Ptarmigan Weaves Quail NCF3613/01. (10) MGL; Red Travertine. (11) BOW; Verona Orange 500 Belakos Carpets. (12) BOW; Natural Harmony Rainbow 099 Orange. (13) FOR; Marmoleum Fresco 3825. (14) HAR; Bold Stripes Aztec.

Albuquerque, S. 171
(5) DON; Horizon Jacquard 10024 05 Post Meridien. (6) A&B; Effets de Siege LB702-24. (7) DON; Vice Versa 10070 38 Walnut Brown. (8) DON; Padma 10067 05 Persimmon. (9) DON; Hocus Pocus 4716 05 Persimmon.

Pfirsichblüte, S. 172
(5) C&F [JC]; Spiral Cream J466F-01. (6) Z&R; 20419 101. (7) T&G; Decortex Millefoglie 1927/6. (8) BEA; Spring Frolic Vintage Pink. (9) BEA; Rodeo Diamond Cosmo Pink. (10) ROG; Warren Coral V34.04. (11) BOW; Ryalux Ryasilk Twist Pietro Peach. (12) BOW; Victoria Carpets Eaton Square CAL 94 Strawberry Cream. (13) BIL; Natural Shruken Bull. (14) SUR; Stontech Stonred.

Indischer Garten, S. 173
(5) ROB; Summerlin Natural. (6) C&F [MC]; Malmo Lilas/Pierre 4588/05. (7) LIN; Loxley LF0584C/006 Peridot. (8) LIN; Casablanca Velvets LF0648C/011 Apricot. (9) C&F [MC]; Lucca 4568/02 Berlingot.

Frühlingsgrün, S. 174
(5) LIN; Bamburgh LF0681C/001 Papyrus. (6) LIN; Ollaberry LF0690FR/003 Damsay. (7) A&B; Lodge LR290-23. (8) CHR; Range Ruby. (9) O&L [NC]; Fandango Stripes Foxtrot NCF3601/02. (10) FOR; Marmoleum Dual 562. (11) CRU; Sisal Herringbone Dark Honey E401. (12) BOW; Abetone Club Salmone 9236. (13) SUR; Dual Ambar Natural. (14) FIR; Lubelska Reclaimed Polish Klinker Brick.

Zitronengras, S. 175
(5) O&L; Bonaire Guadeloupe F5582/01. (6) O&L; Bonaire Barbuda F5581/01. (7) LIN; Woodbridge LF0364FR/016 Lime. (8) T&G; Ver 5046. (9) O&L; Lamorna Linen F1650/13.

Tudor-Rose, S. 176
(5) T&G; GR3438001. (6) LIN; Westray LF0306C/003 Yorkstone. (7) A&B; Mogan 1370-023. (8) Z&R; Seta 6025 124. (9) BEA; Press Box Tangerine. (10) BOW; Ryalux Carpets Ryasilk Twist Regency Coral. (11) BOW; Belakos Carpets Verona Stone Red 625. (12) DAL; Quadra Paprika. (13) FOR; Marmoleum Real 3164. (14) FIR; Pre-sealed Terracotta.

Verspielte Muster, S. 177
(5) DON; Sarala 10064 05 Persimmon Orange. (6) O&l; Tara Chenille F5560/09. (7) DON; Amita 10058 05 Persimmon Orange. (8) O&L; Podio F5540/07. (9) T&G; Decorators Walk

Penelope Plaid 2643790 Orange & Fuchsia.

Samtige Blätter, S. 178
(5) C&F [JC]; Ellsworth Cinnamon J462F-05. (6) O&L [LF]; Tailleur Pied de Poule LF4422/05. (7) O&L; Vaquero F5420/10. (8) O&L; Ghillie Wool F1241/01. (9) ROB; Pop BK Graphite. (10) FOR; Marmoleum Real 3164. (11) FOR; Walton 168. (12) FOR; Cushionflor Classic 20906. (13) BRI; Abbotsford Ettrick Plaid 7/17089. (14) BRI; Marrakesh Kashmir Rust 197/22123.

Gartenlaube, S. 179
(5) Z&R [HM]; 10 20008 459 Climbing Rose. (6) T&G; DX1980-35. (7) ROB; Maluhia Paprika. (8) A&B; Velours de Mohair LB920-47. (9) Z&R; 18 6025 715.

GELBE FUSSBÖDEN

Wüstensand, S. 182
(5) BEA; Gilded Circles Bronze Butter. (6) LIN; Tresco LF0335C/006 Toffee. (7) DON; Poncho 10055-08 Mojito Tan. (8) Z&R; Flirt 10171/22. (9) ROG; Moleskin 4110 Ruby. (10) FOR; Marmoleum Piano 3606. (11) BOW; Westex Westend Velvet Collection Turmeric. (12) FLO; Metalika Bronze. (13) LIM; 2705 Onyx Avorio. (14) SUR; Cromatica Amareto Natural.

Zirkus Zirkus!, S. 183
(5) ROB; Neat O Spring. (6) ROB; Misty Morn Spring. (7) ROG; Moleskin 4114 Cornflower. (8) C&F [MC]; Bellport 04468-63 Bleuet. (9) ROB; Right O Grass.

Goldnuggets, S. 184
(5) Z&R; Bologna 10134 324. (6) Z&R; 18 1287 184. (7) A&B; Nashville II 3004313. (8) DON; Palazzo Taffeta 23 Ocher. (9) C&F [MC]; Safari Vesuve 4576/09. (10) ROG; Remy Corn V31.01. (11) BOW; Ryalux The V&A Twist Collection Yellow River. (12) BOW; Abetone Club Anemone 9256. (13) DAL; Micro Pastille Banane. (14) FOR; Marmoleum Dual 975.

Sonniger Mohn, S. 185
(5) T&G; Veraseta Taffetas Ninon 5112. (6) O&L [LO]; Laetitia ML554/04. (7) Z&R; 8253 153. (8) BEA; Royal Stripe Topaz. (9) DON; Henry Calvin 9523 Bark Cloth Yellow Pine.

Unbeschwert, S. 186
(5) C&F [JC]; Allegra Gold J470F-03. (6) O&L [NC]; Ptarmigan Weaves Woodcock NDF3611/03. (7) O&L; Jangala Silk F5110/10. (8) O&L; Jangala Silk F5110/08. (9) C&F [JC]; Carnaby Beige J560F-01. (10) MGL; Antique Gold. (11) FOR; Acoustic 3846. (12) BRI; Galleria Corn Jewel 116/18569. (13) BOW; Wool Classics Plages et Dunes 25 Fauve. (14) CRU; Wool Flatweave Classics Soft Yellow WF105.

Iris & Veilchen, S. 187
(5) C&F; Beaufort Linen Blue/Green F1407/02. (6) O&L; Podio F5540/14. (7) O&L; Taransay F5520/10. (8) LIN; Casablanca LF0647C/011 Teal. (9) T&G; Charlton Check TG7100-01 Yellow.

Sonnige Wonne, S. 188
(5) C&F [JC]; Kellwood Gold J468F-03. (6) Z&R [HM]; Silk Mohair 20419 104. (7) SCA; 26622-003. (8) BEA; Pinate Leaves Clementine. (9) O&L [NC]; Twist NCF3580/02. (10) LIM; Pietra Romana. (11) FIR; Unsealed Encaustic Yellow. (12) FOR; Marmoleum Piano 3608. (13) CRU; Big Boucle Classics Corn E312. (14) BOW; Broadway 92.

Nelken, S. 189
(5) ZOF; Sanderson DSP136202 (PR8546/3) Summertime. (6) ZOF; DUC83012 Ducato Plain. (7) ROB; Wheaton Zest. (8) O&L [LO]; Velours Madrigal II ML808/04. (9) Z&R; Fantasia 10169 990.

Freundliche Karos, S. 190
(5) T&G; Greeff 3440001 Inglebury Silk Embroidery Coin. (6) ZOF; DUC83005 Mineral. (7) T&G; Schumacher Tilda Check 59541 Yellow & White. (8) DON; Knotty Knotty 10012-10 Merengue. (9) O&L [LO]; Vesuvio ML549/03. (10) MGL; Imperial Gold. (11) LIM; Crema Valencia Gloss. (12) FLO; Mondeco Earth Peach. (13) BOW; Westex Carpets Westend Velvet Collection Supreme Pumpkin. (14) FOR; Marmoleum Dual 970.

Osterausflug, S. 191
(5) BEA; Gingham Leaf Cornsilk. (6) O&L [NC]; Ferronnier Chenilles le Grain NCF3351/08. (7) O&L [LF]; Galatea Plains LF4160/01. (8) BEA; Flower Bed Golden Berry. (9) O&L; Adelphi Tamara F5370/03.

Landhaus-Charme, S. 192
(5) O&L [NC]; Nina's Favourites Chequers NCF3641/03. (6) ZOF; VPL17 Glyndebourne. (7) C&F [JC]; Kendra Cream J467F-01. (8) A&B; Lino Nashville Granati 44744-7. (9) ROB; Maderno Butterscotch. (10) BOW; Ryalux The V&A Twist Collection Imperial Yellow 13. (11) FLO; Rustik Glamourstone Yellow. (12) SUR; Andesito Amarelo Polished. (13) HAR; Corks. (14) DAL; Pastille Alpha Jaune Pollen.

Sommerhit, S. 193
(5) O&L [NC]; Rosenkavalier Mai Fleuri NCF3436/01. (6) LIN; Westray LF0306C/003 Yorkstone. (7) A&B; Touchers de Lin LI 619-62. (8) ZOF; Sanderson Eliza-Lime DNETEL303. (9) O&L [LO]; Velours Madrigal ML804/10.

GRÜNE FUSSBÖDEN

Silberglocken & Muschelschalen, S. 196
(5) C&F; Peonies Beige F3331/01. (6) BEA; Windermere Myrtle. (7) T&G; Greeff Truscott Plaid 3429004 Driftwood. (8) T&G; DX1960 23. (9) Z&R; 4822 764. (10) ROG; Paris Willow V40/03. (11) BOW; Cavalier Contract Louvre 50 Lovatt. (12) BOW; Edel Telenzo Carpets Broadway 129. (13) FOR; Marmoleum Fresco 3873. (14) FIR; Unsealed Encaustic Verdigris.

Sommerhochzeit, S. 197
(5) C&F [JC]; Elinor Green J363F-02. (6) LIN; Havana LF0290C/001 Biscuit. (7) O&L; Papilio Plains Papilio Ottoman F5311/10. (8) O&L [LF]; Galatea Plains LF4160/03. (9) DON; Vinaya 10066 04 Khaki Green.

Gelbe Geranien, S. 198
(5) ZOF; ZCPF05004 Geranium. (6) A&B; Nashville II 1392-021. (7) CHR; Range Olive. (8) C&F [JC]; Gingham Sprig J108F-04 Pale Green. (9) ROB; Avila Plaid Spring. (10) BRI; Bell Twist English Apple 40482. (11) BOW; Victoria Carpets Eaton Square CAL 93 Chartreuse. (12) CRU; Basket Accents Silver Leaf T306. (13) RYE; Ryeflor MD Light Green. (14) SUR; Cromatica Olive Natural.

Holländische Tulpen, S. 199
(5) C&F [MC]; Feria Vert/Blanc 1418/44. (6) Z&R; Lyon 10141 713. (7) O&L [LO]; Melody ML806/14. (8) Z&R; 4810 191. (9) A&B; Cadiz 3000783.

Weiße Magnolien, S. 200
(5) C&F [MC]; Tessa Ivoire 1499/01. (6) LIN; Kinloch LF0478FR/002 Linen. (7) O&L [LO]; Velours Madrigal II ML808/18. (8) T&G; TG5502. (9) O&L; Tijou Silks Christoro F1541/01. (10) HAR; Grass. (11) DAL; Sigma 5 Vert Fonce. (12) SUR; Cromatica Musgo Natural. (13) BOW; Westex Westend Velvet Collection Supreme Cedar. (14) BOW; Wool Classics Plages et Dunes 41 Absynthe.

Tropischer Garten, S. 201
(5) CHR; Carnival Green. (6) CHR; Palma Green. (7) LIN; Bamburgh LF0684C/010 Lagoon. (8) Z&R; 1927 622. (9) C&F [JC]; Ross Sea Blue J474F-10.

Olivenzweig, S. 202
(5) O&L; Lamorna Prints Menabilly F1661/03. (6) LIN; Havana LF0290C/010 Thyme. (7) DON; Sarala 10064 04 Kiwi Green. (8) DON; Antoinette 10047-33 Ochre. (9) O&L [LF]; Pampas Bahia LF4340/02. (10) KIR; Rio Verde Honed. (11) LIM; 2716 Soft Green. (12) BOW; Westex Westend Velvet Collection Supreme Avocado. (13) BRI; Focal Point Green Point 44/31522. (14) DAL; Granita Olive.

Urbanes Grün, S. 203
(5) ROG; Tristan 10428 Anis. (6) LIN; Torridon LF0262FR/010 Chive. (7) O&L [LO]; Cardinal ML813/09. (8) T&G; Schumacher 42732-55 Grape Gainsborough Velvet. (9) BEA; Giotto Canary Green.

Blattwerk, S. 204
(5) O&L [LF]; Florencia Lucita LF4381/02. (6) C&F [JC]; Foxton Cream J475F-05. (7) O&L; Lamorna Linen F1650/05. (8) A&B; Albigny LI642-11. (9) Z&R; 1927 765. (10) FOR; Cushionflor Impressions Aquagrip 12258. (11) FOR; Marmoleum Dual 412. (12) DAL; Pastille Alpha Vert Pomme. (13) BOW; Natural Harmony Tudor Court 2851 Aragon Lime. (14) LIM; 2702 Onix Green Dark.

April in Paris, S. 205
(5) ROB; Pod Loop Tide. (6) O&L; Papilio Plains F5310/16. (7) C&F [JC]; Dalston Green J473F-02. (8) ROB; Brinwood Tide. (9) C&F [JC]; Ross Blue J474F-16.

Frisch & fruchtig, S. 206
(5) LIN; Nevis LF0596C/002 Berry. (6) LIN; Rhum LF0546FR/009 Fuchsia. (7) LIN; Madeira LF0679C/027 Henna. (8) LIN; Madeira LF0679C/018 Fuchsia. (9) LIN; Madeira LF0679C/031 Lime. (10) BOW; Wool Classics Plages et Dunes 40 Anis. (11) FOR; Marmoleum Vivace 3413. (12) HAR; Daisies. (13) DAL; Delta Citron Vert. (14) SUR; Cromatica Clorofila Natural.

Raffiniertes Zitrus, S. 207
(5) A&B; Khamsin LZ830-67. (6) T&G; Schumacher Simply Suede 50511 Cloud. (7) T&G; Edmond Petit 15124 Vel Infroissable II Prune. (8) T&G; Veraseta Taffetas Ninon 5129. (9) T&G; Veraseta Taffetas Ninon 5225.

BLAUE FUSSBÖDEN

Nantucket, S. 210
(5) C&F [MC]; Sark Celadon 1456/01. (6) BEA; Linen Weave Light Natural. (7) ZOF; POL01003 Etiennes Duck Egg. (8) A&B; Austria 3004279. (9) DON; Lavali

10062 09 Smoke Grey. (10) BOW; Ryalux The V&A Twist Collection Temple Water. (11) FOR; Mamoleum Dual 810. (12) DAL; Pastille Alpha Bleu Pastel. (13) AMT; AQ919. (14) SUR; Cromatica Anis Matt.

Spiralbänder, S. 211
(5) CHR; Mistral Mist. (6) O&L [NC]; Bovary Chenille NCF3690/18. (7) CHR; Broken Stripe Lilac. (8) O&L; Doge F1780/09. (9) O&L; Podio F5540/06.

Goldener Moment, S. 212
(5) ZOF; Sanderson DSILQH101 Queens Hous. (6) Z&R [AR]; 10 15217 184 Evidence. (7) ZOF; FPR21002 Fleur de Paradis. (8) A&B; Medina Terracotta 1607-010. (9) T&G; GR3471001. (10) BOW; Westex Westend Velvet Collection Supreme Fern. (11) FIR; Duck Egg Blue Tile. (12) SUR; Dual Menta Natural. (13) SUR; Icestone Turchese. (14) FOR; Marmoleum 3183.

Schubiduubidaa, S. 213
(5) ROB; Heeney Stripe Wasabi. (6) C&F [JC]; Ross Sea Blue J474F-10. (7) A&B; Velours de Mohair LB920-64. (8) ROB; Zigzag Layers Tide. (9) C&F [JC]; Graffiti Aqua J458F-02.

Schwedisch kühl, S. 214
(5) C&F [JC]; Cape Stripe Blue J226F-02. (6) ROB; Bellanca Periwinkle. (7) T&G; Schumacher Payton Plaid 60411 Blue. (8) A&B; Otoman Segura 27161-1. (9) C&F [JC]; Ross Oatmeal J474F-01. (10) BRI; Duet Loganberry D103. (11) BOW; Karastan 41072 Woolcheck 90479 Cadet Blue. (12) MGL; Azurita. (13) FOR; Marmoleum Real 3030. (14) FLO; Mondeco Binder Provence with Crystal Aggregate.

Blaues Boudoir, S. 215
(5) O&L [LO]; Celimene Rococo ML118/02. (6) T&G; Schumacher 60715. (7) C&F; Arles F3323/01 Blue. (8) T&G; Schumacher Beleek Glazed Linen 50922 Sky. (9) DON; Henry Calvin 9291 Cameron Flannel Grey Pearl.

Joie de vivre, S. 216
(5) C&F [MC]; San Marco Bleu 1496/02. (6) LIN; LF247/1 Silverfox Verona Crushed Chenille. (7) O&L [NC]; Waltz NCF3750/01. (8) ROB; Flower Fad Petal. (9) C&F [MC]; Cotton Club 04275-60. (10) MGL; Azul Bahia. (11) HAR; Bubbles. (12) SUR; Icestone Dark Blue. (13) FLO; Mondeco Binder Snow with Exotic Aggregate Sapphire. (14) AMT; NM97.

Exotische Slipper, S. 217
(5) C&F [MC]; Folk Rose 1421/04. (6) LIN; Westray LF0306C/049 Linen. (7) A&B; Lins Sauvages Li 771-67. (8) ROG; Fiori 2124 Ocean. (9) C&F [MC]; Valognes 4447 Lavande 69.

Hey, Jude, S. 218
(5) ROB; Spot On Mocha. (6) A&B; Cuirs et Peaux LW325-77. (7) SCA; 16357-001. (8) C&F [JC]; Silk Plain Beige J321F-07. (9) O&L; Barouche Caleche F5271/01. (10) AMT; MT239. (11) FOR; Marmoleum Real 3206. (12) BOW; Edel Telenzo Carpets Florentino 542. (13) BOW; The Alternative Flooring Company Sisal Panama Blue Gold. (14) BRI; Marquis Royal Blue Flake 63/25404.

Blaue Rose, S. 219
(5) C&F [MC]; Rosa Blue 1447/02. (6) Z&R; 1927 547. (7) Z&R [HM]; Albemarle Check 21010 842. (8) Z&R; 18 6025 990. (9) T&G; Schumacher Payton Plaid 60411 Blue.

Primärfarben, S. 220
(5) O&L [LF]; Irisa Weaves Ondine LF4213/03. (6) O&L [NC]; Twist NCF3580/22. (7) O&L; Cartouche Plain F1341/15. (8) T&G; GR 3471000. (9) DON; Vice Versa 10070 21 Rouge-orange. (10) FOR; Marmoleum Dual 844. (11) BRI; Regina International 3/19691 Floret Blue. (12) BOW; The Alternative Flooring Company Sisal Panama Blue Gold. (13) BOW; New Colourpoint 476 Blue. (14) LIM; 2522 Azul Bahia.

Landhausküche, S. 221
(5) ROB; Mantello Zest. (6) O&L [LF]; Musetta Mimi LF4350/14. (7) O&L; Papilio Plains F5310/21. (8) A&B; Touchers de Lin LI 619-64. (9) ROB; Gold Coast Zest.

VIOLETTE FUSSBÖDEN

Traum in Lila, S. 224
(5) C&F [MC]; Melisande Quetsche 1480/01. (6) BEA; Linen Twill Tusk. (7) A&B; Touchers de Lin LI 619-58. (8) ROB; Faithful Lilac. (9) O&L; Sakura Linens F5210/01. (10) BOW; Wool Classics Plages et Dunes 36 Mauve. (11) BOW; Georgian Carpets Super Twist 835 Lilac. (12) BOW; Natural Harmony Rushmore R838. (13) DAL; Pastille Metro Rose Indien. (14) FOR; Marmoleum Dual 345.

Frühlingsspaziergang, S. 225
(5) C&F [MC]; Farandole Menthe 4549/05. (6) O&L [LO]; Altai ML605/05. (7) BEA; Pinate Leaves Ivory Mist. (8) C&F [JC]; Silk Plain Lilac J321F-08. (9) A&B; Lins Sauvages LI 771-53.

Toskana-Urlaub, S. 226
(5) C&F [JC]; Allegra Mulberry J469F-02. (6) LIN; Zanzibar LF0572C/005 Bronze. (7) C&F [JC]; Hepworth Beige J461F-01.

Legende

Verwenden Sie diese praktischen Ausklappseiten als Orientierungshilfe zum Verständnis der jeweiligen Raumschemata.

So funktionieren die Schemata

Dieses Buch enthält rund 180 Raumschemata, die Ihnen bei der Einrichtung Ihres Heims als Inspirationsquelle dienen. Jedes Schema basiert auf einem bestimmten Fußbodenbelag, der unten auf der Seite abgebildet ist, und umfasst eine Farbpalette, Stoffe sowie Vorschläge für alternative Bodenbeläge.

Der erste Abschnitt des Buchs – Naturfarben – zeigt Raumschemata, die auf Fußböden in Naturfarben aufbauen; der zweite Teil – Zusatzfarben – stellt Raumschemata dar, die auf farbigen Bodenbelägen basieren. Jede Kategorie enthält neutrale, kühle, warme und lebhafte Schemata.

ÜBERSICHT
Übersicht über das Raumschema und seine Atmosphäre, zusammen mit dem Thema, das die Farb-, Stoff- und Fußbodenwahl inspiriert hat.

HAUPTTEIL
Das Buch ist in zwei Teile gegliedert: Naturfarben und Zusatzfarben.

FARBPALETTE 1-4
Vier Farbvorschläge für Wände, Vorhänge, Möbelstoffe und Akzente.

SCHEMATYPEN
Jede Fußbodenkategorie gehört einem von vier Schematypen an: neutral, kühl, warm oder lebhaft.

FUSSBODEN-KATEGORIE
Sowohl der Teil über die Naturfarben wie derjenige über die Zusatzfarben ist in Fußbodenfarben unterteilt – zum Beispiel „hellbraune Fußböden".

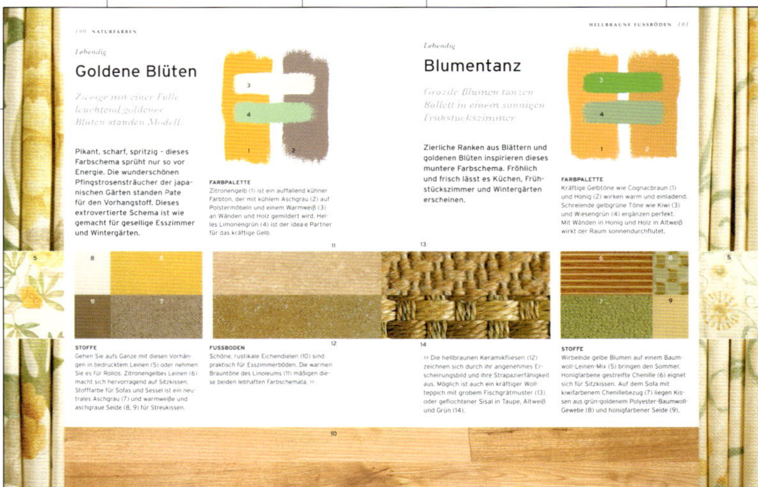
100 NATURFARBEN

Lebendig

Goldene Blüten

Zweige mit einer Fülle leuchtend goldener Blüten standen Modell.

Pikant, scharf, spritzig - dieses Farbschema sprüht nur so vor Energie. Die wunderschönen Pfingstrosensträucher der japanischen Gärten standen Pate für den Vorhangstoff. Dieses extrovertierte Schema ist wie gemacht für gesellige Esszimmer und Wintergärten.

FARBPALETTE
Zitronengelb (1) ist ein auffallend kühner Farbton, der mit kühlem Aschgrau (2) auf Polstermöbeln und einem Warmweiß (3) an Wänden und Holz gemildert wird. Helles Limonengrün (4) ist der ideale Partner für das kräftige Gelb.

STOFFE
Gehen Sie aufs Ganze mit diesen Vorhängen in bedrucktem Leinen (5) oder nehmen Sie es für Rollos. Zitronengelbes Leinen (6) macht sich hervorragend auf Sitzkissen. Stofffarbe für Sofas und Sessel ist ein neutrales Aschgrau (7) und warmweiße und aschgraue Seide (8, 9) für Streukissen.

FUSSBODEN
Schöne, rustikale Eichendielen (10) sind praktisch für Esszimmerböden. Die warmen Brauntöne des Linoleums (11) mäßigen diese beiden lebhaften Farbschemata. ››

HELLBRAUNE FUSSBÖDEN 101

Lebendig

Blumentanz

Grazile Blumen tanzen Ballett in einem sonnigen Frühstückszimmer

Zierliche Ranken aus Blättern und goldenen Blüten inspirieren dieses muntere Farbschema. Fröhlich und frisch lässt es Küchen, Frühstückszimmer und Wintergärten erscheinen.

FARBPALETTE
Kräftige Gelbtöne wie Cognacbraun (1) und Honig (2) wirken warm und einladend. Schreiende gelbgrüne Töne wie Kiwi (3) und Wiesengrün (4) ergänzen perfekt. Mit Wänden in Honig und Holz in Altweiß wirkt der Raum sonnendurchflutet.

›› Die hellbraunen Keramikfliesen (12) zeichnen sich durch ihr angenehmes Erscheinungsbild und ihre Strapazierfähigkeit aus. Möglich ist auch ein kräftiger Wollteppich mit grobem Fischgrätmuster (13) oder geflochtener Sisal in Taupe, Altweiß und Grün (14).

STOFFE
Wirbelnde gelbe Blumen auf einem Baumwoll-Leinen-Mix (5) bringen den Sommer. Honigfarbene gestreifte Chenille (6) eignet sich für Sitzkissen. Auf dem Sofa mit kiwifarbenem Chenillebezug (7) liegen Kissen aus grün-goldenem Polyester-Baumwoll-Gewebe (8) und honigfarbener Seide (9).

STOFFE 5
Das große Stoffmuster am Seitenrand zeigt Vorhänge oder Rollos; ein eingesetztes Foto präsentiert die Textur des Stoffs oder einen Musterausschnitt im Detail.

STOFFE 6-9
Vier Muster stellen Stoffe vor, die für Möbelbezüge, Kissen, Bettbezüge und andere Zwecke geeignet sind.

FUSSBODEN 10
Jedes Schema stellt unten auf der Seite ein großes Foto des maßgeblichen Fußbodens dar. Dieser bildet die Basis beider auf einer Doppelseite vorgestellten Raumschemata.

FUSSBODEN 11-14
Hier werden vier alternative Fußbodenbeläge in ähnlichen Farbtönen vorgestellt. Sie können mit den Raumschemata der linken wie der rechten Seite in jedem Raum eines Hauses verwendet werden.

(8) Z&R; 6988 394. (9) C&F [MC]; Barcelona 4551/05. (10) KIR; Rio Morado Honed. (11) HAR; Summer Flowers Dusky Pink. (12) DAL; Digitopolis Mauve. (13) FIR; Venetian Marble Rosa. (14) FIR; Island Pebble Lalika Pink.

Sommer in der Provence, S. 227
(5) C&F [MC]; Telma Fuschia 1500/01. (6) O&L [LO]; Velours Madrigal ML808/18. (7) BEA; Aidans Stripe Citrus Fuchsia. (8) C&F [MC]; Barcelona 4551/04. (9) O&L [LF]; Rhythms Gillespie LF4310/05.

Königliches Purpur, S. 228
(5) O&L [LO]; Melissa MLF1130-04. (6) Z&R [AR]; 10 05115 446. (7) O&L; Cartouche Chenille F1340/05. (8) O&L; Modello Puntino F5053/01. (9) O&L; Jangala Silk F5110/10. (10) BOW; Ryalux The V&A Twist Collection Summer Palace. (11) BRI; Abbotsford Ivory Kilgour 186/5639. (12) SUR; Cromatica Lilas Natural. (13) DAL; DalTex Heta Chardon. (14) DAL; Granita Lavande.

Der Duft von Lavendel, S. 229
(5) O&L [LF]; Samana LF4360/01. (6) ROB; Ticking Lilac. (7) C&F [MC]; Bilbao 4545/08 Mauve. (8) A&B; Lins Sauvages LI 771-57. (9) O&L; Cartouche Plain F1341/07.

Maisonne, S. 230
(5) T&G; Greeff 3455000 Montgomery Silk Plaid Sunrise. (6) O&L; Sakura Linen F5210/02. (7) O&L; Modello Puntino F5053/01. (8) ROB; Palladio Lilac Sisal. (9) O&L [LF]; Tailleur Cambon LF4420/04. (10) BOW; Ryalux The V&A Twist Collection Oriental Mauve 52. (11) BOW; Tudor Court 2852 Palace Lilac. (12) SUR; Cromatica Lavanda Natural. (13) DAL; Cannele Chardon. (14) FOR; Marmoleum Vivace 3415.

Prunk und Pracht, S. 231
(5) O&L [LF]; Irisa Weaves Erina LF4212/01. (6) O&L [LO]; Celimene Mille Pensees ML533/04. (7) T&G; Veraseta Taffetas Ninon 5110. (8) ROB; Delcarmen Palm. (9) T&G; Schumacher Antique Linen Velvet 43134 Topaz.

Holländische Szene, S. 232
(5) C&F [MC]; Saskia Rose 1459/02. (6) A&B; Paramo 1432-005. (7) Z&R [HM]; Paris Pinstripe 21020 182. (8) T&G; Schumacher Gainsborough Velvet 42721 Bordeaux 23504. (9) O&L; Papilio Ottoman F5311/01. (10) MGL; Paradiso. (11) KIR; Rio Morado Honed. (12) BOW; Ryalux The V&A Twist Collection 99 Carmine Pink. (13) DAL; DalMarbre Rouge Griotte. (14) DAL; DalTex Ramp Lilas.

Florale Fantasie, S. 233
(5) CHR; Carnival Ruby. (6) BEA; Luxury Raffia Dark Caper. (7) T&G; Veraseta Taffetas Ninon 5226. (8) O&L [LO]; Rania ML811/06. (9) CHR; Moroni Moss.

Purpurschleier, S. 234
(5) CHR; Springtime Wine. (6) O&L; Chicane Monza F5531/02. (7) O&L; Cabriole F5280/01. (8) T&G; DX3603-20. (9) O&L; Taisho Silks Suji F5483/03. (10) KIR; Rio Mando Honed. (11) FIR; Unsealed Encaustic Aubergine. (12) BOW; Wool Classics Plages et Dunes 37 Amethyste. (13) CRU; Sisal Small Boucle Accents Mulberry C718. (14) MGL; Paradiso.

Lime cordial, S. 235
(5) ZOF; Sanderson DPEMAM307 Amberley Lime. (6) ZOF; Sanderson Solstice DOPTS0203. (7) ZOF; POL01006 Etiennes Mauve/Green. (8) T&G; Schumacher Gainsborough Velvet 42718 Burgundy 23827. (9) ZOF; Sanderson Gingham DOPTGI308.

Register

Kursive Seitenangaben beziehen sich auf Fotos von Räumen.

Danksagung

Wir möchten folgenden Personen und Institutionen für die Bereitstellung der Fotos danken, die in diesem Buch abgebildet sind. Ausführliche Angaben über die Firmen sind auf den Seiten 236-239 aufgelistet. Nähere Informationen zu den Stoff- und Fußbodenmustern können Sie der Quellenliste auf den Seiten 240-253 entnehmen.

o oben; *u* unten; *l* links; *r* rechts; *M* Mitte

Amtico 49*r*, 133*r*
Bill Amberg 105*r*
Brintons 87*l*, 132, 133*ol*, 181*l*, 181*r*, 208
Christopher Farr 16*l*
Colefax & Fowler 8, 9*l*, 21*o*, 21*ur*, 31*ur*, 59*u*, 104
Crucial Trading 30, 87*ur*
Dalsouple Rubber Flooring 11 (Hugh Broughton Architects), 20 (Sanei Hopkins Architects), 223*r* (Deacons Law Consultancy, Perth, Australia, Foto von Robert Frith)
Fired Earth 6*l*, 58, 59*ol*
Forbo Flooring 7*r*, 31*or*, 152, 153*l*, 167*ul*, 167*ur*, 180, 195*ur*, Tafel *ul*
Harvey Maria 115*r*, 195*o*, 195*ul*, 209*ol*
Junckers Ltd 2-3, 6*r*, 86, 87*or*
Kirkstone 76, 77*l*, 77*r*
Limestone Gallery 48
Linwood 7*l*, 14*u*
Osborne & Little 21*ul*, 114
Roger Oates 115*l*, 133*ul*, 153*or*, 153*ur*, 166, 167*o*, 194, 209*ul*, 209*r*
Ryebrook Resins Ltd 13*u*
Sanderson 9*r*, 12*o*, 13*M*, 14*o*, 105*ul*
Siesta Cork Tile Co. 49*ol*, 49*ul*, 150-151
Zimmer & Rohde 15*o*, 15*u*, 16*r*, 17*l*, 17*r*, 18-19, 31*l*, 59*or*, 105*ol*, 222, 223*l*, Tafel *uM* & *ur*
Zoffany 12*u*, 13*o*

Alle anderen Fotografien sind das Eigentum von Quarto Publishing plc. Wir haben uns nach bestem Wissen und Gewissen bemüht, jeden Beitrag zu erwähnen. Sollten uns dabei Fehler oder Auslassungen passiert sein, so möchten wir uns dafür entschuldigen. Selbstverständlich werden wir entsprechende Hinweise in zukünftigen Auflagen des vorliegenden Titels berücksichtigen.

DANKSAGUNG DER AUTORIN

Ich möchte allen Personen danken, die mich während der langen Monate, die ich damit verbracht habe, Muster von Stoffen und Fußbodenbelägen zu durchforsten, ernährt haben und mir Mut zugesprochen haben.

An erster Stelle gebührt dem wundervollen Team von Quarto Dank, das an meine Fähigkeit geglaubt hat, all dies zusammenzustellen, insbesondere Kate Kirby dafür, dass sie mich - Novizin unter den Autoren - gefunden und gefördert hat. Ferner Michelle Pickering dafür, dass sie mich an die Hand genommen hat, wenn ich vor lauter Wald die Bäume nicht mehr sehen konnte (oder eher den Boden vor Fußbodenmustern), Moira Clinch und Anna Plucinska für ihr großes Talent, alle Muster auf einer Seite großartig aussehen zu lassen, und Phil Wilkins dafür, dass er stoisch im Januar Fußböden in ungeheizten Räumen fotografiert hat.

Schließlich möchte ich auch meinen großartigen Freunden Tarek El-Kik, Pedro Monteiro, Marilyn Muruako und Margo Savitskaya dafür danken, dass sie mich gelegentlich vom PC weggezerrt und auf eine Party mitgenommen haben; Melvy Fickling dafür, dass er mir Mut zugesprochen hat; dem Dichter SP Howarth für seine Hilfe; Luca Robba für das köstliche, selbst gekochte italienische Essen; der kanadischen Hilfstruppe - Claire Delisle, Lori Legault Lourenco, Vicky Seton, Craig Ryan, Cate Creede, Lise Setlakwe, Auntie Betty, Fred, Geoff und Jude Chinn, außerdem meiner Schwester Carolyn Chinn - für ihre Liebe, ihre Unterstützung und Kir royales.

Ich widme dieses Buch meiner Mutter, Mary Edwards Chinn, in Liebe.